In 80 Büchern um die Welt

Eine literarische Reise

»Die Welt ist ein Buch, und diejenigen,
die nicht reisen, lesen nur eine Seite.«
AURELIUS AUGUSTINUS

Absolventen des Aufbaustudiengangs Buchwissenschaft
der Ludwig-Maximilians-Universität München

In 80 Büchern
um die Welt

Eine literarische Weltreise

Mit einem Vorwort von
Feridun Zaimoglu

THIELE VERLAG

ISBN 978-3-85179-157-0

2. Auflage © 2011 by Thiele Verlag in der
Thiele & Brandstätter Verlag GmbH,
München und Wien

Bild- und Textredaktion, Gestaltung und Layout:
Absolventen des Aufbaustudiengangs Buchwissenschaft an der
Ludwig-Maximilians-Universität München
Projektleitung: Robert Gigler

Schriftarten: TodaySB, Perpetua, Fleuron

Covergestaltung: Christine Paxmann, München
Coverbild: Arcangel-Plainpicture

Druck und Bindung: Grasl Druck & Neue Medien, Bad Vöslau

www.thiele-verlag.com   www.buchwissenschaft.uni-muenchen.de

ABSOLVENTEN DES AUFBAUSTUDIENGANGS BUCHWISSENSCHAFT 2009/2010

Michaela Adlwart

Wiebke Bach

Anna Baubin

Stephanie Biller

Dr. Nikola Braun

Dr. Elisa Diallo

Daniela Dinstbier

Franz Edlmayr

Katharina Eichler

Katharina Gonsior

Rebecca Hierlwimmer

Franziska Hirschmann

Sonja Hoge

Dirk Hoppe

Dora Höppner

Barbara Jesch

Tatjana Kröll

Heike Krützfeldt

Ekaterina Merten

Leopold Pachmann

Sigrid Scheler

Stefanie Schöllhorn

Sandra Seubert

Thorsten Treder

Frauke Vollmer

Elisabeth Yu

INHALT

FERIDUN ZAIMOGLU | Vorwort

Reisen wechselt das Gestirn, aber weder Kopf noch Hirn – das ist ein schönes altes deutsches Sprichwort. Es meint die Menschen, die Nähe meiden und sich in die Ferne wehen lassen. Nach der Heimkehr sagen sie zu den Heimischen, es läge nicht in ihrer Macht, es plagte sie das Fernweh. Selten sehen sie am Himmel ihrer Stadt mehr als nur treibende Wolken. Auch sie wollen weiterziehen, kurz verbleiben, weiterziehen. In fremden Städten hasten und hetzen sie durch Straßen und Gassen; sie gehen durch ein Gotteshaus, als schritten sie die Räume eines Museums ab. Nichts kann sie verwundern, nichts kann sie entzücken. Im Ausland sind sie gut unterrichtete Sommerfrischler: Sie saugen auf, sie saugen sich voll. Es ist für sie eine Schande, dass ein Erschöpfter zur Mittagsstunde im Schatten einer Zypresse sitzt – sie würden den Fremden gerne unterweisen, sie würden ihm die Techniken lehren, vermittels derer man Zeit und Geld spart. Viel zu unbekümmert scheinen den Durchreisenden die Fremden in ihren ureigenen Städten zu sein.

Einen Mann traf ich, der unterm fremden Himmel ging, auch ich war ein Fremder in Budapest, auch ich kam aus Deutschland, und doch erkannte der Mann in mir zunächst einen faulenzenden Ungarn – er sprach mich auf Englisch an, ich antwortete auf Deutsch. Da sagte er: Sie geben ein schlechtes Beispiel ab für die Budapester. Außerdem könnten die Ungarn glauben, dass jeder Deutsche reist, um zu Füßen eines Baumes zu sitzen ...

Wir mochten einander auf Anhieb nicht, ich wollte mich nicht erklären, ich war von Kiel nach Budapest gereist, die Zugfahrt hatte achtzehn Stunden gedauert, und nun nannte mich der Mann einen Ausgelaugten. Er fragte mich nach meinem Beruf, ich sagte: Ich schreibe Bücher, keine

Reiseführer, aber Reiseromane … Der Mann trank aus einer Wasserflasche, er reichte sie mir, ich trank, ich war ihm dankbar. Keiner von uns hielt es für nötig, sich vorzustellen, wir kamen ins Gespräch.

Er erzählte: Ich mache einen Wochenendausflug, meine Frau liegt zu Hause im Bett, sie hat sich den Fuß verstaucht, ich werde ihr alles erzählen, sie rechnet fest damit, dass ich ihr teure Mitbringsel kaufe, ich werde sie nicht enttäuschen. Ich erzählte: Ich bin zu einer langen Reise aufgebrochen, zwischendurch bin ich immer wieder zu Hause, aber ich breche immer wieder auf, ich war in Prag, ich bin durch halb Tschechien gereist, ich war in Posen, Warschau, Krakau, in Istanbul, Ankara, in Berlin, auf der Insel Föhr, ich bin der Kundschafter meiner Romanfiguren …

Der Mann starrte mich an, ich war ihm nicht geheuer, er blieb eine Weile stumm, und dann fragte er mich: Andere Länder, andere Sitten, meinen Sie nicht auch? Nein, sagte ich, andere Städte, andere Gerüche und Gerüchte … Auf einen Schlag wurde er feindselig, ich wusste um den Grund: Ich lehnte mich gegen den Stamm der Zypresse, mich scherten die Grasflecken an meinen Hosenbeinen nicht, ich sagte komische Sachen, ich hielt ihn von weiteren Erkundungen in der fremden Stadt ab. Der Mann steckte die Wasserflasche in seinen Rucksack, zog den Reißverschluss zu, und in der Abwendungsbewegung, das Gesicht schon anderen Ansichten zugewandt, sagte er: Sie haben viel zu früh aufgegeben, und er verschwand. Lange blieb ich reglos sitzen, einmal kratzte ich mich an der Nase, einmal scheuchte ich eine Fliege weg.

Da verstand ich ihn: Es war ihm gleich, was mich nach Budapest geführt hatte, er wollte mich mit spröden Worten aufmuntern. Anderes Gestirn, gleicher Kopf, dachte ich, der Mann hat es begriffen, ich bin dumm. Und also erhob ich mich, und wenig später traf ich in Bahnhofsnähe auf Frauen, die mir wegen der Grasflecken tadelnde Blicke zuwarfen; ich sah in den Schatten anderer Bäume verliebte verträumte Mädchen: Sie ließen sich von fremden Männern anschauen, sie lächelten nicht, ihre Herzen waren schon vergeben; ich hastete und hetzte durch Straßen und Gassen, ich hielt mitten im Schritt inne, machte mir stehend Notizen, die Budapester schüttelten verwundert den Kopf.

Der Zufall wollte es, dass ich den Mann am nächsten Tag wieder sah, er stand am Rande eines großen Platzes, er ließ mich näher kommen, dann sagte er: Haben Sie Ihre Geschichte? Ja, sagte ich. Und ich habe meine Mitbringsel, sagte er und ging tütenschwenkend davon. Er war vollgesogen, ich war vollgesogen. Ein guter Lehrer weiht seinen Schüler nicht gleich in alle Geheimnisse ein. Was hatte mich der Mann gelehrt?

Ein Sprichwort eignet sich gut zum Aufsagen. Ein Schreiber sollte aber in fremden Städten sich die Weisheit erlaufen.

EINLEITUNG

Waren Sie schon einmal auf Kuba? Haben Sie schon von Amitav Ghosh gehört, und kennen Sie die modernen Gebräuche auf Tonga? Wenn dem so ist, wird dieses Buch Ihre Erinnerung aufblühen lassen. Wenn nicht, ist »In 80 Büchern um die Welt« erst recht das Richtige für Sie.

Dieses Buch möchte dazu einladen, die Welt lesend zu erkunden und sich in ferne Länder und fremde Kulturen zu träumen. Getreu dem Motto *Entdecke Orte, Länder, Kontinente durch Literatur* stellt es spannende, ergreifende und humorvolle Geschichten moderner Autorinnen und Autoren vor. Nicht nur Europa-Liebhaber kommen dabei voll auf ihre Kosten, sondern auch Entdeckernaturen mit Fokus auf andere Erdteile. Die Lesereise führt nach Neuseeland, Äthiopien und die Mongolei ebenso wie ins altvertraute Italien oder die USA. Ergänzende Tipps für literarische Stippvisiten rund um den Globus finden Sie am Ende jedes Kapitels.

Verschaffen Sie sich einen Überblick über die Schönheit und Vielfalt der Weltliteratur. In die Auswahl wurden nur Bücher aufgenommen, die in deutscher Sprache erschienen sind. Also dann: Ab aufs Sofa und die Reise beginnt!

80 große Romane des 20. Jahrhunderts: von Afghanistan bis Zypern, von Agualusa bis Zafón, vom prämierten Werk bis zum literarischen Geheimtipp.

Europa

DIMITRÉ DINEV | *Engelszungen*

VON PLOVDIV NACH WIEN IN FÜNF JAHRZEHNTEN

Wie mag es sich anfühlen, in einer privilegierten Familie im kommunistischen Bulgarien aufgewachsen zu sein, und später im Wien der neunziger Jahre ums nackte Überleben kämpfen zu müssen? Ausgehend von der »Endstation« Wien erzählt Dimitré Dinev vor dem Hintergrund der bewegten Geschichte der zweiten Hälfte des zwanzigsten Jahrhunderts zwei Familienschicksale, die alle Facetten des menschlichen Lebens beinhalten.

Engelszungen erzählt kapitelweise abwechselnd die Lebensgeschichten der Bulgaren Svetljo und Iskren und ihrer Väter Jordan Apostolov und Mladen Mladenov. Beide Väter machen in der Zeit nach dem Zweiten Weltkrieg auf unterschiedlichste Weise im kommunistischen Bulgarien Karriere.

Mladenov schafft es zum hochrangigen Funktionär, der für seine Redekunst bewundert wird. Er ist ein Denker und Stratege, auch im privaten Bereich. So wählt er sich ganz gezielt eine bildhübsche Schauspielerin zur Frau, die bald darauf seinen Sohn Iskren zur Welt bringt und damit das Familienglück komplettiert. Obwohl er eigentlich wunschlos glücklich sein sollte, geht er weiterhin, wie vor seiner Heirat und Vaterschaft, zur Prostituierten Isabella. Sie ist die Einzige, die ihn wirklich versteht, und die Einzige, die er aufrichtig liebt.

Svetljos Vater Jordan Apostolov arbeitet sich nach oben, indem er Intellektuelle bespitzelt, die sich mit Äußerungen gegen die Regierung verdächtig machen. Er ist innerhalb seiner Abteilung bekannt für seine gnadenlose Verhörtechnik. Seine Frau Marina schenkt ihm nach der Tochter Dragomira seinen Sohn Svetljo, der sein ganzer Stolz werden soll.

Iskren hat es von Anfang an leicht im Leben. Er ist gut in der Schule und hat recht schnell Erfolg bei den Frauen. Wenn sich ihm etwas in den Weg stellt,

reicht immer der Verweis, dass er der Sohn des Genossen Mladen Mladenov sei, und alle Probleme sind aus der Welt geschafft. So zum Beispiel, wenn es darum geht, dem verpflichtenden zweijährigen Militärdienst zu entgehen.

Svetljo dagegen hat schon früh Probleme mit seinem hundertprozentig systemkonformen Vater, dessen Erwartungen er nicht erfüllen kann und will. So zieht er zum Beispiel, um Mädchen zu beeindrucken, als Punk verkleidet mit einem Freund durch die Stadt und wird prompt von der Miliz festgenommen. Dass sein Sohn als Gesellschaftsfeind aufgegriffen wird, ist für den systemtreuen Jordan Apostolov eine große Schande.

Mit dem Zusammenbruch des kommunistischen Bulgarien stürzt eine Welt für die Apostolovs und Mladenovs zusammen. Wer die nötigen Mittel besitzt, verlässt das Land. Svetljo und Iskren finden sich in Wien wieder, wo sich ihre Wege abermals kreuzen, und erleben ein typisches Migrantenschicksal. Eben noch als Söhne hochrangiger Funktionäre mit jeder Art von Komfort und Privilegien ausgestattet, stehen sie nun vor einer völlig ungewissen Zukunft. Sie schlagen sich mit verschiedenen Gelegenheitsarbeiten durch und gelangen zur frustrierenden Erkenntnis, dass in Österreich keiner auf sie gewartet hat.

Die Figuren Jordan Apostolov und Mladen Mladenov geben viel über die kommunistische Vergangenheit Bulgariens preis. Apostolov verkörpert den Typ des gewandten Opportunisten, der es durch die bedingungslose Einordnung ins System schafft, sich eine vorteilhafte Position in der Gesellschaft zu sichern. Mladenov dagegen wird als aufrechter Kommunist mit großem Gerechtigkeitssinn präsentiert, der seine Engelszunge in den Dienst der großen Sache stellt.

Er klammert sich an seine Ideale und merkt erst spät, dass sich das Land in eine ganz andere Richtung entwickelt. Der Glaube spielt eine besondere Rolle in *Engelszungen*. Da Religion im kommunistischen Bulgarien verpönt ist, steht erst der gesellschaftliche Fortschritt als Leitstern am Himmel der Protagonisten. Später wird dieser vom alleinigen Glauben an das eigene Weiterkommen abgelöst, den Iskren und Svetljo, ob gewollt oder ungewollt, leben.

AUTOR: Dimitré Dinev wurde 1968 in Plovdiv geboren. 1990 floh er nach Österreich und lebt seitdem in Wien. Die großen Themen Vertreibung, Flucht und Neuanfang prägen sein gesamtes literarisches Œuvre, das von Romanen über Theaterstücke bis zu eindringlichen Kurzgeschichten wie *Ein Licht über dem Kopf* reicht.

NOTABENE: Plovdiv ist mit rund 380.000 Einwohnern die zweitgrößte Stadt Bulgariens. Die nahe Plovdiv gelegene Stadt Dimitrovgrad, von der im Buch des Öfteren die Rede ist, gilt als ein Vorzeigeprojekt der kommunistischen Städteplanung. Wie Eisenhüttenstadt in der DDR und Komsomolsk in Sibirien wurde die Planstadt von 50.000 Arbeitern in nur zwei Jahren aus dem Boden gestampft.

W. G. SEBALD | *Die Ausgewanderten*

DIE VERSTREUTE SEELE DEUTSCHLANDS

Zwischen Dokumentation und Fiktion schreibt Sebald einen der schönsten literarischen Texte über die deutsche Vergangenheit und das Trauma des Exils, der Trennung und des Heimwehs.

In diesen vier langen Erzählungen steht Deutschland für die Vergangenheit und den Schmerz der Erinnerung. Der Erzähler, selbst nach England ausgewandert, rekonstruiert das Leben von vier Männern, die dasselbe Schicksal teilen: die erzwungene Emigration aus der deutschen Heimat. Alle haben ein langes Leben im Exil geführt, in England, Frankreich oder in der Schweiz. Doch die Wunden der Vertreibung sind nie geheilt und holen sie am Lebensende wieder ein.

Wie viel von diesen Lebensläufen fiktiv ist und wie viel Sebald aus der Realität übernommen hat, bleibt ungewiss. Vielleicht haben diese vier Männer wirklich existiert, vielleicht hat der Autor sie tatsächlich gekannt. Möglicherweise hat er nur von ihnen gehört, und einen Erzähler erfunden, der sie alle vier gekannt haben könnte. Die Figuren der Exilanten wirken ebenso glaubwürdig wie auch ihre Lebens-

»Die hohe See, die Fahne des Rauchs, die graue Ferne, das Sichheben und Sichsenken des Schiffs, die Angst und die Hoffnung, die wir in uns trugen, all das, sagte mir Dr. Selwyn, weiß ich nun wieder, als sei es erst gestern gewesen.«

geschichten: der deutsche Jude Dr. Henry Selwyn, Vermieter des Erzählers in Manchester, Paul Bereyter, homosexueller Grundschullehrer aus einem Dorf in Bayern, sein Onkel Ambros Adelwarth und Max Ferber, in Deutschland geborener Künstler, den der Erzähler in Manchester kennenlernt. Sie alle werden von der Vergangenheit gequält, zwei von ihnen nehmen sich das Leben, einer stirbt in einer psychiatrischen Einrichtung.

ZWISCHEN DOKUMENTARISCHER LITERATUR UND LITERARISCHER DOKUMENTATION

Das Besondere am Stil Sebalds ist die heterogene Art seines Textes. Er rekonstruiert die Lebensläufe der Ausgewanderten anhand verschiedenster Quellen. Neben der Stimme des Erzählers sprechen die vier Männer selbst über ihre Vergangenheit, jeder in seinem eigenen Stil. Seinen Text mischt Sebald dabei immer wieder mit englischen und französischen Wörtern. Von dem dokumentarischen Charakter des Werkes zeugen auch die Schwarzweißbilder, die in den Text eingestreut sind. Betont wird die Genremischung durch detaillierte Beschreibungen der Schauplätze und der historischen Hintergründe.

> *»Ich glaube, die graue Dame versteht nur ihre Muttersprache,*
> *das Deutsche, das ich seit 1939, seit dem Abschied von den Eltern*
> *auf dem Münchner Flughafen Oberwiesenfeld, nicht ein einziges Mal mehr*
> *gesprochen habe und von dem nur ein Nachhall, ein dumpfes,*
> *unverständliches Murmeln und Raunen noch da ist in mir.«*

In starkem Kontrast dazu steht der extrem literarische Schreibstil Sebalds, den manche Kritik als »poetische Prosa« beschreibt. In *Die Ausgewanderten* entsteht ein melancholisches Bild vom Vorkriegsdeutschland, welches in einer raffinierten Reflexion über die deutsche Vergangenheit und die mysteriöse Wirkung des Gedächtnisses endet.

AUTOR: W. G. Sebald, geboren 1944 im Allgäu, lebte seit 1970 in Norwich, England, wo er als Dozent und Übersetzer arbeitete. Mit Werken wie *Die Ausgewanderten, Die Ringe des Saturn* und *Austerlitz* wurde er als einer der größten deutschsprachigen Schriftsteller der Nachkriegszeit international bekannt. Sebald starb 2001.

JULIAN FELLOWES | *Snobs*

DER KLEINE FEINE UNTERSCHIED

Lady Uckfield ist ein Snob, ihre Welt die exklusive Klasse der englischen Ober-schicht. Hier verkehren Barone, Lords und Earls zwanglos und fast familiär mit-einander. Hier nennt man sich »Googie«, »Tigger«, »Keks« oder »Pinscher«, sofern man dazugehört. Und hier gibt man stets sein Bestes, so zu tun, als sei man sich der Privilegien, über die man seit seiner Geburt verfügt, überhaupt nicht bewusst.

England in den neunziger Jahren: Die Klassenschranken der Gesellschaft, die noch im neunzehnten Jahrhundert unüberwindbar schienen, sind durchlässig gewor-den. Somit hätte Edith Lavery, Tochter aus großbürgerlichem Hause und außeror-dentlich attraktiv, zumindest theoretisch keine schlechten Chancen, durch Heirat in die Welt der Lady Uckfield aufzusteigen. Aber wie so oft im Leben sind es die Feinheiten, die den Unter-schied machen. Und egal, wie ähnlich sich die Umgangsformen der oberen Mittelschicht und der Oberschicht mittlerweile sein mögen: Der

»Engländer aller Schichten sind süchtig nach Exklusivität. Wenn drei Engländer in einem Raum versammelt sind, erfinden sie eine Regel, die verhindert, dass ein Vierter zu ihnen stößt.«

Kreis der Aristokratie ist klein, und seine Mitglieder sind eifrig bemüht, dies auch so zu belassen. Wer nicht in die Welt des alten Adels geboren ist, gehört dort, nach Meinung der Oberschicht, auch nicht hin.

AUFSTIEG ODER FALL?

Für Edith Lavery wird es somit kein leichter Weg zum Erfolg. Ihr erklärtes Ziel ist es, Mitglied im exklusiven Club der Aristokraten zu werden. Als Mittel zum Zweck soll Charles Broughton dienen, zukünftiger Earl und Erbe eines präch-tigen Landsitzes in Sussex. Ihn gilt es zu überzeugen, dass Edith für ihn die

perfekte Ehefrau und zukünftige Lady Broughton ist. Das Unterfangen erweist sich allerdings schnell als äußerst ambitioniert. Denn Charles ist der Sohn Lady Uckfields, Marquioness aus altem Adelsgeschlecht, welche die Ideale und Prinzipien ihres Standes vertritt wie keine Zweite. Aus ihrer Sicht macht Charles mit der bürgerlichen Edith zwar keinen eklatanten gesellschaftlichen Missgriff, wie ihn zum Beispiel eine Schauspielerin oder Popsängerin dargestellt hätte; als ihre Schwiegertochter und Nachfolgerin hätte sie sich aber dennoch eine standesgemäßere Kandidatin gewünscht.

MEHR SCHEIN ALS SEIN?

Bei all dem Aufwand, den Edith betreibt, um Charles' Auserwählte zu werden, bemerkt sie den eklatanten Unterschied zwischen der glamourösen Fantasiewelt, die sie sich selbst zusammengeschneidert hat, und der glanzlosen Realität nicht, in die sie einheiratet. Fühlt sie sich zuerst noch wie die nächste Lady Di, wenn sie von Fotografen und Journalisten verfolgt wird, so gibt es ein nüchternes Erwachen auf dem Landsitz der Schwiegereltern, wo Edith und Charles nach ihrer Hochzeit zusammen leben. Schnell begreift Edith – an das Londoner Stadtleben gewöhnt –, dass das Landleben bestimmt wird durch den Rhythmus der Jagdsaison und langweilige Ausschuss-Sitzungen mit den Dorfbewohnern, denen sie als Lady Broughton beiwohnen muss. Selbst das demütige »Mylady«, mit dem ihre sie Bediensteten ansprechen und das sie am Anfang in höchste Verzückung versetzt, tröstet Edith bald nicht mehr über ihren zähen Alltag hinweg.

Statt des erträumten Jet-Set-Lebens führt Edith ein Leben im goldenen Käfig mit einem Mann, den sie nicht liebt. Besonders für Lady Uckfield ist Ediths permanente Unzufriedenheit nur eine Bestätigung dessen, was sie schon vorher

wusste: nämlich, dass jemand wie Edith für ein Leben in »ihrem« Stand einfach nicht geboren ist.

Mit erhobener Augenbraue zeichnet Julian Fellowes das Bild einer Gesellschaft, die an den Merkmalen einer Klasse festhält, die es faktisch nicht mehr gibt. Teilweise ironisch und gerne auch mal leicht bissig, verfällt der Autor dabei jedoch nie in abgedroschene Klischees, sondern betrachtet die Dinge mit einer erfrischenden Portion Realitätssinn.

AUTOR: Julian Fellowes, Autor, Schauspieler und Produzent, genoss eine vornehme Erziehung und kennt sich mit den besseren Kreisen des britischen Empire aus. Für sein Drehbuch zu der Literaturverfilmung *Gosford Park* erhielt er 2002 einen Oscar.

NOTABENE: Zu ihrem ersten Date führt Charles Edith ins *Annabel's*, einen exklusiven Nachtclub mit Restaurant am Berkeley Square im Londoner Stadtteil Mayfair. Das *Annabel's* ist bis heute dafür bekannt, dass nur Mitglieder Zutritt haben. Dabei bedeutet nicht nur der finanzielle Aspekt eine Barriere für unerwünschte Besucher. Auch wenn 1000 Pfund Aufnahmegebühr und weitere 1000 Pfund Jahresbeitrag kein Pappenstiel sind, gibt es noch weitere Hürden: So dürfen nur Mitglieder neue Mitglieder vorschlagen, indem sie einen formellen Antrag stellen, über den im Plenum abgestimmt wird. Das *Annabel's* hält auch heute noch an seinem Dresscode und einem strikten Handyverbot fest (Adresse: 44 Berkeley Square, London).

NICK HORNBY | *A long way down*

RUNTER KOMMEN SIE ALLE

Dass Silvester der denkbar schlechteste Zeitpunkt ist, um sich in Ruhe von einem Hochhaus zu stürzen, müssen Martin, Jess, Maureen und JJ am eigenen Leib erfahren. Das Dach des Hochhauses ihrer Wahl im Norden Londons gleicht zur Neujahrsnacht eher einer gut besuchten Touristenattraktion — an einen würdevollen Abschied von dieser Welt ist nicht mehr zu denken. Doch was macht man nun mit dem angebrochenen Abend?

Braucht man Gründe, um seinem Leben ein Ende zu setzen? Die vier Personen, die am Silvesterabend zufällig auf dem Dach des Topper's House aufeinandertreffen, sind der Meinung, verdammt gute Gründe dafür zu haben. Martin zum Beispiel ist ein ehemaliger Frühstücksfernsehstar. Als ob das allein nicht schon schlimm genug wäre, hat er sich beim Sex mit einer Minderjährigen erwischen lassen und saß dafür im Knast. Seine berufliche Karriere wie auch sein Verhältnis zur Exfrau und den Töchtern sind dadurch mehr als nur angeknackst.

> *»Diese kleinen Grills haben sie überall in England, stimmt's?*
> *Für mich repräsentieren sie den Sieg der Hoffnung über die Verhältnisse, da*
> *man mit ihnen nichts weiter anfangen kann, als sie durchs Fenster*
> *anzustarren, wie sie im strömenden Regen stehen.«*

Die äußerst religiöse Maureen pflegt seit über zwanzig Jahren ihren sowohl geistig als auch körperlich behinderten Sohn, der zu keinerlei Reaktion auf seine Umwelt fähig ist. Sie hat sich mit der Zeit immer mehr vom Rest der Welt abgeschottet und ist schlichtweg am Ende ihrer Kräfte angelangt.

Jess wiederum ist erst achtzehn, dafür aber höchst neurotisch. Anfangs scheint hinter ihrem Todeswunsch nicht mehr zu stecken als der übersteigerte Liebeskummer eines Teenagers. Doch wie sich später herausstellt, trägt sie am Verschwinden ihrer Schwester schwerer, als ihre aggressive und unflätige Ausdrucksweise glauben machen wollen.

Der lässige Amerikaner JJ schließlich steht vor den Trümmern seiner Band und damit seines Lebenswerks. Seit ihn auch noch seine Freundin verlassen hat, sieht er nur den Ausweg in die Tiefe. Als er allerdings vom Schicksal der Anderen hört, erfindet er eine tödliche Krankheit, um nicht ganz so armselig dazustehen.

HÖLLE – DAS SIND DIE ANDEREN

Diese Vier sind sich also an besagtem Abend gegenseitig im Weg und verhindern dadurch das Schlimmste. Doch wie soll es nun weitergehen? Nach einer nächtlichen Irrfahrt verabreden sie sich für den Valentinstag – ein ebenso adäquater Termin für

Selbstmordwillige – um dann weiterzusehen. Doch ein unerwarteter Skandal bringt die ungleiche Truppe schneller wieder zusammen, als ihnen lieb ist.

So ein richtiges Zusammengehörigkeitsgefühl will sich jedoch auch in den weiteren Wochen nicht einstellen, denn die vier Personen könnten unterschiedlicher kaum sein. Auf faszinierende Weise schildern sie ihre Sicht der Dinge und repräsentieren auf diese Weise verschiedene Facetten der britischen Gesellschaft. Jeder Figur gehört dabei eine ganz eigene Stimme, die abwechselnd zu Wort kommt. JJ beispielsweise liebt Poesie und Musik, bemerkt jedoch desillusioniert, dass er sich seinen Job als Pizzaauslieferer mit indischen Doktoren und Professoren teilt. Jess dagegen ist sich ihrer eigenen intellektuellen Unzulänglichkeit durchaus bewusst und reagiert auf Fremdwörter, wie sie vor allem

Martin zu benutzen pflegt, gern mit äußerst bildhaften Schimpfworttiraden, die Maureen regelmäßig die Schamesröte ins Gesicht treiben. Martin hingegen weiß um seine Position als Buhmann der Nation, »aber es scheinen ja alle möglichen Leute berühmt zu sein, ohne Fans zu haben. Tony Blair ist da ein gutes Beispiel«.

»Selbstverständlich kann ich erklären, warum ich von einem Hochhaus springen wollte. Ich bin ja kein Vollidiot.«

Hornbys Roman ist ein böser, aber durchaus treffender und ungeheuer witziger Querschnitt durch das, was London an Menschlichem zu bieten hat: von der Politik und dem armseligen Ruhm der B-Promis über die abgefahrene Musikszene bis hin zur verschworenen Kirchengemeinde. Er lässt die Protagonisten selbst von ihren kläglichen Versuchen berichten, aus ihren vorgefertigten Rollen auszubrechen. Ein Spiel, das wohl jeder von uns zu spielen versucht – bis am Ende doch noch jemand springt.

AUTOR: Nick Hornby, 1957 im britischen Redhill geboren, ist der wohl bekannteste Fußballfan Großbritanniens. Seiner Leidenschaft für den Club Arsenal London setzte er mit *Fever Pitch* ein Denkmal. Dieser Roman wurde ebenso wie *High Fidelity* und *About a Boy* verfilmt.

JÓGVAN ISAKSEN | *Endstation Färöer*

MÖRDERSUCHE IM NORDATLANTIK

Kantig und zerklüftet ist die Landschaft auf den Färöer-Inseln mitten im Nordatlantik, kalt und nass das Wetter. Von steil ins Meer abfallenden Felsküsten, verschütteten Grotten und von Nebelschwaden umschlossenen Berghängen ist es nicht weit zu den menschlichen Abgründen. Gekonnt nutzt Jógvan Isaksen die raue Atmosphäre seiner Heimat, um eine spannende Geschichte von Mord, NS-Verbrechen und Zusammenhalt zu entfalten.

»Wenn man im Gebirge war, konnte man zweifellos alle Inseln sehen und man konnte stundenlang dasitzen und versuchen, die Namen der Berggipfel aufzusagen, oder einfach nur die Schönheit in sich aufzusaugen.« Doch um das zu erleben, was Jógvan Isaksen hier beschreibt, muss man Glück haben. Zu oft hängt dichter Nebel bis tief in die Täler. Wahrscheinlich bieten neben den Färöern nur wenige Orte die Möglichkeit, sich in die Wolken zu flüchten. Aber genau

»Ich war drauf und dran, demjenigen zuzustimmen, der sang, dass die Nächte in London und Singapur nichts waren im Vergleich zu einem Samstagabend in Tórshavn.«

das ist Hannis Martinssons einzige Chance, sein Leben vor zwei hünenhaften Knochenbrechern zu schützen. Die jagen ihn im Auftrag einer Altnazi-Bande, der Martinsson auf der Suche nach dem Mörder seiner Freundin Sonja Pætturdóttir zu nahe gekommen ist.

Aber der Reihe nach: Eigentlich lebt Hannis Martinsson als Journalist in Kopenhagen. Als er einen scheinbar belanglosen Brief von Sonja in seinem Briefkasten findet, den sie kurz vor ihrem Tod geschrieben hat, ist ihm klar: Sie kann nicht einfach betrunken während einer Mittsommerfeier über die Klippen gestürzt sein. Als dann auch noch ihr Lebensgefährte mit einem gebrochenen Genick auf seiner Kellertreppe gefunden wird, will Martinsson erst recht nicht mehr an unglückliche Zufälle glauben. Außerdem gibt es da noch diesen Schoner aus Paraguay, der seit Tagen am Kai von Tórshavn festgemacht hat. Nicht nur, dass Sonja zuletzt häufiger Gast an Bord war. Auch die Porträts der beiden Nationalsozialisten Herbert Kappler und Albert Kesselring, die in einer Kajüte an der Wand hängen, bestärken Martinssons Misstrauen: Die Mannschaft ist nicht auf die Färöer gekommen, um über neue Fanggebiete zu verhandeln. Mehr als das Stichwort ODESSA soll an dieser Stelle aber noch nicht verraten werden.

ALKOHOL FÜR AUSERWÄHLTE: FÄRINGER SIND SO

Somit beginnt nicht nur die Suche nach den Drahtziehern, sondern auch eine Reise über die Färöer und in die Vergangenheit der Inselgruppe. Ganz nebenbei erfährt der Leser allerlei vom Leben im Nordatlantik. Da gibt es zum Beispiel Bierclubs, die all jene in eine missliche Lage bringen, die keinen Mitgliedsausweis vorweisen können, denn nur in diesen ausgesuchten Etablissements darf Alkohol ausgeschenkt werden. Und wer in Sorge sein sollte, so weit entfernt von kontinentaler Zivilisation vom Informationsfluss abgeschnitten zu sein, dem sei diese genommen:

»Man konnte von den Färingern sagen, was man wollte, früh zur Arbeit gingen sie nicht. Zum Ausgleich fanden sie dafür fast nie ins Bett.«

Die Färinger drehen ihre Radios so laut auf, dass sich selbst der verträumteste Spaziergänger den Nachrichten nicht entziehen kann.

Die heimlichen Herrscher der Färöer aber sind die Seevögel und Kegelrobben. Sie prägen die weite, felsige Landschaft und das Meer. Der Mensch ist hier nur zweitrangig und muss sich den rauen Gegebenheiten unterordnen. Klar und hart ist deshalb auch die Sprache des Romans, immer direkt.

AUTOR: Jógvan Isaksen ist gebürtiger Färinger, lebt heute aber in Kopenhagen. Dort lehrt er färingische Sprache und Literatur an der Universität. *Endstation Färöer* ist der erste Kriminalroman, der auf der Inselgruppe spielt, und war dort ein großer Erfolg. Auch im Nachfolger *Option Färöer* recherchiert der Journalist Martinsson zu den Hintergründen eines Mordes.

ARTO PAASILINNA | *Der Sommer der lachenden Kühe*

SKURRILE EINBLICKE IN DIE FINNISCHE SEELE

Suomi — das Land der tausend Seen, der Wälder und Moorlandschaften, des Saunierens, des Weihnachtsmanns und Suizids. Die Sprache der Finnen kennt 16 Fälle und die Aussprache von Wörtern wie »hääyöaie« stellt eine ganz eigene Form von Zungenakrobatik dar. Kein Wunder also, dass seine Bewohner ob ihrer Intelligenz immer wieder gelobt werden. Ihnen wird aber ebenso nachgesagt, dass sie eigensinnig und wortkarg seien. Nun, eines sind sie ganz gewiss: lustig!

Der Taxifahrer Seppo Sorjonen ist gerade in Helsinki unterwegs, als er den ehemaligen Panzer-Sergeanten und pensionierten Landvermessungsrat Tavetti Rytkönen mitten auf der Straße aufgabelt. Rytkönen ist fast achtundsechzig Jahre alt und weiß gerade noch seinen Namen. Das Einzige, das er bei sich trägt, ist ein Bündel mit Tausendmarkscheinen, die er gerade in der Nationalbank abgehoben hat. Zu welchem Zweck, weiß er nicht mehr. Überhaupt kann er sich an die Gegenwart kaum erinnern, dafür umso mehr Geschichten aus alten Zeiten zum Besten geben. Wenn ihn mal wieder so ein Anfall von Gedächtnisschwund befällt, muss er etwas unternehmen — einfach weg, egal wohin. Bloß nicht innehalten, sonst packt ihn das pure Entsetzen.

»Was, zum Teufel, ging es den Fahrer an, wohin er wollte. Er fand, ein freier finnischer Mann habe das Recht, mit dem Taxi bis in den hintersten Winkel des Landes zu fahren.«

Getreu dem Motto: Der Weg ist das Ziel, entschließen sich die beiden zu einer Fahrt ins Blaue. Der trinkfreudige Rytkönen ist ihm auf Anhieb so sympathisch, dass Sorjonen sogar den Verlust seines Jobs in Kauf nimmt, um mit ihm auf die Suche nach einem alten Kriegskameraden zu gehen. Und auf geht es im Taxi gen Norden. Die skurrile Tour führt das ungleiche Paar kreuz und quer durch die finnische Seenplatte.

EIN TIERISCH VER-RÜCKTER SOMMER

Mäkitalos, Rytkönens ehe-maliger Kamerad, betreibt inzwischen einen Einödhof und bereitet zusammen mit seiner Frau gerade einen etwas eigenwilligen Rück-zug vor. Da er sich den EU-Richtlinien nicht weiter unterwerfen will, muss sein Hof völlig unbrauchbar gemacht wer-den. Alles, was man dafür benötigt, sind Dynamit, jede Menge Benzin und ein paar Streichhölzer … Zur Sicherheit treibt Mäkitalos die Rinder ins Moor. Wie hätte er auch ahnen können, dass sich genau dort zur selben Zeit ein Dut-zend Französinnen zum Überlebenstraining aufhält? Die beobachten das bunte Treiben erst einmal versteckt aus der Ferne. Als Vegetarierinnen können sie na-türlich gar nicht gutheißen, dass die Männer auf die Jagd gehen. Denn um den Rindern den harten kalten Winter zu ersparen, werden sie zum Abschuss freige-geben. Ein Festessen – für alle Sinne!

Welcher Autor, wenn nicht Arto Paasilinna, könnte es schaffen, ein Thema wie Demenz so vergnüglich und trotzdem respektvoll zu behandeln? Die erns-te Botschaft wird unterhaltsam, witzig und traurig zugleich präsentiert. Denn auch, wenn sich Rytkönen nicht mehr an alles erinnern kann — seine Lebens-freude bleibt ungetrübt. Nebenbei erfährt der Leser so einiges über finnische Landschaften und Menschen und kann möglicherweise ein paar Vorurteile auf amüsante Art bestätigt finden.

AUTOR: Arto Paasilinna, 1942 in Kittilä/Lappland geboren, veröffentlichte über dreißig Romane, die in zahlreiche Sprachen übersetzt wurden. Der po-pulärste Schriftsteller Finnlands wurde mehrfach mit nationalen und inter-nationalen Literaturpreisen ausgezeichnet.

JEAN-PAUL DUBOIS | *Ein französisches Leben*

LA VIE EN ROSE

»Ich war vierundzwanzig, hatte ein groteskes Diplom in der Tasche und eine verzerrte Sicht auf diese zappendustere Welt. Die Amerikaner waren dabei, aus Vietnam abzuziehen, Pinochet hatte sich in Santiago niedergelassen, Picasso war gestorben, und mein konfuses, chaotisches junges Leben glich dem kubistischsten seiner Bilder.« So beginnt das (un)politische Erwachsenendasein von Paul Blick. Begleiten Sie ihn auf seiner ganz privaten »Tour de France« durch die Turbulenzen des zwanzigsten Jahrhunderts.

Paul Blick, Kind einer sonderbaren und doch ganz und gar exemplarischen französischen Familie, nimmt uns mit auf eine Reise durch die Geschichte seines Landes: Von der Bestätigung Charles de Gaulles als Präsident 1958 bis zur knappen Wiederwahl Jacques Chiracs im Jahr 2002. Sein eigenes Leben ist stets untrennbar verbunden mit den Ereignissen, die Frankreich, aber auch die Welt bewegen.

»Ich hielt die Liebe für eine Art Glauben, eine Art Religion mit menschlichem Antlitz. Statt an Gott zu glauben, glaubte man an den anderen, nur existierte der andere genauso wenig wie Gott.«

Schamlos und irgendwie grotesk in seiner Ehrlichkeit, gesteht Paul seine ersten unglamourösen sexuellen Erfahrungen als Heranwachsender in der Zeit von Wirtschaftswunder und Algerienkrieg.

Ebenso ungeschminkt berichtet er über Abitur und Studium, die ihm in den Unruhen der 68er geradezu hinterher geworfen wurden und ihm ein paar Jahre der Unabhängigkeit und Libertinage bescherten. Wir erleben mit, wie der eigentlich politisch engagierte Paul durch die Eroberung der nüchternen, geschäftstüchtigen Anna, mit der ihn im Grunde nichts verbindet, langsam aber sicher in die Zurückgezogenheit der bürgerlichen Familie abtaucht und als Vater und Hausmann Golfkrieg Golfkrieg sein lässt.

Immer mehr kapselt er sich von der Gesellschaft, die in konservative Gefilde abdriftet, aber auch von der eigenen Familie ab. Er verkriecht sich in seiner Dunkelkammer, wo er unzählige Landschafts- und Naturbilder entwickelt, anstatt die seiner heranwachsenden Kinder. Bis er urplötzlich genau dadurch erfolgreich und wohlhabend wird. So wohlhabend, dass er sogar Präsident Mitterand einen Korb geben kann, als dieser ihn um einen Gefallen bittet.

»So war also meine Familie damals: freudlos, überaltert, reaktionär und elendig traurig. Mit einem Wort: französisch.«

Oberflächlich betrachtet, scheint der *Mann der Bäume* vom Glück unverhältnismäßig begünstigt, denn er versäumt nicht, uns von seinen zahlreichen moralischen Verfehlungen und menschlichen Unzulänglichkeiten zu berichten.

JE NE REGRETTE RIEN ...

Genauso plötzlich – wenn auch nicht völlig unvorhersehbar – verliert Paul Blick seinen Wohlstand und seine Kleinfamilie. Die scheinbare Sicherheit stand auf tönernen Füßen. Nun ist er Mitte Fünfzig, um einige Illusionen ärmer, ohne Berufserfahrung oder Ausbildung und plötzlich gezwungen, sein Leben zum ersten Mal wirklich in die Hand zu nehmen und sich mit den Menschen und Ereignissen um ihn herum zu befassen.

Es handelt sich um ein außergewöhnliches Leben, auf das Paul Blick zurückschauen kann. Und doch mutet vieles vertraut an. Ein privates Stück Zeitgeschichte, in dem man sich nicht selten wiederfindet.

AUTOR: Jean-Paul Dubois wurde 1950 in Toulouse geboren. Er war Journalist für den *Nouvel Observateur* und erhielt für sein Werk *Ein französisches Leben* mehrere Literaturpreise. Heute lebt Dubois sehr zurückgezogen in seiner Heimatstadt. Ebenfalls auf Deutsch erschienen ist sein Roman *Heute wird das nix! Mein Jahr mit Handwerkern.*

ERNEST HEMINGWAY | *Paris – ein Fest fürs Leben*

DIE KUNST ZU LEBEN –
EIN AMERIKANER IN PARIS

Anschaulich, unterhaltsam und lebensnah beschreibt Ernest Hemingway seine Zeit als junger Schriftsteller in Paris. Die Streifzüge des großen Literaten durch die Straßen vermitteln einen intensiven Eindruck von der französischen Metropole und der Pariser Lebensart. Obwohl von den »goldenen Zwanzigern« wenig zu spüren ist, wirkt die Atmosphäre jener Jahre, als Hemingway mit Autoren wie F. Scott Fitzgerald und James Joyce Tür an Tür lebte, derart inspirierend, dass man sich wünscht, dabei gewesen zu sein.

Paris, 1921 bis 1926. In kurzen, knappen Kapiteln erfährt der Leser von den Anfängen der Karriere Hemingways, seinen Lebensverhältnissen und seinen Bekanntschaften innerhalb der Pariser Künstlerkreise. Er kreiert dabei keine Illusion vom Leben einer elitären Bohème, sondern durchlebt vielmehr Situationen, die mit dem romantischen Ideal des Künstlerdaseins aufräumen und zeigen, wie die Menschen hinter den »großen Namen« wirklich waren.

»Eines Tages traf ich Joyce, der den ›Boulevard Saint-Germain‹ entlangkam, nachdem der allein in einer Matinee gewesen war. Er hörte den Schauspielern gern zu, wenn er sie auch nicht sehen konnte. Er forderte mich auf, etwas mit ihm zu trinken, und wir gingen in die ›Deux Magots‹ und bestellten herben Sherry, obschon sie immer lesen werden, dass er nur Schweizer Weißwein trank.«

So begleitet Hemingway seinen Freund Scott Fitzgerald, der mehr und mehr in Alkoholexzessen versinkt, und erzählt von seiner Bekanntschaft mit Gertrude Stein, die sich gönnerhaft des jungen Journalisten annimmt. Durch ihre Belehrungen versucht sie, Hemingway als Autor »auf den richtigen Weg« zu bringen.

Nº 1104. L'AVENUE DE L'OPÉRA. ST-ÉTIENNE DU MONT.

LA TOUR SAINT-JACQUES.

IMPORTÉ

SOUVENIR de PARIS.

LE PANTHÉON.

LUXEMBOURG. (JARDIN)

M.M.

»Wenn du das Glück hattest, als junger Mensch in Paris zu leben, dann trägst du die Stadt für den Rest deines Lebens in dir, wohin du auch gehen magst, denn Paris ist ein Fest fürs Leben.«

KUNST UND KARGE KOST

Auch beschreibt Hemingway seine persönlichen Probleme, wie die Schwierigkeit einen einzigen »wahren« Satz zu formulieren, der einem literarischen Text zu Grunde liegen kann. Auch die Tatsache, dass er mitsamt seiner Familie Hunger und Kälte erleiden musste, wird im Roman nicht verschwiegen. So weiht der Schriftsteller den Leser in seine erdachten Routen durch Paris ein, bei denen man garantiert kein Café oder Restaurant kreuzt, dessen Anblick und Gerüche den eigenen Hunger noch verschlimmern könnte.

Im Kontrast zu solchen Kapiteln stehen die wiederkehrenden Passagen über die Schönheit der Stadt. Ob beim Picknick mit seiner Frau auf der Pferderennbahn oder beim Abendessen mit seinem Verleger, der Leser erfährt stets, welche Köstlichkeit zu welcher Gelegenheit eingenommen wurde. Damit verdeutlicht der Autor auf beeindruckende Art und Weise die Lebensfreude, die in Paris herrschte, obwohl die wenigsten Menschen zu dieser Zeit im Reichtum schwelgen konnten.

So nimmt Hemingway den Leser mit auf einen Spaziergang durch Paris, eine lebendige und faszinierende Metropole voller Widersprüche, die eine magische Anziehungskraft auf ihn ausübte. Ein Buch über das wahre Leben der Bohème und eine Liebeserklärung an die vielleicht schönste Stadt der Welt.

AUTOR: Ernest Hemingway, geboren 1899 in den USA, lebte seit den 1920er Jahren überwiegend in Paris, später auch in Florida und auf Kuba. Neben der Schriftstellerei arbeitete er als Korrespondent und Kriegsreporter. 1954 erhielt er den Nobelpreis für Literatur. Er starb 1961. Weitere Werke sind unter anderem sein erster größerer Roman *Fiesta* (1926) und die 1930 auf Deutsch erschienene Kriegsgeschichte *In einem andern Land*.

NOTABENE: Die *Closerie de Lilas* war Hemingways bevorzugtes Café, in dem er seine Bücher schrieb. Unweit seiner Wohnung im Viertel Saint-Germain-des-Prés befindet es sich am Boulevard Montparnasse 171. Es erinnert auch heute noch an die Berühmtheiten, die sich dort während der zwanziger Jahre versammelten. Hemingway selbst verabredete sich dort gerne mit Scott Fitzgerald und Ezra Pound.

NIKOS KAZANTZAKIS | *Im Zauber der griechischen Landschaft*

AUF MYSTISCHEN PFADEN

Die faszinierende Landschaft und sein kulturelles Vermächtnis machen Griechenland zu einer Entdeckung der besonderen Art. So zeigen sich dem empfindsamen Beobachter auch in den abgelegensten Winkeln die verborgenen Geheimnisse der Vergangenheit. Durch die farbenfrohen und bildreichen Schilderungen seiner Reiseerlebnisse haucht Nikos Kazantzakis der mystischen Heroenzeit der Griechen mit ihren epochalen Kriegen und legendären Heldentaten im Hier und Heute neue Lebendigkeit ein.

Wer kennt sie nicht, die malerische Landschaft Griechenlands? Schattige Olivenhaine, das azurblaue, glitzernde Meer, kreideweiße, von der Sonne angestrahlte Kirchen, karge Landstriche und mystische Stätten. Doch was verbirgt sich hinter all dieser Farbenpracht und bedeutungsschwangeren Orten? Dem Land der Götter und Heroen, der antiken Mythen und Gestalten?

Auf der Suche nach den Bedürfnissen seiner Seele, mit einem diffusen Gefühl unstillbarer Begierde im Gepäck begibt sich der junge Nikos Kazantzakis nach seinem Juraexamen auf eine von seinem Vater finanzierte, dreimonatige Pilgerfahrt durch seine Heimat. Es sollten zahlreiche weitere Reisen folgen. Auf seinen Wanderungen über die Peloponnes, das Festland und die Inseln des Mittelmeeres besucht er Städte, Dörfer, Küsten und Ruinenstätten, die ihm die Sagen längst vergangener Zeiten ins Ohr flüstern.

DAS IST GRIECHENLAND

Am Kap Sunion, der südlichsten Spitze Attikas, glaubt er schließlich gefunden zu haben, wonach er suchte. Die sommerliche Hitze, der intensive Duft der Pinienwälder, das Zirpen der Zikaden lassen ihn mit der Natur verschmelzen und verströmen in ihm das wohlige Gefühl der Dazugehörigkeit. Der Schritt hinaus aus dem Wald in das gleißende Licht der Mittagssonne gibt ihm den Blick frei auf die weißen Säulen des Poseidon-Tempels und das durchscheinende, strahlende Blau des Mittelmeeres. Trunken vor Glück gelangt Kazantzakis hier auf den Gipfel der Freude. Die Grazie, Großzügigkeit und Harmonie der attischen Landschaft, die sich vor dem Horizont abzeichnenden Umrisse der Berge, der silbrige Glanz der Olivenbäume und das vergeistigt wirkende Licht offenbaren ihm den landschaftlichen Zauber seiner Heimat. Und in ihr entdeckt er das Idealbild des Menschen.

»Bruder Mandelbaum, sprich mir von Gott. Und der Mandelbaum bedeckte sich über und über mit Blüten.« In der Pracht der Natur, berauscht durch die Kraft der Farben und begeistert von den Verwandlungskünsten des Lichts findet Nikos Kazantzakis auf den ägäischen Inseln das Paradies auf Erden. Hier offenbart sich ihm die griechische Ewigkeit aus Wasser, Stein und einer frischen Sommerbrise. Vor allem aber offenbart sich ihm auf seiner Fahrt durch die Ägäis in Blüten, Tieren und menschlichen Begegnungen Gott. Sie bringt ihm die kostbare Erkenntnis, dass diese Welt nicht nur sein Kleid ist, sie ist Gott selbst.

Als empfindsamer Beobachter lässt Kazantzakis den Leser intensiv an seinen Betrachtungen und Begegnungen teilhaben. Seine blumige und bildhafte Sprache zieht ihn tief in seine Welt und lässt ihn die antiken Orte mit anderen Augen betrachten. Geschickt verwebt er die historische Bedeutung der mystischen Stätten mit den überlieferten Sagen der griechischen Antike sowie spontanen, kurzen Begegnungen mit fremden Menschen, und haucht ihnen so neues Leben ein.

AUTOR: Nikos Kazantzakis, geboren 1883 auf Kreta, 1957 in Freiburg im Breisgau gestorben, studierte Jura und arbeitete später als Journalist, Auslandskorrespondent, Übersetzer und Autor. Im Auftrag der griechischen Regierung untersuchte er ab 1945 Kriegsverbrechen der deutschen Besatzungsmacht auf Kreta. Weltruhm erlangte er durch seinen mit Anthony Quinn verfilmten Roman *Alexis Sorbas*, einer Hymne auf das Leben und auf den herben Zauber seiner kretischen Heimat. Der Flughafen von Iraklion und eine Gemeinde auf Kreta tragen heute seinen Namen.

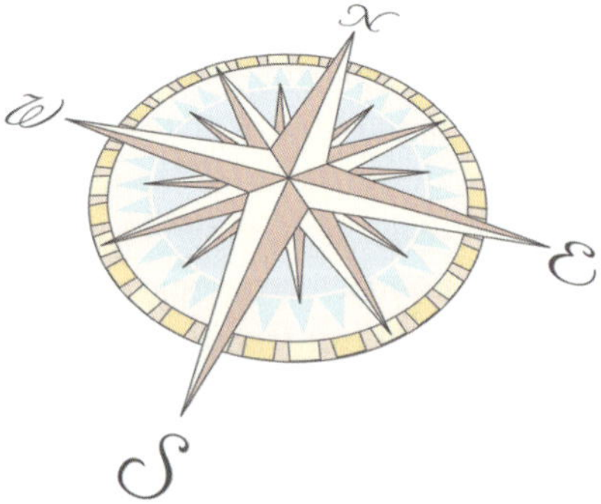

ROLF LAPPERT | *Nach Hause schwimmen*

DIE HERAUSFORDERUNG DES LEBENS

Ein erzählerisches Meisterwerk über das tragische Leben des sensiblen und hochbegab-
ten Außenseiters und Anti-Helden Wilbur. Seit seiner Geburt folgt ein Schicksalsschlag
auf den nächsten, woran er fast zugrunde geht. Doch letztlich schlägt er sich durch —
ähnlich wie sein großes Vorbild Bruce Willis in den »Stirb Langsam«-Filmen — und
gewinnt neuen Lebensmut.

Wie verläuft ein Leben, das schon in seinen ersten Minuten den denkbar schlimmsten Schicksalsschlag bereithält? Dieser Frage geht Rolf Lappert auf ungewöhnliche und eindrucksvolle Weise nach. Geschickt verwebt Lappert in seinem episch angelegten Werk zwei Handlungsstränge miteinander. In dem einen berichtet ein Erzähler über Wilburs Kindheit, in dem anderen schildert der zwanzigjährige Wilbur selbst seine Erlebnisse in der psychiatrischen Anstalt nach seinem Suizidversuch. Damit erfährt der Leser von Anfang an von den Konsequenzen der

»Böen kr[a]ulten grob das Gras auf den Feldern
und fuhren in Baumkronen, die sich blähten.
Das Meer war unruhig und von einer Helligkeit,
als sei die Oberfläche ein Schwarm aus Fischen,
die das letzte Licht auf ihren Rücken trugen.«

zahlreichen Unausweichlichkeiten, die ihm widerfuhren. Zur Quelle des Leides geführt, entwickelt man Verständnis für den neurotischen und lebensmüden Wilbur.

Denn es verwundert kaum, dass ein sensibler Mensch wie Wilbur an der Last dieser Fülle tragischer Wendungen zerbrechen würde: für Wilburs Existenz musste seine Mutter sterben, und der Vater flieht vor seiner Verantwortung. Sein Leben beginnt nicht einfach — auf der Intensivstation kämpft er im Brutkasten ums Überleben, in der Schule wird er aufgrund seiner körperlichen Schwäche und Intelligenz gehänselt, vom Schwimmlehrer wegen seiner Wasserphobie terrorisiert. Dennoch erscheinen immer wieder gute Geister, die sich seiner annehmen, ihn lieb gewinnen und die zum Mittelpunkt seines Universums werden. Die eigentliche Tragik ist, dass er diese Menschen immer wieder verliert. Mit seiner Großmutter verlebt er im irischen Donegal zunächst eine behütete und glückliche Kindheit. Besonders schwer trifft ihn daher ihr Unfalltod, verursacht von seinem besten Freund. Der introvertierte Wilbur flieht nun völlig in seine Traumwelt, in der er wie Bruce Willis als Actionheld abgebrüht und stark ist und dem Tod immer wieder von der Schippe springt. Obwohl Wilburs Schicksal ihn nach Amerika führt, bleibt doch die grüne Insel seine Heimat. Mit ihr ist er verwurzelt, sie ist ein Teil von ihm. Bei Lappert wird die Umgebung zu einem Teil ihrer Bewohner, so riecht zum Beispiel Wilburs Großvater wie die torfige Erde Irlands.

EINE IRISCHE HEIMAT

Heimat ist ein zentrales Motiv in *Nach Hause schwimmen*. Heimat ist für Wilbur Irland, dort, wo seine Großmutter ihm ein behütetes Leben voller Liebe bot. Gemeinsam leben Orla und ihr Enkel in einer kleinen, von anderen Menschen abgeschotteten Welt: in einem ummauerten Garten mit Sandkasten und mit Spa-

zierfahrten im himmelblauen Auto durch die endlose Weite der irischen Gras-
landschaft. Wilbur wächst zu einem hochintelligenten Jungen heran, der eifrig
liest und der die Natur um ihn herum genau studiert. Stundenlang verbringt
Wilbur damit, auf dem Rücken liegend den Tanz der Möwen und Schwalben
über den blauen Himmel zu beobachten. Er kennt jeden der grasbewachsenen
Hügel um das Haus seiner Großeltern wie seine Westentasche. Das nahe Meer
bereitet ihm jedoch Unwohlsein, ungern hält er sich am Strand auf. Als einen
echten Iren zeichnen Wilbur nicht nur der Respekt vor dem Meer, sondern auch
seine Liebe zur Musik und zur kargen Landschaft der grünen Insel aus.

AUTOR: Rolf Lappert wurde 1958 in Zürich geboren und ist ausgebildeter
Grafiker. Neben dem Schreiben unternahm er ausgedehnte Reisen durch
Amerika und arbeitete als Drehbuchautor. Für *Nach Hause schwimmen*, seinen
dritten Roman, wurde er 2008 mit dem Schweizer Buchpreis ausgezeichnet.
2010 erschien mit *Auf den Inseln des letzten Lichts* sein neuestes Werk.

STEINUNN SIGURDARDÓTTIR | *Gletschertheater*

DAS THEATER MIT DEM THEATER

Als der Vorstand des Laienschauspielervereins von Papavík beschließt, ein Stück von Čechov aufzuführen, ahnt noch niemand, dass dies problematischer als gedacht werden könnte. Direkt unterhalb eines Gletschers ruht das Städtchen inmitten der wilden isländischen Schönheit und lebt mit den üblichen Problemen. Sämtliche Eigenheiten sind vertreten und führen in diesem Roman wie in einer Komödie in vier Akten ein abwechslungsreiches Spiel auf. Ein Theater entsteht, bevor überhaupt ein Theater steht.

Wir begleiten Beatrís, die Souffleuse des Schauspielvereins, bei der Entstehung des neuen, für die Laiendarsteller ausgesuchten Stückes. *Drei Schwestern* von Anton Pavlovi Čechov soll es werden. Der Großmagnat des Ortes beschließt jedoch, nur den Kirschgarten finanziell zu unterstützen.

Der Kirschgarten soll Čechov zu Ruhm und Ehre gereichen und daher muss etwas Großartiges für ihn geschaffen werden. Am 17. Januar 2000 soll anlässlich des 140. Geburtstags des russischen Autors und sechsundneunzig Jahre nach der Uraufführung die Premiere stattfinden — in einem eigens dafür neu errichteten Theater. Ein Haus wie man seinesgleichen noch nicht gesehen hat! Sind es die Eigenheiten der Bevölkerung und die bezaubernde Lage von Papavík, die einen erst auf die Idee bringen, ein Theater an einem Gletscher zu bauen? Auf jeden Fall trägt auch die »isländische Stille, die durch keine Stille der Welt ersetzt werden kann«, das ihrige zu diesem Stück bei und bietet Ruhe und Erholung in den nun folgenden turbulenten Jahren bis zur Aufführung.

Mit dem neuen Haus ist es dem Gletsching, wie Geldgeber Vatnar Jökull genannt wird, aber noch nicht genug: Eine neue Übersetzung braucht es. Valdimar kann Russisch, ist Alkoholiker und trägt sich mit Selbstmordgedanken. Beatrís vermittelt, und letzten Endes muss Valdimar seine Suizidpläne verschieben. Er verpflichtet sich schließlich vertraglich, für eine Million isländische Kronen eine Neuübersetzung anzufertigen und dafür seinen Gesundheitszustand auf ein taugliches Niveau zu bringen.

EIN ORT – EINE GEMEINSCHAFT

Das Theater macht sich am besten am Gletscher Hochkogel, der neben dem weiten Meer die eigentümliche Landschaft dieses Fleckchens Erde prägt. Hugi, der Bauingenieur des Ortes, wird damit beauftragt, es zu planen und zu errichten; da trifft es sich gut, dass er schon immer ein Theater entwerfen wollte. Ein Regisseur findet sich auch bald – Dýri Blængur aus Reykjavik. Sobald er angekommen ist, begibt er sich sofort auf Schauspielersuche. Jeder der Männer möchte mitwirken und tut nun sein Bestes, um die Aufmerksamkeit des Spielleiters auf sich zu ziehen. Selbst der Nationalmime Islands, der eigentlich nach seinem Rückzug vom Theaterrummel die Ruhe bei seinen Pferden genießen wollte, kommt nicht unbehelligt davon. Und auch die russische Besatzung des Trawlers Osiris, der zeitweise an der Küste liegt, wird mit eingebunden. Sie pflanzt den Wald rund um das Theater – den Russenwald.

»Zuerst scheint nur der Gletscher real zu sein, Himmel und Erde sind Schimären oder einfach nur Nebendarsteller.«

AUTORIN: Steinunn Sigurdardóttir, geboren 1950 in Reykjavik, gehört zu den wichtigsten isländischen Autorinnen. Sie studierte in Dublin, erhielt 1995 den Isländischen Literaturpreis für *Herzort* und lebt vorzugsweise in Berlin. Ihre Lyrik ist nicht übersetzt, jedoch fünf ihrer Romane.

DIE MACHT WAHRER GEFÜHLE

Eine eindringliche Geschichte vom stillen Kampf eines Mannes auf der Suche nach dem eigenen Ich, von leidenschaftlicher und verzweifelter Liebe, von Glück und Vergänglichkeit sowie der Tragik verpasster Chancen. Mit faszinierender Eleganz gelingt es Margaret Mazzantini auf den Grund der Seele ihres Protagonisten zu blicken. Eine italienische Lebensbeichte.

Rom um die Jahrtausendwende: Timotheo ist ein erfolgreicher Chirurg mit einem vermeintlich unbeschwerten Bilderbuchleben. Er lebt mit seiner schönen, emanzipierten Frau Elsa zusammen, hat ein luxuriöses Wochenendhaus am Meer, viele angesehene Freunde und eine wohl geratene fünfzehnjährige Tochter Angela. Doch in sich trägt er ein dunkles, trauriges Geheimnis. Als Angela nach einem Unfall mit dem Motorroller im Koma liegt, bricht sein Leben zusammen. Während seine Tochter im OP ums Überleben kämpft, erzählt er ihr stumm seine Lebenslüge. Timotheo hegt die Hoffnung, damit seine eigene Seele und das Leben von Angela zu retten.

DUNKLE GEHEIMNISSE

Die Geschichte des Ich-Erzählers Timotheo beginnt mit der Vergewaltigung der Kellnerin Italia. Auf dem Weg ins Wochenende am Meer bleibt er mit seinem Auto am Straßenrand der deprimierenden römischen Peripherie liegen. Nie fertig gestellte Wohnblocks und Fabrikhallen soweit das Auge reicht. Die Sonne brennt, der Automechaniker hält Siesta und eine funktionierende Telefonzelle gibt es nicht. Nur eine heruntergekommene Bar. Sogar der Kaffee hier ist traurig. Hinter dem Tresen steht Italia. Sie nimmt Timotheo mit in ihre schäbige Wohnung, wo er ihr Telefon benutzen darf. Im Glauben, Italia nie wiederzusehen, fällt Timotheo rüde über sie her. Doch von diesem Moment an geht ihm die Frau nicht mehr aus dem Kopf, und am nächsten Tag kehrt er zu ihr zurück. Aus dieser ersten Begegnung entwickelt sich schnell eine tiefe, obsessive und ungleiche Liebesbeziehung.

»Das mit Italia, unser Geflüster, unsere Abgeschiedenheit, das war das wahre Leben. Ein Leben im Untergrund, ohne Himmel, verängstigt, aber wahr.«

Zum ersten Mal macht Timotheo sich wirklich Gedanken über sich selbst. Er ist zugleich fasziniert und abgestoßen von der älteren, seelisch und körperlich angegriffenen Italia und deren beschämend trostlosem Leben. Einmal liebt er sie, im nächsten Moment verachtet er sie, aus der eigenen Unfähigkeit heraus, sich zwischen zwei Leben zu entscheiden. Doch mit Italia beginnt Timotheo wieder, sich selbst zu spüren, und wünscht sich dem lähmenden Wohlstand zu entkommen. Die Flucht zu Italia scheitert an der Schwangerschaft seiner Frau Elsa. Aus Feigheit belügt er Italia, behauptet, dass Elsa schwer krank sei und er sie nicht alleine lassen könne.

EINFÜHLSAM UND SCHONUNGSLOS

Dieses Buch ist beileibe keines, das sich in die Midlife-Crisis-Literatur von Mittvierzigern einreihen lässt. Dieser Roman fängt das Innerste der menschlichen Existenz ein. Zugleich zeichnet er ein schonungsloses Bild des heutigen Italiens: der schmale Grat zwischen Dekadenz und Ignoranz auf der einen und das einsame,

erbarmungswürdige Leben auf der anderen Seite. Der Autorin gelingt durch ihre tiefgehende Sprache das überzeugende Porträt eines Mannes, der erst im dunkelsten Moment seines Lebens zu sich findet. Lange nachdem er das Leben derer, die ihm lieb waren, zerstört hat. Mit viel Sensibilität, aber zugleich in schonungslos offener Sprache, vermag sich Margaret Mazzantini in ihren männlichen Protagonisten hineinzuversetzen.

AUTORIN: Margaret Mazzantini wurde 1961 in Dublin geboren. Sie wuchs in Irland und der Toskana auf und arbeitete als Schauspielerin. 1984 wurde sie in Italien zur *Besten Schauspielerin des Jahres* gewählt. Ihr Debütroman *Die Zinkwanne* kam 1994 unter die Finalisten des *Premio Campiello*. *Geh nicht fort* gewann 2002 den Strega-Preis. Mazzantini ist mit dem Regisseur und Schauspieler Sergio Castellito verheiratet und lebt mit ihm und ihren vier Kindern in Rom.

NOTABENE: Im Jahr 2004 verfilmte Mazzantinis Ehemann und Regisseur Sergio Castellito das Buch *Geh nicht fort* unter dem Originaltitel *Non ti muovere.* Castellito selbst verkörpert den Protagonisten Timotheo. Für die weibliche Hauptrolle der Italia konnte Castellito Penélope Cruz gewinnen, die den Charakter dieser Figur mit Authentizität, Kraft und Mut zur Hässlichkeit in ergreifender Weise ausfüllt. Beide Schauspieler erhielten im selben Jahr den Filmpreis *David di Donatello* als beste Hauptdarsteller des Jahres.

LISA ST. AUBIN DE TERÁN | *Ein Haus in Italien*

IM GRÜNEN HERZEN ITALIENS

Wer hat ihn nicht, den Traum, ein Haus in Italien sein Eigen nennen zu können? Lisa St. Aubin de Terán hat ihn sich erfüllt: Nach jahrelangen Reisen kreuz und quer durch Italien, auf der Suche nach ihrem Traumhaus, wird die Engländerin fündig. Auf den ersten Blick verliebt sie sich in ein halbverfallenes Palazzo in Umbrien, dem »cuore verde« Italiens. Ihr Entschluss, dort endlich sesshaft zu werden, steht sofort fest.

Sie überlegt nicht lange, kratzt ihr Vermögen zusammen und übersiedelt mit ihrer bunt zusammen gewürfelten Familie an den Rand von San Orsola, einem kleinen und abgelegenen Dorf in der Provinz Umbrien. Mit von der Partie sind der extravagante Maler und Ehemann Robbie, ihre fünfzehnjährige Tochter, ein ebenso verträumtes wie verwöhntes Modell, der clevere und aufgeweckte sechsjährige Sohn, baldiger Liebling aller Nonnas, sowie zu guter Letzt die beiden unberechenbaren irischen Aupair-Mädchen, denen die umbrischen Ragazzi zu Füßen liegen.

Umbrien, die kleine, etwas stiefmütterlich behandelte Schwester der Toskana, ist eine wilde, ursprünglich gebliebene, bergige Region im Zentrum Italiens. Wie die karge Landschaft wirken auch die Einheimischen auf den ersten Blick verschlossen und eigenbrötlerisch. Sie finden es ziemlich merkwürdig, dass eine offensichtlich wohlhabende englische Familie solche in ihren Augen unzumutbaren Unannehmlichkeiten auf sich nimmt und freiwillig in einer Ruine ohne Wasser, Strom und Dach wohnt – oder besser gesagt campt. Davon abgesehen war die Villa jahrzehntelang »Allgemeingut« – der Legende nach wurden einige Dorfbewohner dort sogar gezeugt und auch geboren – und dass sie nun in Privatbesitz sein soll, ist für viele nur schwer verständlich. Aber wie das oft der Fall ist, findet die Familie über ihre Kinder Zugang zur Dorfgemeinschaft. Vor allem der kleine

Alli erobert sich schnell einen Platz in den Herzen der Einheimischen. Zu Hause ist er nur noch selten anzutreffen, viel eher drückt er sich um die dampfenden Töpfe der umbrischen Mammas herum.

VIER JAHRESZEITEN IN UMBRIEN

Ein Jahr lang begleitet der Leser Lisa St. Aubin bei ihrem Abenteuer in der Fremde. Detailreich schildert sie die Erlebnisse um die langwierige Restaurierung ihrer Villa und führt gleichzeitig in die Mysterien des umbrischen Lebens ein.

So bringt die Autorin dem Leser die Geschichte der Region nahe, die Eigenheiten und den ganz eigenen Lebensrhythmus der Menschen, die zahlreichen Geheimnisse der umbrischen Küche und jahrhundertealte Traditionen und Festlichkeiten. Erstaunlich schnell findet die ungewöhnliche Familie Eingang in eine Welt, in der die Zeit still zu stehen scheint.

Einfühlsam, humorvoll und anekdotenreich fängt die Autorin die Atmosphäre des Lebens in San Orsola ein. Ihre sensible Art sowie ihre langjährige Erfahrung, sich immer wieder neu auf andere Kulturen einzulassen, erlauben St. Aubin de Terán einen freien Blick auf die Zwischentöne des Landes und seine liebenswerten Bewohner. Es gelingt ihr, konkrete Momente in einer Region einzufangen, die das Gefühl vermittelt, hier stehe die Zeit still.

AUTORIN: Lisa St. Aubin de Terán, 1953 als Tochter einer Engländerin und eines Guyaners in London geboren, lebte unter anderem in Venezuela, Italien und Holland. 1982 erhielt sie als Nachwuchstalent für ihren ersten Roman, *Keepers of the House*, den renommierten *Somerset Maugham Award*. Ihre Bücher wurden in zwölf Sprachen übersetzt, als Reisejournalistin schreibt sie für zahlreiche internationale Zeitungen und Zeitschriften und lebt heute mit ihren drei Kindern in Amsterdam.

RUŽA KANITZ | *Polenta oder Milchkaffee*

MOJ ŽIVOT – MEIN LEBEN

»Polenta oder Milchkaffee« ist die Geschichte einer Emigration. Einfühlsam und emotional erzählt Ruža Kanitz vom Leben einer Frau, das stellvertretend für all jene Menschen steht, die beschlossen haben, ein neues Leben in der Fremde zu beginnen. Noch jung, naiv und voller Hoffnung führt sie ihr Weg aus den Bergen Kroatiens nach Deutschland, ins erhoffte Märchenland.

Polenta oder Milchkaffee – Kartoffelbrei oder Mocca – Kroatien oder Deutschland. Wie das Leben eines jeden Auswanderers teilt sich auch das Buch in zwei Ebenen, in ein Davor und ein Danach. Die Trennlinie zwischen beidem markiert jener Akt der Emigration.

Kanitz' stark autobiografischer Roman beginnt mit einem Besuch bei der Mutter. Er weckt jene fernen und doch so nahen Erinnerungen der Protagonistin Lucija an die Vergangenheit in Kroatien. Lucija wächst in dem alten Bergdorf Kuterevo im Nordwesten des Landes auf. Der Ort ist ein Sammelbecken verschiedenster Charaktere. Anders als die touristischen Dörfer entlang der Adriaküste ist Kuterevo ein Flecken Erde, wie ihn viele Kroaten lieben. In ihm können sie das Dorf ihrer Kindheit wiedererkennen und sich an vergangene Besuche ihrer Großeltern erinnern.

»Kuterevo, ein Dorf, wo sich Fuchs und Hase gute Nacht sagten. Wo die Wölfe im Winter so nah an die Häuser herankamen und die Bären im Herbst die leckeren Pflaumen fast hinter dem Haus stibitzten.«

Doch Lucijas Kindheit ist alles andere als idyllisch. Emotionsgeladen berichtet sie von ihrem vergangenen Leben. Von Kindesbeinen an hilft sie zusammen mit ihren Geschwistern bei der schweren landwirtschaftlichen Arbeit mit. Der trunksüchtige, egozentrische Vater und die gläubige und strenge Mutter machen ihr Leben nicht leichter. Die Konflikte der Eltern, Hunger und Unterdrückung

bestimmen ihren Alltag. Doch die Liebe zur Natur und ihre kindliche Unbekümmertheit lassen sie auch schöne Momente in ihrer malerischen Umgebung erleben.

WEISE WORTE EINER ZIGEUNERIN

Die schicksalhafte Begegnung der inzwischen Elfjährigen mit einer Zigeunerin ändert alles. Die Sinti-Frau sagt der jungen Lucija voraus, dass sie eines Tages in Deutschland leben wird. Mit dieser Prophezeiung erwacht der Wunsch, ihr Leben zu ändern und die vertraute Welt zu verlassen. Jahre später taucht der junge Deutsche Matthias in Kuterevo auf und bietet ihr die Möglichkeit, ihrem Leben zu entfliehen. Jung, naiv und bestärkt durch die Worte der Zigeunerin folgt sie ihm. Matthias' Motivation bleibt indes unklar. Unstrittig ist, dass er sie nicht aus Liebe mitnimmt.

In Berlin angekommen, muss Lucija ihre Vorstellung von Deutschland schnell revidieren. Das Land, in dem Milch und Honig fließen, ist nichts als eine Illusion. Matthias ist ein desinteressierter, arbeitsscheuer Mann, der ihr nur verkommene Wohnungen bieten kann und Schwiegereltern, die in ihr ein undankbares Dummchen sehen. Doch ist sie nicht imstande, in Deutschland alleine zurechtzukommen. Die Sprachbarriere und Verschlossenheit ihres Mannes lassen sie lange Zeit ein einsames Leben fristen. Erst eine Affäre und die Verantwortung für ihren gemeinsamen Sohn lassen Lucija stark werden, um sich gegen Matthias, ein Ebenbild ihres Vaters, aufzulehnen.

Ruža Kanitz ist ein intensiver und nachdenklich stimmender Einblick in die Seele einer kroatischen Emigrantin gelungen, der den Leser immer wieder die

Frage nach dem Warum stellen lässt. Ihre Unsicherheit und Zerrissenheit tritt besonders in den abgedruckten Briefen an Freunde und Familie in Kroatien zutage, in denen sie eine heile Welt aufrecht erhält, die es für sie nie gegeben hat. Dem entgegen stehen die farbigen und bewegenden Erinnerungen an ihr Herkunftsland. Ihre einfühlsame Schreibweise lässt all die Zweifel über die Entscheidung des Auswanderns und die Sehnsucht nach der Heimat erlebbar werden.

»Die jährlich wiederkehrende Sehnsucht nach der Familie und den Bergen war groß. Die nach dem kleinen rothaarigen Mädchen und den Tränen, die es vergossen hatte, auch. Es war wichtig, es zu loben und der Kleinen zu sagen, dass nichts umsonst war. Wichtig war, auf den Spuren ihrer Vergangenheit zu laufen, zu horchen, zu beobachten und zu staunen. Das Auto fuhr fast leise auf dieser sich schlängelnden, schmalen asphaltierten Straße. Man wollte keinen wecken, keinen Fuchs, keinen Hasen, keinen Bären ...«

In hoch emotionalen Rückblenden und lebendigen Perspektivwechseln wird der Leser in Lucijas Welt gesogen und erlebt ein Kroatien mit befremdlichen Traditionen, Sitten und Mythen. Die eingestreuten kroatischen Wörter und Redewendungen intensivieren dieses Gefühl. Ein mitreißendes, ehrliches Portrait zweier Welten, das die Frage nach dem Preis von Migration stellt.

AUTORIN: Ruža Kanitz, 1961 im heutigen Kroatien geboren, lebt seit 1982 in Berlin. In Slowenien absolvierte sie eine Ausbildung zur technischen Zeichnerin, in Deutschland eine weitere zur Finanzbuchhalterin. Sie schreibt auf Deutsch und gab 2006 die Anthologie *Die fremde Nachbarin* heraus, in der Migrantinnen aus Berlin über ihr Leben berichten.

TONY HAWKS | *Matchball in Moldawien*

BALLWECHSEL AUF ALTEN PLÄTZEN

Tony Hawks ist wieder unterwegs: dieses Mal nicht »Mit dem Kühlschrank durch Irland«, sondern mit zwei Tennisschlägern in Moldawien. Dabei führen den exzentrischen Engländer weder besondere touristische Attraktionen noch die reizvolle Landschaft in den unbekannten Kleinstaat im Südosten Europas, sondern eine Wette. Das bedeutet Ballwechsel auf uralten Plätzen und Gegner, die noch nicht einmal einen Schläger besitzen, dafür aber umso schwerer zu erreichen sind. Auf bekannt witzige Weise berichtet der britische Comedian von seinen Abenteuern während dieser sonderbaren Reise.

Was passiert, wenn zwei Engländer sich langweilen? 1999, neunzigste Minute Länderspiel England gegen Moldawien: Es steht vier zu null für die Briten, die Stimmung steigt, und Tony Hawks und sein Freund sind schon ganz schön angetrunken. Irgendwann zwischen der letzten verzweifelten Attacke der Moldawier und dem Schlusspfiff kommt der Streit auf, ob es eine Art universelles Talent für alle Sportarten geben könnte. Arthur sagt ja, für Tony ist klar: Nicht jeder Sportler kann in jeder Disziplin gleich gut sein. Er selbst ist schließlich auch erst durch Übung ein Tennis-As geworden. Tony lässt sich provozieren, die Wette gilt: Er muss jeden Spieler der moldawischen Nationalelf im Tennis schlagen. Der Verlierer der Wette muss sich nackt ausziehen und auf der Balham High Road in

London die moldawische Nationalhymne singen. So macht sich der Brite auf in das kleine, nach der Unabhängigkeit von der Sowjetunion wirtschaftlich ruinierte Land zwischen Rumänien und der Ukraine.

IN MOLDAWIEN BRAUCHT MAN ZEIT UND GEDULD

Wie soll man eine Reise in ein Land organisieren, das die meisten Menschen noch nicht mal annähernd auf der Landkarte lokalisieren könnten? Nach intensiver Suche treibt Tony tatsächlich einen Moldawier auf, der ihm eine Einladung in sein Heimatland verschafft. Gerade mit einer alten Tupolev 134 in der moldawischen Hauptstadt Chișinău gelandet, ist Tony deshalb voller Optimismus, dass alles glatt geht. Die Unterhaltung in seiner Gastfamilie läuft zwar hauptsächlich über die elfjährige Tochter, die Englisch in der Schule lernt, trotzdem kommt er gut mit den Eltern und den beiden Kindern zurecht. Im Journalistenzentrum der Stadt richtet Tony seine Basis ein. Von hier aus will er seine Matches von seinem Dolmetscher Iulian organisieren lassen. Aber weder Iulian noch die Mitarbeiter zeigen besondere Begeisterung für sein Unternehmen. Ständig begegnet er vielmehr gleichgültigen Mienen, die er bald für typisch moldawisch hält.

Und wo stecken eigentlich seine Gegner? Der moldawische Fußballverband erleichtert ihm die Suche nach den Nationalspielern jedenfalls nicht gerade. Denn erstaunlicherweise lassen sich seine Funktionäre nur zögerlich von der »Notwendigkeit« solcher Tennismatche überzeugen. Dies kann Tony jedoch nicht aufhalten, und so unternimmt er erste Ausflüge, um die Wartezeit zu überbrücken. Im Bergdorf Soroca besucht er den kürzlich ernannten Zigeunerkönig Arthur und erfreut ihn mit einem »typisch englischen« Plastiktisch als

Gastgeschenk. Auch im autonomen Transnistrien fahndet Tony nach Tennisgegnern. Dass Transnistrien und Moldawien seit der Unabhängigkeit von Russland eine gepflegte Feindschaft verbindet, macht ihm die Sache nicht leichter. Wo auch immer er hinkommt, wird er von den örtlichen Sportfunktionären umworben – allerdings nur solange, wie sie Tony als eventuellen Geschäftspartner für die darniederliegende Tourismusbranche in Betracht ziehen können. In seinem Optimismus gebremst, kehrt Tony schließlich nach Chişinău zurück. Er bekommt erst wieder bessere Laune, als er die ersten Zusagen für ein Spiel erhält. Tatsächlich stehen eines Tages drei Moldawier vor ihm – allerdings ohne Tennisschläger. Zum Glück kann Tony ihnen seinen Ersatzschläger leihen, und so steht es bereits vor dem Spiel 2:0 für ihn. Allmählich kommt die Wette in Schwung, aber gewinnen kann er nur, wenn er gegen alle Spieler gewinnt. Wird Tony am Ende auf der

»Dann kam der große Augenblick. Ich erhob mich auf leicht wackeligen Beinen und hielt drei alten Zigeunerdamen in einem abgelegenen Außenposten Nordmoldawiens nuschelnd einen Vortrag über die historische Bedeutung von König Arthur und seiner Tafelrunde.«

Balham Road singen müssen? Und was steckt hinter der düsteren Warnung einer Zigeunerin, er solle bloß nicht gegen Spynu spielen?

Tony Hawks schildert mit leichter Feder und typisch britischem Understatement-Humor die kleinen Absurditäten nicht nur des moldawischen Lebens.

AUTOR: Anthony Gordon Hawks wurde 1988 mit der Rap-Parodie *Stutter Rap* berühmt, heute ist er in britischen Comedy-Sendungen zu sehen. Die Reise, die seinem Erstlingswerk *Mit dem Kühlschrank durch Irland* zugrunde liegt, bescherte ihm einen Eintrag ins Guinness-Buch der Rekorde.

ZERRISSEN ZWISCHEN GOTT UND DER WELT

Wie religiöser Fanatismus langsam Besitz von einem Menschen ergreift und wie dessen Umwelt hilflos dabei zusehen muss, beschreibt Jan Siebelink auf erschütternde Weise. Hans Sievez wollte nie so werden wie sein Vater — streng gegen seinen Sohn, gefühlskalt und nur für die Predigten der Sekte empfänglich — und dennoch wird eine dubiose Glaubenslehre zu seinem Lebensmittelpunkt und lässt ihn den Bezug zu seiner Familie und langsam auch zur Realität verlieren.

Hans Sievez durchleidet eine schlimme Kindheit, geprägt von der Brutalität und Verachtung, die sein Vater ihm entgegenbringt. Trost spendet ihm nur die Moorlandschaft um sein niederländisches Heimatdorf Lathum. Die Gegend kennt er wie seine Westentasche, streift stundenlang umher, lässt sich auf Inselchen treiben und sammelt Kräuter. Nach dem Tod der Mutter läuft er von Zuhause weg und beschließt, ein völlig neues Leben zu beginnen. Zunächst scheint sich alles in Hans Sievez' Leben glücklich zu fügen. Er beendet erfolgreich eine Ausbildung als Gärtner in Den Haag,

> *»Was hat Gott bloß mit der niederdeutsch-reformierten Kirche in den Niederlanden vor? Einer Kirche, die lehrt, dass die Gnade Gottes allen zuteil wird, Bruder. In diesem Fall wären alle selig, und die Hölle könnte ihre Pforten schließen.«*

heiratet seine große Liebe Margje, die er schon zu Schulzeiten heimlich angehimmelt hatte, und gründet mit ihr eine eigene Gärtnerei auf einem herrlichen Grundstück in Velp.

Obwohl er eine überdurchschnittliche Begabung für den Umgang mit Pflanzen hat und seine Frau ihn tatkräftig unterstützt, wirft die Gärtnerei kaum das Nötigste zum Leben ab. Da Sievez mit den ständigen Rückschlägen nicht umgehen kann, wird er empfänglich für die Lehre eines ehemaligen Arbeits-

kollegen, der eines Tages mit einem Koffer voller alter Glaubensbücher auftaucht. Auf der Suche nach seelischem Halt und einem Ausweg aus seiner Lebenskrise, begibt sich Hans Sievez in die Fänge einer radikalen Glaubensgemeinschaft, die obskure Ansichten vertritt.

Nachdem er jahrelang seine Treffen mit den Glaubensbrüdern und die Lektüre der Predigten vor seiner pragmatischen und realistischen Frau versteckt hatte, zwingt er schließlich seine Familie dazu, mit ihm sonntägliche Privat-Messen abzuhalten. Obwohl ihm immer wieder Zweifel an der Glaubensgemeinschaft und vor allem an ihren Mitgliedern kommen, die er allesamt körperlich abstoßend findet, werden die wahre Lehre und die Suche nach der Wahrheit Gottes zu seiner Obsession. Er kapselt sich völlig von seiner Außenwelt ab, verhält sich gegenüber seiner Frau feindselig und abweisend und verliert langsam jeglichen Realitätssinn: Er kündigt auf Anraten seiner Glaubensbrüder die Schadensversicherung für die Gärtnerei, worauf prompt ein Unwetter sämtliche Gewächshäuser zerstört. Doch das fasst er nicht als finanzielle Katastrophe auf, sondern als Strafe Gottes für seine Unwissenheit.

Geschickt verbindet Siebelink seine Studie über die Abgründe religiösen Fanatismus mit dem typisch holländischen Thema der Blumenzucht. Der Alltag in niederländischen Gärtnereien wird sehr plastisch und detailliert beschrieben – vom Pikieren bis zu den Temperaturverhältnissen in Gewächshäusern.

AUTOR: Jan Siebelink wurde 1938 in Velp als Sohn eines Gärtnereibesitzers geboren und wuchs im streng religiösen Umfeld auf. Seine Werke wurden in den Niederlanden mit mehreren Preisen ausgezeichnet, unter anderem erhielt er 2005 den *AKO Literaturprijs* für *Im Garten des Vaters.* Auch sein zweiter Schlüsselroman *Die Schülerin* ist in deutscher Übersetzung erhältlich.

LARS MYTTING | *Fyksens Tankstelle*

DIE TANKE AN DER LANDSTRASSE 220

Es ist schon verdammt ärgerlich, wenn die neue Schnellstraße nicht an der eigenen Tankstelle vorbeiführt. Noch ärgerlicher ist es allerdings, wenn man diese neue Straße auch noch dem Erzfeind zu verdanken hat. Ärgerlich ja, aber kein Problem, wenn man sich aufrappelt und mit dem verfeindeten Nachbardorf zusammenschließt: gegen die Straße, gegen alte Erinnerungen und gegen die Zukunft im Allgemeinen.

Im beschaulichen Annor, einem kleinen Ort in den norwegischen Bergen, gibt es vor allen Dingen eines: Autos. Alte Autos — und nur einen, der die altersschwachen Wagen reparieren kann: Erik Fyksen. Egal, ob es um Volvos geht, den BMW des Dorfzahnarztes oder eine ehemalige sowjetische Staatslimousine der Marke Tschaika mit schwächelndem Innenleben — zusammen mit seinem Freund Tor-Arne schraubt Erik zu sehr variablen Preisen oder lukrativen Tauschgeschäften an den Wagen der Annorer herum.

»Durch das Fernglas sah er eine einzelne Rentierkuh über das Geröllfeld laufen. Manchmal im Spätherbst kreuzten hier Herden mit mehreren hundert Tieren die Straße. Die Kuh blieb stehen und sah ihn mit ihrem tausend Jahre alten Blick an.«

Seine *Mobil*-Tankstelle im Stil der Sechzigerjahre ist die einzige der Gegend. Wie Annor schmiegt sie sich an die harschen norwegischen Berge. Mit seiner großen Liebe Elise hat er sie vor vielen Jahren restauriert. Elise ist zwar längst weg, doch die Erinnerungen bleiben und Erik auch, denn er kommt von den Lieben seiner Vergangenheit nicht los. Von Elise und Tora, der Tochter des Schrottplatzbesitzers, die ihn für seinen Erzrivalen Harald Jøtul sitzen ließ und in den Norden ging. Seither verbindet Erik und Jøtul eine innige Feindschaft.

Als Jøtul sich um die Ausrichtung des Landesschützentreffens und der damit verbundenen Verlegung der Schnellstraße weg von Eriks Tankstelle bemüht, muss er handeln.

DENKT DOCH MAL AN DIE ELCHE

Um den Bau der Straße zu verhindern, schließt sich Erik mit der verhassten Nachbargemeinde Ringebu zusammen. Der dortige Schützenverein soll dafür sorgen, dass das geplante Baugebiet als Wanderroute für Elche ausgewiesen wird. Leider mit wenig Erfolg. Für eine Verlegung der Tankstelle entlang der neuen Straße fehlt Erik jedoch das Geld. Ein geeignetes Grundstück gäbe es, doch der Besitzer weigert sich standhaft es zu verkaufen. Erik beschließt kurzerhand, sich das nötige Kleingeld bei seinem Benzinzulieferer *Hydro-Texaco* zu erschleichen. Mit dem angeblichen Grundstück im Hintergrund gewährt der Konzern ihm das benötigte Geld – doch nicht für den Wiederaufbau der alten Tankstelle. Der Ölkonzern plant vielmehr die Tankstelle der Zukunft zu errichten – modernes Design, breites Angebot mit allem außer Reparatur und Ersatzteilen – und zwingt Erik damit, sich endlich mit der Zukunft zu beschäftigen.

VORSICHT ZUKUNFT

Bisher hatte Erik sich ganz komfortabel in der Gegenwart eingerichtet und jeden störenden Gedanken an das Morgen weit von sich geschoben. Er fühlte sich für nichts und niemanden verantwortlich. Erst als Tor-Arne und Anja, Harald Jøtuls Tochter, bei einem Autounfall auf der scharfen Serpentinenstraße sterben, beginnt Erik umzudenken. Zum ersten Mal begreift er, dass die Welt nicht nur aus ihm und seinen verflossenen Liebschaften besteht. Doch genau diese treten wieder in sein Leben und sein Entschluss zur Veränderung gerät ins Wanken. Harald Jøtul macht Erik für den Tod seiner Tochter verantwortlich und führt einen ruinösen Krieg gegen ihn. So läuft Erik Gefahr, das einzige zu verlieren, das ihm noch geblieben ist: seine geliebte *Mobil*-Tankstelle.

Mit viel Charme und Mechanikerjargon erzählt Mytting die Geschichte eines Mannes, der sich weder in der Vergangenheit noch in der Zukunft heimisch fühlt. Die Weite der norwegischen Landschaft mit ihren Tälern und Seen bildet den Schauplatz der Geschichte. Ein Buch nicht nur über die Last verlorener Liebe, sondern auch über geliebte Autos und die Angst vor einer ungewissen Zukunft.

AUTOR: Lars Mytting, geboren 1968, arbeitete als Journalist und ist heute als Verlagslektor tätig. Sein Debütroman, der 2006 unter dem Originaltitel *Hestekrefter* erschien, wurde in den norwegischen Medien bejubelt. Mytting ist autodidaktischer Jaguar-Mechaniker. Er lebt mit seiner Familie in einem Vorort von Oslo.

EVA BARONSKY | *Herr Mozart wacht auf*

UND WEIL ER NICHT GESTORBEN IST ... LEBT ER NOCH HEUTE

Wien 1791. Mozart liegt im Sterben. Sein letztes Werk, das Requiem, nicht zu Ende gebracht. Mit der Last der unvollendeten Aufgabe erwartet er vor seinen Schöpfer zu treten und — erwacht an einem Ort, der nur schwerlich das Himmelreich sein kann. Mit seltsamen Fuhrwerken, die nicht von Pferden gezogen werden, metallenen Würmern, die sich durch das Erdreich fressen und mechanischen Musikapparaten. In dieser neuen Welt bleibt ihm nur eines — die Musik.

Wolfgang Amadeus Mozart erwacht nach schwerer Krankheit. Wider Erwarten ist er nicht tot, sondern befindet sich bei bester Gesundheit. Der kleine Raum, der ihm als Bettstätte dient, ist voll von seltsamen Apparaturen, deren Funktionen er sich nicht erklären kann. Keine Constanze, kein Doktor, niemand der ihm bekannt vorkäme. Er ist sicher: Gott gab ihm eine zweite Chance, sein letztes Werk, das Requiem, zu vollenden. Doch niemand scheint sich für ihn oder seine Musik zu interessieren.

> *»Wolfgang atmete lange aus. Er brauchte nicht einmal in sich hineinzuhorchen. Tief in seinem Herzen, tief in seinem Innern war Musik, nichts als Musik, und würde nie etwas anderes sein.«*

Als man ihn vor die Tür setzt, irrt er durch Wien, das ihm so fremd und doch vertraut vorkommt. In dem polnischen Straßengeiger Piotr findet er einen Freund und Verbündeten. Geduldig erträgt dieser Wolfgangs verschrobenes Verhalten, seine seltsamen Fragen und seine höfische, antiquierte Ausdrucksweise. Beide schlagen sich als Musiker durch, Wolfgang spielt als Pianist in einer Jazzbar und komponiert. Was ihn am Leben hält, ist die Musik, die ihn umgibt und die er in seinem Kopf zu kühnen Variationen und Konzerten weiterspinnt.

WER IST WOLFGANG MUSTERMANN?

Als Wolfgang Mustermann geht Mozart nun durch sein neues Leben. In der Biologiestudentin Anju findet er eine neue Liebe. Doch nur wenige Tage dauert das Glück, das durch einen Unfall jäh zerbricht. Wolfgang gerät in die Mühlen der Verwaltung, die ihn weder als Wolfgang Mustermann noch als Wolfgang Amadé Mozart anerkennt. Er muss lernen zu akzeptieren, dass sein unbedarfter Umgang mit seiner Identität ihn in große Schwierigkeiten bringt. So beginnt er zu zweifeln, fragt sich, wer er eigentlich wirklich ist. Nur die Musik ist immer da. Sie ist ihm ein treuer Freund und Begleiter, selbst in den dunkelsten Stunden.

Eva Baronsky betrachtet Wien wie durch einen Zerrspiegel. Sie zeigt die Stadt, die Menschen und die Gesellschaft aus Sicht eines Mannes, für den alles daran neu und vieles unvertraut ist. In eloquent altertümlicher Sprache schildert sie, wie Wolfgang von einer Kuriosität in die nächste stolpert.

AUTORIN: Eva Baronsky, 1968 geboren, lebt im Taunus. Nach ihrem Studium der Innenarchitektur und Marketing-Kommunikation war sie zuletzt als selbstständige Beraterin für Kommunikation und als Journalistin tätig. *Herr Mozart wacht auf* ist ihr literarisches Debüt.

MAREK KRAJEWSKI | *Der Kalenderblattmörder*

DURCH DIE STRASSEN BRESLAUS ZUR EIGENEN SEELE

Breslau, 1927: Ein Unbekannter hält die Stadt mit grausamen Morden in Atem. Zwischen den Opfern gibt es keine erkennbaren Gemeinsamkeiten. Und auch die Todesarten lassen keinen Rückschluss auf einen Täter zu. Für Ermittler Eberhard Mock keine leichte Aufgabe, zumal Stadt- und Privatleben ihn zu sehr beanspruchen, als dass er sich voll auf die Aufklärung konzentrieren könnte. Die Mördersuche wird für ihn zur Suche nach dem eigenen Ich.

Sympathisch ist Eberhard Mock nicht. Der Kriminalrat der Breslauer Polizei trinkt, verliert sich beim Kartenspiel und vergisst darüber seine junge, hübsche Frau. Und das, obwohl er mit ihr zum Tête-à-Tête verabredet ist, um endlich den so ersehnten Nachwuchs zu zeugen – nach Terminvorgabe spiritueller Kräfte. Als Mock sich dann im Suff noch mit Gewalt das holt, von dem er glaubt, dass es ihm als Ehemann zusteht, hat er alles verspielt. Nicht nur bei seiner Frau, sondern auch beim Leser.

»*Die satten Bewohner von Breslau saßen an ihren üppig gedeckten Tischen und erfreuten sich an der heiligen Ruhe des Abends.*«

Der folgt ihm trotzdem weiter durch das Breslau der zwanziger Jahre, Hauptstadt der damals neu gegründeten deutschen Provinz Niederschlesien. Es ist eine Stadt, in der alles möglich ist: Es wird gehurt und gevöllt. Schon Siebzehnjährige verfallen der Spiel- und Vergnügungssucht, und der selbsternannte Prophet Alexej von Orloff predigt den Weltuntergang.

Düster und zugleich faszinierend präsentiert sich die Stadt an der Einmündung der Ohle in die Oder. Kulisse sind Kaffeehäuser, dunkle Kaschemmen und Kutscher, die ihre minderjährigen Töchter dem Gast als Zeitvertreib während der Fahrt durch die dunklen verlassenen Straßen anbieten. Die Damen aus

besserem Hause vergnügen sich bei Orgien mit adeligen Herren. Ob zwielichtige Gestalt oder angesehener Bürger – die Grenze ist nicht klar zu ziehen.

Nichts ist also, wie es scheint: Bei Marek Krajewski bröckelt die Fassade gewaltig. Auch der Roman an sich ist nicht das, als was er sich ausgibt. Für einen Krimi spielt die Ermittlungsarbeit der Breslauer Polizei eine seltsam untergeordnete Rolle. Dafür ist das Buch ein prächtiges Sittengemälde einer Zeit des Überflusses, der sexuellen Freiheit und zwischenmenschlichen Verwerfungen.

EIN ERMITTLER AUF ABWEGEN

Zwischen all diesen Versuchungen muss Mock dennoch einen Mörder jagen, der seine Opfer einmauert oder viertteilt und stets ein Kalenderblatt am Tatort zurücklässt. Selten gelingt es dem Kriminalrat, sich auf die Ermittlungen zu konzentrieren. Nicht nur, dass seine Frau ihn endgültig in Richtung Berlin verlassen hat, um an der Seite eines einst bekannten Regisseurs endlich als Schauspielerin berühmt zu werden. Auch sein Neffe erfordert Mocks volle Aufmerksamkeit, nachdem er sich im Spielcasino verzockt hat. Weit entfernt davon, ein Held zu sein, schlägt Mock auch mal – ob bedacht oder nicht – den unkonventionellen Dienstweg ein. Und dabei geht nicht nur das Porzellan des Spielbankdirektors zu Bruch.

Schließlich gelingt es Mock doch, die Spur des Mörders aufzunehmen. Die führt ihn direkt in die Vergangenheit, als Breslau noch nicht viel mehr war als die heutige Altstadt. Hier findet der Kriminalrat endlich das Motiv für die grausamen Morde. Von dort ist es nicht weit bis zum Verdächtigen. Doch für Mocks Neffen ist es da schon zu spät …

AUTOR: Marek Krajewski, 1966 geboren, ist Altphilologe. Er unterrichtete als Dozent an der Universität *Wrocław*, wie das polnische Breslau heute heißt. Seit 2007 konzentriert sich Krajewski auf die Schriftstellerei. Er lebt in *Wrocław*. Seine Romane um den polnischen Kriminalrat Eberhard Mock sind so erfolgreich, dass dieser nun schon in seinem fünften Fall ermittelt.

NOTABENE: Wer Kriminalrat Mock auf seinen Wegen durch die Straßen Breslaus folgen will, braucht kaum mehr als dieses Buch und einen aktuellen polnischen Stadtplan. Auch wenn die genannten Straßennamen die deutschen sind, findet man ihr polnisches Pendant sehr leicht. Am Ende des Buches sind auf mehr als zwei Seiten alle Straßen mit polnischer Übersetzung aufgelistet, die in dem Roman erwähnt werden.

ANTONIO TABUCCHI | *Erklärt Pereira*

DORNRÖSCHENSCHLAF IM ESTADO NOVO

Portugal im Hochsommer. Hitze gibt den Lebensrhythmus vor. In den Straßen von Lissabon flanieren Touristen, besuchen die Sehenswürdigkeiten der Stadt. Viele Portugiesen verdienen mit dem Tourismus ihren Lebensunterhalt. Wer kann, verbringt die heißeste Zeit des Jahres am Meer. Die Zeitungen berichten von den Sorgen des Landes. Wer sich keine Sorgen machen will, liest keine Zeitung. So einfach kann das Leben sein. Heute, im Jahr 2011.

Lissabon im August 1938. Die Hitze liegt drückend auf der Hauptstadt. Nur wenige Touristen sind auf den Straßen. António de Oliveira Salazar herrscht autoritär in seinem *Estado Novo*. Kritiker und Oppositionelle werden gegängelt, unbequeme Mitbürger müssen die Gewalt der Staatspolizei fürchten. Wer nichts davon wissen will, braucht nur die Augen vor seiner Umwelt zu verschließen. In den Zeitungen steht nichts über die politische Situation des Landes.

Doktor Pereira lebt mit verschlossenen Augen. Obwohl er für die kleine Abendzeitung *Lisboa* arbeitet, interessiert er sich kaum für das Geschehen in seiner Umwelt. Sein Leben besteht aus Übersetzungen französischer Romane, die er für den Kulturteil anfertigt, und seinen Erinnerungen an eine Zeit, als er noch ein kraftstrotzender junger Mann war und seine geliebte Frau noch lebte. Pereira ist allein.

Erst der junge italienischstämmige Monteiro Rossi bringt Pereiras gemächlichen Lebensrhythmus wieder in Schwung. Pereira macht ihn zu seinem Praktikanten. Die kritischen, politischen Ansichten und Aktionen zwingen den jungen Mann jedoch sich im Untergrund zu bewegen und seine Arbeit zu vernachlässigen.

Doch Rossi bringt Pereira dazu, seine Augen nicht länger vor den Ereignissen um ihn herum zu verschließen. Langsam, aber unaufhaltsam kommt er in die Kreise der Regimegegner und des politischen Widerstandes. Ihm wird bewusst, dass etwas nicht in Ordnung ist in diesem Land, in dieser seiner Stadt. Pereira erwacht – und er beobachtet in der ihm gottgegebenen Ruhe.

> *»Das Land schwieg, es konnte gar nichts anderes als schweigen,*
> *und derweil starben die Leute,*
> *und die Polizei spielte sich als Machthaber auf.«*

Nach langer Zeit nähert er sich wieder dem Leben in der Gegenwart. Das Dämmern seines Bewusstseins ist wie eine Rückkehr unter die Lebenden in einfachen, klaren Schritten. Doch seine Veränderung bleibt nicht unbemerkt – eines Abends steht die Geheimpolizei auf seiner Türschwelle.

DAS STILLE, TIEFE WASSER

Antonio Tabucchi bedient sich bewusst einer geradezu simplen Sprache, die mit einer tiefen Ruhe und Kraft alle Bewegungen des Protagonisten verfolgt.

Der Spaziergang ins Café verläuft ebenso ruhig und selbstverständlich wie der Sprung ins kalte Meer und die Sabotage der Zensurbehörde. Der schwerfällige, intelligente Pereira gibt seine Zeugenaussage ab und schildert den Beginn seines zweiten Lebens. Durchgehend erklärt Pereira mit einer seltsamen Distanz und Zurückhaltung und einer fast scheuen Ehrlichkeit, was sich im August des Sommers 1938 in Portugal zugetragen hat und wie es seine persönliche Geschichte veränderte. *Erklärt Pereira* ist Tabucchis Liebeserklärung an Portugal, das kleine Land mit der ruhmreichen alten und schwierigen jungen Vergangenheit.

AUTOR: Antonio Tabucchi, 1943 in Italien geboren, unterrichtete portugiesische Sprache und Literatur an der Universität Genua und leitete von 1987 bis 1989 das italienische Kulturinstitut in Lissabon. Für seine Werke wurde er mit zahlreichen Preisen ausgezeichnet. 2010 erschienen Tabucchis Erzählungen *Die Zeit altert schnell.*

NOTABENE: Von 1932 bis 1968 befand sich Portugal unter dem Regime von António de Oliveira Salazar. Der Professor für Volkswirtschaftslehre setzte sich als Ministerpräsident durch und nutzte die wirtschaftlichen Probleme des Landes, um sich als Diktator einzusetzen. Harte Einschnitte für die Bevölkerung waren die Folge: Er veranlasste die strenge Zensur der Medien, ließ Oppositionelle festnehmen und bekämpfte die Unabhängigkeitsbestrebungen portugiesischer Kolonien mit militärischer Gewalt. Die staatliche Geheimpolizei PIDE verbreitete Angst und Schrecken.

DAN LUNGU | *Die Rote Babuschka*

DAS BILDNIS DER EMILIA APOSTOAE

Emilia Apostoae erinnert sich gerne an die Zeit vor der Revolution und dem Sturz Ceaușescus in Rumänien. Denn sie hatte keinen Grund sich zu beklagen: eine angenehme Arbeitsstelle, gute Bezahlung, einen kulanten Chef, keinen Ärger mit der Partei und eigentlich mehr als nur das Nötigste zum Leben. Warum also will keiner der Anderen zugeben, wie glücklich sie damals alle waren?

Rumänien nach dem Zusammenbruch des Kommunismus: Viele Fabriken sind stillgelegt, es gibt kaum noch Arbeit, bittere Armut prägt das Straßenbild. Die meisten jungen Menschen ziehen fort. So auch Emilias Tochter Alice. Nach dem Studium geht sie nach Kanada, wo sie heiratet und eine Familie gründet.

Ein Anruf bei ihrer Mutter in Rumänien kurz vor den Parlamentswahlen und ihre vehemente Forderung an die werdende Großmutter, bloß nicht die Kommunisten zu wählen, rufen bei Emilia Erinnerungen an ihre eigene Jugend unter Ceaușescu hervor und stürzen sie in tiefe Verwirrung: »Die Erinnerungen tauchten jedoch nicht eine nach der anderen auf, nicht ruhig dahinfließend und in der richtigen Reihenfolge, sondern alle auf einmal, lawinenartig. Alle wollten gleichermaßen beachtet werden, als wäre meine Vergangenheit eine Landkarte voller Glühbirnchen, die alle simultan aufleuchteten, oder eine Schulklasse mit lauter strebsamen Schülern, die sich auf eine Frage hin gleichzeitig meldeten.«

BEHAGLICHKEIT IN DER DIKTATUR

Schockierend für die Tochter ist, dass Emilias Erinnerungen an den Sozialismus ganz und gar nicht negativ sind. Sie ist noch viel kommunistischer, als die Tochter angenommen hatte.

Nach ihrer Flucht aus dem verhassten elterlichen Dorf erlebte Emilia die Freiheit des Stadtlebens, den eigenen Beruf und das relativ unbeschwerte Leben als Erfüllung. Vergeblich sucht Emilia nach Vorteilen der neuen Gesellschaftsordnung. Denn ihre eigenen Erfahrungen sprechen eine andere Sprache; ihre Erzählungen zeichnen, manchmal ungewollt den Nerv treffend, ein Portrait des alten und neuen Rumäniens aus der Sicht einer Frau, wie sie für diese Generation typisch ist.

Aus den Fragmenten skurriler Begebenheiten, böser Anekdoten, und Begegnungen mit recht eigenwilligen Charakteren, entsteht das Bild eines mit viel Energie und vor allem Freude gelebten Lebens, dessen Wert durch die Neuordnung der Gesellschaft plötzlich komplett in Frage gestellt wird. Eine Erfahrung, die gerade in den neunziger Jahren viele mit Emilia teilten. Alles, was jahrzehntelang allgemeingültig schien und das eigene Leben prägte, landete mit einem Schlag auf dem Prüfstand und wurde von Außenstehenden abgewertet. Mit den Zweifeln an der eigenen Geschichte beschäftigt Emilia immer wieder auch die Frage nach der Berechtigung ihres Glücks, dem *richtigen Leben im Falschen*. Denn, »wie viele glückliche Menschen müssen einen umgeben, damit man sich selber glücklich nennen darf?«

»›Neulich hab ich im Fernsehen Leute gesehen, die einfach verhungern, obdachlose Familien mit kleinen Kindern … Im Kommunismus gab es so etwas nicht.‹ ›Das wird sich auch noch einrenken … Wir befinden uns immer noch in einer Übergangszeit … Ich bin da optimistisch.‹ ›Ja klar, es ist einfach, optimistisch zu sein, wenn man in Kanada, Frankreich oder Amerika lebt.‹«

AUTOR: Dan Lungu, Jahrgang 1969, sorgte 2005 mit der Gründung der literarischen Gruppe *Club 8* für Furore im rumänischen Kulturbetrieb. Seine Erzählungen, die sich stets mit der Zeit des Umbruchs in der rumänischen Gesellschaft beschäftigen, wie *Das Hühnerparadies*, wurden vielfach übersetzt.

TSCHINGIS AITMATOW | *Der Junge und das Meer*

DIE ERSTE JAGD

Ein Junge, ein Kajak, drei Männer und die Urgewalt des Meeres — Tschingis Aitmatow benötigt kaum weitere Requisiten für seine tief bewegende Erzählung »Der Junge und das Meer«. Er nimmt uns mit auf die erste Robbenjagd des Jungen Kirisk, die alle Beteiligten vor elementare Herausforderungen stellt.

In einem kleinen, selbstgebauten Holzkajak auf Robbenjagd gehen – das ist selbst für die erfahrenen Jäger der Sippe der Fischfrau jedes Mal aufs Neue eine Herausforderung. Doch diese Fahrt von der Bucht des Scheckigen Hundes am Ufer des Ochotskischen Meeres zu den vorgelagerten Inseln ist etwas ganz Besonderes. Der elfjährige Kirisk darf seinen Vater Emrajin, seinen Onkel Mylgun und den weisen Clan-Ältesten Organ erstmals auf die Jagd begleiten.

Um ein guter Ernährer sein zu können, muss ein junger Mann schon in frühester Jugend das Jagdhandwerk erlernen. So ist es bei der Sippe Tradition. Deshalb soll er schon als Kind mit dem Meer Freundschaft schließen, es achten lernen. Voller Aufregung, Spannung und Vorfreude hatte Kirisk auf seinen großen Tag gewartet. Doch die beschauliche, fast meditative Fahrt wird zu einem lebensgefährlichen Abenteuer. Das Ochotskische Meer ist für Stürme und dichten Nebel berüchtigt. Schlimme Befürchtungen werden wahr, das Wetter schlägt um und das kleine Boot treibt irgendwo auf hoher See. Als das Wasser knapp wird und alles Flehen um Rettung nicht zu helfen scheint, müssen die Männer eine schwere Entscheidung treffen.

Der Junge und das Meer beschreibt ergreifend und in wunderschöner Sprache die Kraft des Meeres, die Urgewalten der Natur und den Überlebenswillen der Menschen. Die drei Männer und der Junge kämpfen auf dem beklemmend kleinen Boot gemeinsam gegen ihre aussichtslose Situation. Inmitten der toben-

den Naturgewalten führen sie zugleich einen inneren Kampf gegen ihren lebensbedrohlichen Durst. Der Wunsch der Männer nach Rettung und trinkbarem Wasser wird nur noch von ihrem Willen, dem Jungen eine Überlebenschance zu ermöglichen, übertroffen. Aitmatow beschreibt in seiner Erzählung eindrucksvoll den Respekt der *Niwchen-Sippe* vor der Natur, ihr Verantwortungsgefühl und ihre tiefe Liebe zu ihren Kindern. Die Bilder und Gefühle, die Aitmatow herauf-

»Die Wogen in ihrer entfesselten Laune trugen das Boot ins Ungewisse, und ungewiss blieb, wie lange dies noch währen konnte.«

beschwört, beschäftigen nicht nur während der Lektüre. Als säße man selbst mit Kirisk und seinen Begleitern im Kajak, reißen seine intensiven Beschreibungen mit und machen zutiefst betroffen.

AUTOR: Tschingis Aitmatow, 1928 in Kirgisien geboren, war einer der populärsten Schriftsteller der ehemaligen UdSSR. Mit seiner Erzählung *Dshamilja* erlangte er Weltruhm. Seit 1995 war er in Brüssel Botschafter der Republik Kirgisistan. Aitmatow starb 2008.

WENEDIKT JEROFEJEW | *Die Reise nach Petuschki*

SCHNAPS, DAS WAR SEIN LETZTES WORT

Der Trinker Wenedikt tritt mit einem Koffer voll Alkohol seine Zugreise von Moskau nach Petuschki an. Während sein Alkoholpegel von Station zu Station steigt, philosophiert er über das Leben, vor allem das Trinken, und seine Gedanken verstricken sich in immer absurdere Selbstgespräche und Fantasien. Offen und dabei komisch-tragisch zeichnet Jerofejew das Leben eines Alkoholikers im kommunistischen System der Sowjetunion.

»O Vergeblichkeit! O Vergänglichkeit! O du ohnmächtigste und schmachvollste Zeit im Leben meines Volkes – o Zeit zwischen Morgendämmern und Öffnung der Geschäfte«, klagt der Trunkenbold Wenedikt, nachdem er früh morgens in einem fremden Treppenhaus mit einem Kater aufwacht und warten muss, bis die Geschäfte öffnen und er neuen Wodka kaufen kann. Sein Dasein spielt sich entweder vor, im oder nach dem Rausch ab. Und obwohl er in Moskau lebt, hat er den Kreml noch nie gesehen, weil er immer nur im Suff daran vorbeigefahren ist.

An einem Freitag macht er sich auf zu einer Zugfahrt von Moskau in den Vorort Petuschki, wo er seine Geliebte und das gemeinsame Kind besuchen will. Mit einem Köfferchen voll Alkohol tritt der die kurze Reise an, die nur etwas mehr als zwei Stunden dauert. Doch das gesamte Buch beschreibt ausschließlich diesen einzigen Tag. Bereits auf dem Weg zum Kursker Bahnhof beginnt seine hemmungs- und hoffnungslose Sauftour. Er trinkt allein, gemeinsam mit anderen Fahrgästen und sogar mit dem Schaffner. Es wird jedoch nicht nur getrunken, sondern auch darüber gesprochen. So verrät Wenedikt den Mitreisenden einfallsreiche Rezepte für alkoholische Getränke wie etwa den *Kanaanbalsam*, der im Verhältnis 1:2:1 aus Spiritus, dunklem Bier und gereinigter Politur besteht.

SELBSTGESPRÄCHE EINES TRUNKENBOLDES

Auf der Fahrt führt der Trinker zudem aberwitzige Gespräche mit sich selbst, mit Engeln, dem Satan oder einer Sphinx sowie mit einer Reihe bekannter Persönlichkeiten. Seine Gedanken werden zunehmend absurder, die Realität vermischt sich irgendwann unentwirrbar mit der Fantasie. Wenedikt begibt sich bereitwillig in den Vollrausch, seine Halluzinationen und seine Orientierungslosigkeit nehmen zu.

»Der Oberschaffner Semjonytsch veränderte alles: er schaffte sämtliche Strafen und Reservate ab. Er machte das einfacher: er nahm von jedem Fahrscheinlosen ein Gramm Wodka pro Kilometer.«

Der Autor schickt seinen gleichnamigen Protagonisten und auch den Leser auf eine absurde Reise. Durch die skurrilen, dubiosen und surrealistischen Schilderungen des Säufers gelingt Jerofejew in seinem collageartigen Roman ein einerseits erheiterndes und komisches, bisweilen aber auch trauriges und melancholisches Werk. Mit der Geschichte des Trinkens und des Lebens im kommunistischen System Russlands zu Beginn der siebziger Jahre hält Jerofejew ein Stück Zeitgeschichte fest.

AUTOR: Der russische Schriftsteller Wenedikt Jerofejew wurde 1938 in Kirowsk geboren. Auf Grund seiner antisowjetischen Haltung von der Universität relegiert, schlug er sich mit verschiedenartigen Gelegenheitsarbeiten durch. Jerofejew starb 1990 in Moskau.

NOTABENE: Das Buch entstand 1969 und wurde 1973 in Israel erstmals auf russisch publiziert. In der Sowjetunion war es bis 1988 verboten, da es mit dem Thema Alkoholismus ein für das Land gravierendes gesellschaftliches Problem behandelt. *Die Reise nach Petuschki* ist das bekannteste Werk des Autors. Es kursierte in illegalen Abschriften und galt in den siebziger und achtziger Jahren als Kultbuch. Noch heute zählt es zur bedeutenden modernen russischen Literatur.

MIKAEL NIEMI | *Der Mann, der starb wie ein Lachs*

UND VON WEM SIND SIE DIE TOCHTER?

Im nordschwedischen Pajala wird ein Mann tot aufgefunden, erstochen mit einem Fischspeer. Die Polizei verfolgt zwei Spuren: Zum einen ein Trickbetrüger-Pärchen, welches ältere Menschen ausraubt, und zum anderen einen Nachbarn, der das Mordopfer bedroht haben soll. Hier hören die Parallelen zu anderen Kriminalromanen jedoch auch schon auf. Denn »Der Mann, der starb wie ein Lachs« ist eine, wenn auch unpathetische, Liebeserklärung des Autors an seine Heimat: das Tornedalen an der Grenze zu Finnland.

Therese ist Polizistin in Stockholm. Kurz nach Bekanntwerden des Mordfalls wird sie gebeten, die örtliche Polizei bei ihren Ermittlungen zu unterstützen. Nordschweden ist ihr fremd, vor ihrer Abreise versucht sie sich die Landschaft der norrländischen Taiga vorzustellen. Von ihrem Flieger aus sieht sie dann jedoch nichts als Wald, der nur stellenweise von Flüssen, Seen und vereinzelten Häusergruppen unterbrochen wird.

DER SOMMER – EIN EINZIGER LANGER TAG

Nach ihrer Ankunft hat Therese mit Mücken, der nächtlichen Helligkeit und der Sturheit von so manchem Einheimischen zu kämpfen. So weigert sich etwa der Hauptverdächtige hartnäckig, auf Schwedisch vernommen zu werden, obwohl er Schwede ist. Er pocht auf einen Dolmetscher, der für ihn ins Tornedalfinnische übersetzen soll.

Wie in diesem Beispiel zieht sich die innere Zerrissenheit vieler Tornedaler, denen die schwedische Sprache und Kultur aufgezwängt wurde, durch den gesamten Roman. Einige Tornedaler gingen in ihrer Anpassung gar so weit, dass sie ihre Nachnamen ins Schwedische übersetzen ließen und in den Süden des Landes gingen, um dort als richtige Schweden zu leben und anerkannt zu werden. Doch mit dem Tornedalfinnischen verloren die Menschen weit mehr als ihre Muttersprache: In ihr drückt sich ihre Kultur aus, alte Traditionen, die Namen der Seen und Flüsse. Ihre Sprache nicht sprechen zu dürfen, heißt für die Tornedaler, nicht sie selbst sein zu können. Auch der Neffe des Ermordeten sieht sich zwischen den Stühlen: Wer ist er und wo gehört er eigentlich hin?

NORDLÄNDISCHE GEPFLOGENHEITEN

Mikael Niemi lässt die Tornedaler wortkarg und verschlossen erscheinen. Doch trotz ihrer Eigenbrötlerei vertrauen die Menschen einander. Gäste betreten, ganz nach der Sitte des Landstriches, die Häuser ihrer Nachbarn ohne anzuklopfen und nehmen auf dem Besucherstuhl Platz. Der einzige Schutz vor Einbrüchen ist das Tornedalschloss, ein Besen, der von außen gegen die Haustür gelehnt wird. Von Therese anfangs belächelt, leistet der Besen jedoch gute Dienste: Einbrüche kommen so gut wie nicht vor.

Der Roman lebt von einfachen, unspektakulären Szenen. Etwa von dem Glück, dampfende junge Kartoffeln in zerlassene Butter mit Zwiebeln zu tunken. Oder von dem kleinen Stückchen Zucker zwischen den Zähnen und dem Kaffee, der süß die Kehle herunterrinnt. Niemis Beschreibungen machen den Sommer lebendig. Man riecht fast schon den frisch gebratenen Lachs und sieht die Scharen von Mücken in der Mitternachtssonne umherschwirren. Mit seinem ungewöhnlichen Kriminalroman nimmt der Autor nicht nur die Protagonistin, sondern auch den Leser mit auf eine Reise in den Norden Schwedens, in das Land der Rentiere und Wälder.

> *»Diese Landschaft hat etwas an sich, dachte sie. Sie dringt in dich ein. Sie lässt dich nicht in Ruhe.«*

AUTOR: Mikael Niemi, Jahrgang 1959, wurde in Pajala, Nordschweden, geboren. Sein Durchbruch gelang ihm mit seinem Debütroman *Populärmusik aus Vittula*, in welchem er von seiner Heimatstadt in den sechziger und siebziger Jahren erzählt. Der Autor lebt noch immer in Pajala.

NOTABENE: Das Tornedalfinnische, auch Meänkieli genannt, ist eine regionale Sprache des Tornedalen. Nachdem Finnland 1809 an das Russische Reich fiel und der Fluss Torneälv fortan die schwedisch-finnische Grenze markierte, entwickelte sich das Tornedalfinnische auf beiden Seiten unabhängig voneinander fort. Erst im Jahr 2000 erkannte der Schwedische Reichstag das Tornedalfinnische als Minderheitensprache an. Zuvor war die Sprache in Schweden jahrzehntelang unterdrückt worden: Sie wurde aus den Schulen verbannt und als minderwertiger Dialekt abgetan.

MARKUS WERNER | *Am Hang*

DIE KUNST DES TÄUSCHENS

Zwei Männer, zwei Tage, eine Restaurantterrasse im Tessin und viel Wein. Bei Markus Werner ergibt das den Stoff für eine Unterhaltung von philosophischer Tiefe zwischen zwei Fremden. Ein Gleichnis über die Liebe, das Leben und den Zeitgeist.

Pfingstsonntag. Herr Loos ist einfach abgereist und hat Thomas Clarin allein gelassen in der Ungewissheit. Clarin war ins Tessin gekommen, um an einem Artikel über die Historie des Scheidungsrechts zu arbeiten, doch dann trifft er Herrn Loos. Zwei Tage führten die beiden Herren intensive Gespräche, die Clarin in eine fast schon suchtähnliche Abhängigkeit trieben. Ohne sich zu erklären, ohne die Ungereimtheiten ausgeräumt zu haben, ist Loos einfach verschwunden. Und Clarin bleibt zurück mit einem mulmigen Gefühl.

DER ZEITGEIST IST EIN FLASCHENTEUFEL

Freitag vor Pfingsten. Auf der Terrasse des Hotel Bellevue in Montagnola sitzen zwei Männer. Einer von ihnen ist Thomas Clarin. Eigentlich war er ins Tessin gekommen um zu arbeiten, stattdessen genießt er den Abend im Restaurant. Clarin will lieber alleine sitzen, mehr aus Not und purem Zufall gelangt er an den Tisch des fremden Herren. Ein bulliger Mann mit abwesendem Blick. Genüsslich nippt er an seinem Rotwein und lässt dabei den Blick über den idyllischen Luganersee schweifen, der von den im Dämmerlicht tiefblau erscheinenden Bergen gesäumt ist. Nur langsam bringt der gesellschaftsfreudige Clarin den Herrn zum Reden. Loos, wie der Fremde heißt, ist ein wortkarger Typ. Doch als nicht nur der Abend, sondern auch der Alkoholpegel voranschreitet, wird Loos redselig. Zwischen den beiden ungleichen Männern entbrennt eine lebhafte Diskussion über das Leben und den Zeitgeist. Loos, von Beruf Lehrer, ist ein glühender Verfechter der Ehe, wohingegen Clarin als Scheidungsanwalt nur wenig von dieser Institution hält. Sein Lebensentwurf ist mehr auf Kurzfristigkeit angelegt, er hat keine Beziehungen, nur Affären. So wie mit der verheirateten Valerie. Wegen eines Nervenleidens war sie vor einem Jahr im nahegelegenen Kurhotel in Cademario gewesen. Und genau vor einem Jahr war Clarin mit ihr auf diese Terrasse gekommen, um ihr das Ende der Beziehung zu eröffnen.

»Loos lief rot an, und als ich schon befürchtete,
er greife nach dem Käsemesser, lacht er kurz auf und dann,
um Kontrolle bemüht, glucksend in sich hinein.«

Clarin liebt das Leben und die Frauen. Mit Herrn Loos zeichnet Markus Werner das krasse Gegenstück zu Clarin. Loos liebt nur seine Frau, seit ihrem Tod vergöttert er sie gar, aber er hasst die Welt und ganz besonders all jene, die ihre Gegebenheiten hinnehmen und sich ihnen ergeben. Vor der malerischen Kulisse der schweizerischen Täler und Seen entsteht so eine Männerfreundschaft, die nicht ganz so auf Gegenseitigkeit beruht, wie Clarin es vermutet.

DER MAGNETISMUS DES HERRN L.

Pfingstsamstag. Ein unbedingt angenehmer Zeitgenosse ist Loos nicht. Trotzdem zieht er Clarin in seinen Bann. Der wird direkt süchtig nach den Gesprächen mit diesem verbitterten Mann. Statt zu arbeiten, fiebert Clarin dem abendlichen

Treffen mit Loos entgegen. Wieder hat man sich auf der Terrasse verabredet. Wieder fließt der Wein in Strömen. Clarin ist fasziniert von dem zwiespältigen Loos, von dessen Missbehagen der Welt gegenüber und der erstaunlichen Einfühlungsgabe dieses Mannes. Man spricht über die Liebe und das Leben. Loos erzählt von seiner Frau, die am Pfingstsonntag vor einem Jahr im Kurhotel in Cademario zu Tode kam. Clarin berichtet von Valerie, die ihren Mann wegen ihm verließ. Erst viel zu spät erkennt Clarin die wahnwitzigen Anwandlungen Loos', und so nimmt die Bekanntschaft am Pfingstsonntag ein ungeahntes Ende.

Markus Werner inszeniert einen philosophischen Krimi, in dem wenig so ist, wie es scheint. Seine Hauptprotagonisten sind verschiedener Meinung und doch auf gleicher Linie. Mit sprachlicher Finesse und Dichte flicht Werner eine Erzählung über das Leben, die Liebe und die Täuschung. Und so ist die zufällige Begegnung der beiden Herren nicht so unbewusst, wie es den Anschein hat.

AUTOR: Markus Werner, 1944 in der Schweiz geboren, studierte Germanistik, Philosophie und Psychologie. Nach seinem Studium war er als Lehrer tätig und ist seit 1990 freier Autor. Sein Debüt feierte Werner 1984 im Alter von vierzig Jahren mit dem Roman *Zündels Abgang*.

NOTABENE: Wer auf den Spuren von Clarin und Loos wandeln möchte, der hat dazu die Möglichkeit. Sowohl das Hotel *Bellevue-Bellavista* in Montagnola als auch das Kurhotel *Cademario* gibt es wirklich. Ob für einen guten Tropfen italienischen Weins oder zur Entspannung und Erholung – beide Hotels bieten nicht nur dies, sondern vor allem einen sagenhaften Blick über die malerische Landschaft des Tessins.

CARLOS RUIZ ZAFÓN | *Der Schatten des Windes*

ZWEI JUNGE LEBEN – VIELFÄLTIG UND UNTRENNBAR MITEINANDER VERWOBEN

Stell Dir vor, es gibt ein Buch, das nur geschrieben wurde, damit Du es entdeckst. Das Dich wählt, um von Dir gelesen und vor dem Vergessen bewahrt zu werden – dies passiert der zehnjährigen Halbwaise Daniel an einem Frühsommertag im Jahre 1945, als er seinen Vater zu einem geheimnisvollen Ort in Barcelona begleiten darf. Hier entdeckt er den Roman eines unbekannten Schriftstellers, und schon bald beginnen die Handlung des Buches und sein eigenes Leben miteinander zu verschmelzen.

Der Schatten des Windes ist ein Roman des unbekannten Autors Julián Carax. Der zehnjährige Daniel Sempere Martín entdeckt ihn an einem mysteriösen Ort: dem *Friedhof der vergessenen Bücher*, zu dem er seinen Vater zum ersten Mal begleiten darf. Daniels Vater, ein Antiquar, erklärt ihm, dass hier Bücher aufbewahrt werden, die Gefahr laufen, in Vergessenheit zu geraten. Mit seiner Entscheidung den Schatten des Windes zu adoptieren, verpflichtet sich Daniel, das Buch sein Leben lang zu hüten.

Diese Aufgabe wird ihn von nun an nicht mehr loslassen, denn Daniel packt die Neugier, mehr über Carax zu erfahren. Mit Hilfe seines älteren Freundes Fermín intensiviert Daniel mehr und mehr die Suche nach Informationen, Zeugnissen und anderen Werken des jungen, verschollenen Schriftstellers. Er erfährt, dass sein Exemplar das letzte existierende ist. Aus dem kindlichen Interesse entwickelt sich im Laufe der Jahre eine Passion. Doch je mehr Daniel nachforscht, umso komplizierter und auch gefährlicher wird sein eigenes Leben: Ein Fremder ohne Gesicht scheint Daniels Interesse im Wege zu stehen und das Andenken an Julián Carax auf immer auslöschen zu wollen.

BARCELONA ALS KULISSE EINES FESSELNDEN
KATZ- UND MAUS-SPIELS

Schauplatz der Handlung ist die katalanische Metropole Barcelona. Hier lebten und leben alle Charaktere, die Daniel im Laufe seiner Recherchen begegnen. Eindringlich und präzise schildert Zafón die Straßen, Plätze und Häuser Barcelonas in den Jahren nach 1914. Das wechselhafte Klima mit schwülen Sommern und ebenso regnerischen wie nebligen Wintertagen, die Stadt mit ihren charakteristischen Straßen, die Häuser und Gebäude mit ihren eigenen Geschichten lassen ein beklemmendes Gefühl der Unsicherheit entstehen.

Häufig nimmt der Leser die Stadt aus den Augen des heranwachsenden Jungen wahr. Eine verlassene Villa am Fuß des Tibidabo in einem wohlhabenden Viertel am Rande der Stadt und nicht zuletzt der Friedhof der vergessenen Bücher werden zu Dreh- und Angelpunkten der Erzählung. Zafón verknüpft auf geschickte Weise reale und fiktive Schauplätze, die dem Leser ein historisches, aber dennoch räumlich nachvollziehbares Bild Barcelonas eröffnen und ihn einladen, auf Daniels Spuren durch die Stadt zu streifen.

AUTOR: Carlos Ruiz Zafón wurde 1964 in Barcelona geboren. Mit 30 Jahren zog er nach Los Angeles und arbeitete dort als Drehbuchautor, Journalist und Schriftsteller. Sein fünfter Roman *Der Schatten des Windes* verschaffte ihm den internationalen Durchbruch. In seinem Nachfolger *Das Spiel des Engels* entführt Zafón den Leser in das Barcelona der Jahrhundertwende und ein weiteres Mal in die mysteriöse Welt der Bücher.

NOTABENE: Carlos Ruiz Zafón besuchte als Kind in Barcelona die Jesuitenschule *Sant Ignasi*, die in einem gotischen Schloss beheimatet ist. Das besondere Flair dieses alten Gemäuers mit seinen Türmen und geheimen Gängen beflügelte die Fantasie des jungen Zafón und animierte ihn zum Schreiben. Diesen und andere Schauplätze des Romans findet man in dem kleinen, aber feinen und informativen Büchlein *Mit Carlos Ruiz Zafón durch Barcelona. Ein Reiseführer.*

ORHAN PAMUK | *Istanbul*

ERINNERUNGEN AN EINE MELANCHOLISCHE STADT

Osmanische Villen, dunkle Altstadtgassen, die Schönheit des Bosporus, das Nebeneinander von Arm und Reich und über allem die süße Melancholie des Vergänglichen — Istanbul, die Stadt zwischen orientalischer Tradition und westlicher Moderne besticht durch ihren geheimnisvollen Zauber. »Ich bemühe mich, durch mich über Istanbul und durch Istanbul über mich zu berichten«, schreibt Orhan Pamuk und begibt sich auf eine Zeitreise in seine eigene Kindheit, die gleichzeitig eine Reise in die Vergangenheit seiner Heimatstadt ist.

»Seit ich denken kann, ist die Stadt von Armut gekennzeichnet, von Untröstlichkeit über den Verfall des Reiches, von der Melancholie, die von den Überresten aus großer Zeiten ausgeht. So bin ich seit jeher damit beschäftigt, diese Melancholie zu bekämpfen oder mich dann doch, wie alle Istanbuler, ihr endlich hinzugeben.« Orhan Pamuk ist ein Kind Istanbuls; aufgewachsen in gutbürgerlichen Verhältnissen, hat er fast sein ganzes Leben in der Stadt am Bosporus verbracht und fühlt sich ihr bis heute aufs Innigste verbunden. Er lädt ein zu einem Spaziergang durch sein Istanbul, er führt den Leser durch schattige Altstadtgassen, zu versteckten Plätzen und an geheime Orte, die er einst auch seiner ersten Liebe zeigte.

Immer wieder ist es dabei die Melancholie, auf die Pamuk zu sprechen kommt und für die er den präziseren arabischen Begriff *Hüzün* verwendet. *Hüzün*, ein Lebensgefühl, das die ganze Stadt in allen Ecken und Winkeln durchdringt, ihre Bewohner immer wieder infiziert und von Pamuk als ein selbst gewähltes, erhabenes poetisches Empfinden, aber auch als lähmende Krankheit wahrgenommen wird, die ganz Istanbul in Stillstand versetzt. Der Ursprung dieses Gefühls mag in der langen Geschichte der Stadt zu finden sein, in den glorreichen Aufstiegen und langsamen Niedergängen, einem verblassenden Glanz und dem Spannungsfeld zwischen osmanisch-türkischer Vergangenheit sowie dem Streben nach westlicher Modernisierung.

Neben seinem persönlichen Blick auf Istanbul, lässt Pamuk auch andere zu Wort kommen, versammelt unterschiedlichste Wahrnehmungen der Stadt. Mit Yahya Kemal, Resat Ekrem Kocu und dem Romancier Ahmet Hamdi Tanpinar stellt er türkische Dichter vor, die hierzulande kaum bekannt sind. Er berichtet von den Besuchen großer Schriftstellerkollegen wie Gustave Flaubert oder Gérard de Nerval, deren fremde Blicke auf die Stadt sein eigenes Bild von Istanbul geprägt haben und widmet gar ein ganzes Kapitel den Ansichten des Künstlers Anton Ignaz Melling. Dessen wunderschöne Gemälde sind im Buch abgebildet, ebenso wie zahlreiche, zum Teil aus dem privaten Album des Autors stammende Schwarzweiß-Fotografien.

»Während die Stadt von Weltschmerz und ewigem Scheitern geprägt ist, von Schwermut und Bedürftigkeit, verbinde ich den Bosporus aufs innigste mit Lebensfreude und Glück.«

DIE GEHEIMNISVOLLE GELIEBTE

Dass *Istanbul* mehr ist als eine Liebeserklärung an eine Stadt, wird immer wieder deutlich. Pamuk erzählt viel Privates, angefangen von seiner eigenen Kindheit bis zu den Eigenarten seiner wohlhabenden Familie, die in einem großen Haus im Stadtteil Nişantaşi lebte, einem rätselhaften Ort, den es zu erkunden galt. Er sinniert über das Erwachsenwerden, seine Liebe zur Malerei und die Suche nach seiner Berufung, die auch eine Suche nach der eigenen Identität war. So ist Istanbul beides: Der persönliche Blick auf das Leben eines bedeutenden Schriftstellers und das poetische Porträt einer einzigartigen Metropole voller Gegensätze.

AUTOR: Orhan Pamuk wurde am 7. Juni 1952 in Istanbul geboren. Er gilt als einer der wichtigsten Schriftsteller der Türkei und wurde 2006 mit dem *Literatur-Nobelpreis* ausgezeichnet. Seine Heimatstadt ist in den meisten seiner Romane, wie in *Rot ist mein Name*, präsent.

LJUBKO DERESCH | *Kult*

GYMNASIUM DES GRAUENS

Am Internat von Midny Buky geschehen eine Reihe rätselhafter Vorfälle. Wer steckt dahinter? Sind es die sonderbaren Menschen, die hier wohnen? Oder wirken an diesem Ort übermenschliche Kräfte? Eine kleine Apokalypse bricht über die Stadt in der ukrainischen Provinz herein — oder ist es vielleicht doch nur ein persönlicher Albtraum Jurko Banzais, der seinen Bewusstseinsexperimenten geschuldet ist …

Jurko Banzai studiert im neunten Semester Biologie in Lemberg. Als einer der Jahrgangsbesten soll er am Gymnasium des Karpatenstädtchens Midny Buky ein Praktikum absolvieren und dort die oberen Klassen unterrichten. Nach und nach lernt er das dortige Kollegium kennen, doch ein Lehrer stellt sich als verrückter als der andere heraus. Auch die Schülerschaft ist ein merkwürdiger Haufen. Mit Ausnahme von Daria Borges, die sofort Jurkos Bewunderung auf sich zieht.

Jurko und Daria kommen sich im Verlauf des Semesters immer näher, denn Daria findet in Jurko einen Beschützer vor ihren feindseligen Internatskolleginnen. Außerdem sieht sie in ihm einen geeigneten Partner für gemeinsame Drogenexperimente. Im Laufe der Geschichte kommt es im Gymnasium jedoch vermehrt zu sonderbaren Vorfällen: Schülerinnen verschwinden spurlos, Eulen

sammeln sich in der Umgebung der Schule und undefinierbare Geräusche und Botschaften an den Wänden machen den Schülern und Lehrern zu schaffen, bis schließlich eine grippeartige Krankheit die gesamte Schule leer fegt und sich der Wahnsinn in den Köpfen ausbreitet.

Jurko ringt gemeinsam mit Daria darum, die Kontrolle über ihr Bewusstsein und

ihre Träume zurück zu gewinnen. In diesem Zu-
stand muss er schließlich den Kampf gegen den geheimnisvollen Pförtner Korij
aufnehmen.

SCHRÄGE TYPEN IN POSTSOWJETISCHER TRISTESSE

In *Kult* versammelt Ljubko Deresch an seinem Gymnasium eine ganze Reihe
von schrägen Charakteren. Das Lehrpersonal ist ein Häufchen desillusionier-
ter Freaks und die Schüler entstammen einer planlosen Generation, die keinen
Sinn im Leben findet und sich daher alle Drogen einwirft, die sie in die Hände
bekommt. Es zählt allein, wer welche Musik hört und wer sich welcher Jugend-
kultur verschreibt.

Jurko Banzai selbst hört verschiedenste Vertreter psychedelischer Musik und
des Progressive Rock, allen voran Jimi Hendrix, Pink Floyd und King Crimson.
Er hat Erfahrungen mit Drogen aller Art gesammelt und beschäftigt sich hauptsächlich mit Bewusstseinserweiterung – ein verspäteter Hippie, könnte man
sagen. Nebenbei hat er noch eine Schwäche für minderjährige Schülerinnen.
Die Stadt Midni Buky ist geprägt von postsowjetischer Tristesse. Geblieben ist
nur, wer keine andere Wahl hat.

*»Kluge Menschen hackten jetzt Holz und legten Kerzenvorräte an,
bevor die Preise als Folge der ersten Stromsperren in die Höhe schössen.
Der Winter versprach kalt, dunkel und hoffnungslos zu werden.
Immerhin überlegte er, wird in Midny Buky im Gegensatz zu Lemberg
nicht dauernd das Wasser abgestellt.«*

Deresch reiht sich mit *Kult* in die Tradition der fantastischen Literatur ein. Die Mischung aus Traumszenen und Realität macht den teilweise surrealistischen Charakter des Buches aus. Erfrischend ist der experimentelle Schreibstil, der das Buch zu einem kurzweiligen Leseerlebnis macht. So heftig der Kampf Gut gegen Böse in *Kult* jedoch auch tobt, man sollte dieses Buch auf keinen Fall zu ernst nehmen.

AUTOR: Ljubko Deresch wurde 1984 in Lemberg geboren. Als sein Roman *Kult* erschien, war er siebzehn Jahre alt. Unter anderem deshalb wird er oft als »Wunderkind der ukrainischen Literatur« bezeichnet. 2008 erschien *Intent! Oder die Spiegel des Todes*.

NOTABENE: Die Stadt Midny Buky sucht man leider vergeblich auf der Landkarte. Zum Roman *Kult* gibt es jedoch ein gleichnamiges Lokal in Lemberg, das auf jeden Fall einen Besuch wert ist.

ERNŐ SZÉP | *Die Liebe am Nachmittag*

DER FLANEUR UND DIE SEHNSUCHT

Budapest in den zwanziger Jahren: Armut und Ohnmacht prägen die Stadt. Die Wirtschaftskrise beherrscht die Menschen — wer noch Arbeit hat, lebt in der ständigen Angst, sie morgen zu verlieren. Hoffnung bringt in diesen Zeiten die Liebe. Mihály flaniert durch die Straßen der Stadt, gepackt von Sehnsucht und auf der ewigen Suche nach einer solchen Liebe. Szép inszeniert in seinem Roman »Die Liebe am Nachmittag« ein zeitloses Thema: die Sehnsucht nach erfüllter Zuneigung.

Mihály ist Künstler, ein Schriftsteller, der sich in Budapest mit gelegentlichen Engagements über Wasser hält. Er schreibt Einakter für das Theater und für Zeitungen hier einen Artikel, da eine Glosse. Überall hat er Schulden und lässt weiter anschreiben. Sein bisschen Gage wird regelmäßig gepfändet, mit dem Rest unterstützt er seine Mutter und Schwester. Es sind die schweren Zeiten der Wirtschaftskrise, unter der die Menschen leiden. Nur zu schnell geht der Abstieg vom wohlsituierten Bürger zum armen Bittsteller. Als ernsthafter Schriftsteller mit qualitativem Anspruch leidet Mihály unter der Unterhaltungssucht des Publikums, dem Wunsch nach Banalem, nach Ablenkung, der mit der Krise einhergeht. Seine Werke verkaufen sich schlecht, doch er ist nicht gewillt, zur reinen Zerstreuung der Leser zu schreiben.

DIE EWIGE SUCHE

Mihály ist über vierzig und unverheiratet. Die Fesseln der Ehe würde er sich nie anlegen. Zu sehr liebt er seine Freiheit und die Frauen im Allgemeinen. Affären säumen seinen Weg. Seit einiger Zeit hat er eine Liaison mit einer verheirateten Frau, die er nach ihrem Parfüm, 5Fleur, nennt. Die 5Fleur ist eine elegante

Dame der besseren Gesellschaft, reich, dekadent und gelangweilt in ihrer Ehe. Doch Liebe ist es für Mihály nicht, vielmehr ein schöner Zeitvertreib. So treibt ihn die ungestillte Sehnsucht nach wahrer Liebe, die er immerfort sucht und doch nicht findet, weiter durch die Straßen von Budapest.

DIE JUGEND UND DIE ELEGANZ

Im Theater lernt Mihály die Schauspielschülerin Iboly kennen. Mit ihren neunzehn Jahren ist sie naiv, aber voller jugendlicher Lebensfreude. Inständig bittet sie Mihály darum, mit ihr durch die Stadt zu spazieren.

»Und sie wandte sich der Donau zu, die Laternen von Buda streuten Licht aufs Wasser und ein Lächeln auf Ibolys Gesicht.«

Trotz seines anfänglichen Desinteresses lässt er sich dazu überreden. Von nun an pendelt Mihály zwischen zwei Frauen, der eleganten 5Fleur und der jungen Iboly.

Obwohl er von Iboly gelangweilt ist, trifft er sich immer wieder mit ihr. Er nimmt sich ihrer an, bringt ihr Tischmanieren und einen kultivierten Umgangston bei. Was Iboly von ihm erwartet, ist ihm jedoch rätselhaft. Das anfängliche Gefühl, es ginge ihr um Unterstützung für ihre Karriere am Theater, um Zuspruch und ein gutes Wort beim Regisseur, weicht langsam der Angst. Angst vor der Einsicht, dass die Gefühle, die Iboly ihm entgegenbringt, von einer tiefen und wahren Natur sind. Ein Jahr lang flanieren Mihály und Iboly durch Budapest, treffen sich auf der Franz-Josef-Brücke, im Park oder auf dem Friedhof. Ibolys Karriere schreitet voran, und immer deutlicher zeigt sie ihre Absichten. Doch auch der Spross einer Metzgerdynastie macht ihr den Hof und bietet ihr ein Leben im Wohlstand. Mihály muss sich entscheiden: Liebe oder Ungebundenheit.

Ernő Szép erzählt in filigraner Sprache und mit großer Poesie von einem zeitlosen Thema: der ewigen Suche nach der Liebe. Die Liebe als Sinn und Mittelpunkt des Lebens, die Angst vor der Ohnmacht des Alters und die scheinbare Unvereinbarkeit zwischen dem Ich und dem Wir – das sind die großen Themen in Mihálys obsessiver Suche nach persönlicher Erfüllung. Vor der Kulisse Budapests entsteht so das Flair einer vergangenen Eleganz und eine spannende Milieustudie. Die *Liebe am Nachmittag* ist ein Buch, dessen zentrale Fragen auch heute noch Gültigkeit besitzen.

AUTOR: Ernő Szép, 1884 geboren, avancierte in Ungarn bereits früh zu einem anerkannten Schriftsteller. Er zählt zu den »Großen Eleganten« Ungarns. Szép schrieb Romane und Gedichte und ging 1919 nach Wien. Er starb 1953 in Schweden. Sein Werk wird derzeit in Ungarn wiederentdeckt. Als Hörbuch wurde *Die Liebe am Nachmittag*, gelesen von Dieter Wien, in die Bestenliste des Hessischen Rundfunks aufgenommen.

LAWRENCE DURRELL | *Bittere Limonen*

DIE INSEL DER APHRODITE

Schon Pech, wenn man in aufregenden Zeiten lebt. Noch ärgerlicher, wenn diese just mit der eigenen Ankunft beginnen. Eigentlich wollte Lawrence Durrell auf Zypern – damals noch englische Kronkolonie – nur ein Haus kaufen, um in Ruhe altgriechische Klassiker studieren zu können. Stattdessen sieht er sich mit den sehr unklassischen Abspaltungsbestrebungen der modernen Zyperngriechen konfrontiert. Als britischer Regierungsbeamter versucht er, zwischen den Parteien zu vermitteln, und findet sich bald zwischen allen Stühlen wieder.

Zypern, 35°7' nördlicher Breite, 33°24' östlicher Breite. Was die Zahlen nicht verraten: Diese Insel hat Magie. Vor der türkischen Westküste zwischen Europa und Asien positioniert, bildet sie eine geographische und kulturelle Nahtstelle zwischen Orient und Okzident. Normannen, Venezianer, Osmanen und Briten – sie alle nutzten die Insel als strategisches Sprungbrett und hinterließen dort ihre Spuren. Jeder Stein atmet hier Geschichte. Kein Wunder also, dass es den historik- und inselbegeisterten Briten Lawrence Durrell Mitte der fünfziger Jahre dorthin verschlägt. Im idyllischen Örtchen Bellapaix kauft er ein altes Bauernhaus und renoviert es unter der tatkräftigen Mithilfe der Dorfbevölkerung. Dabei macht er die überraschende Entdeckung, dass dem durchschnittlichen Zyprioten zwar »der Engländer« als Kolonialherr schon aus Prinzip verhasst ist, Durrell selbst als Einzelperson aber trotz britischen Passes mit vollkommener levantinischer Herzlichkeit im Dorf willkommen geheißen wird.

Diese paradoxe Haltung seiner Nachbarn bringt ihn in ebenso ausgefallene wie skurrile Situationen. Einmal wird er, beim abendlichen Wein in der Taverne, von dem hünenhaften Dorftrunkenbold Frangos angepöbelt. Die Sache spitzt sich zu, bis der Engländer mit einem Trick das Rededuell für sich entscheidet: Den griechisch geprägten Patriotismus seines Kombattanten nutzend, berichtet

Durrell unter Tränen, wie sein in Wirklichkeit quicklebendiger Bruder Gerald 1941 im heldenhaften Kampf auf Seiten Griechenlands gefallen sei. Um dann anschließend mit dem besänftigten Frangos und dem gerührten Kneipenwirt sämtliche vorhandenen Weinvorräte zu eliminieren und zu später Stunde von der Polizei abgeführt zu werden.

ENOSIS HEISST DAS ZAUBERWORT

Anekdoten dieser Art finden sich zuhauf in Durrells Tatsachenbericht, den er selbst im Vorwort weniger ein politisches Buch als eine »impressionistische Studie« über die damals auf der Insel herrschende Atmosphäre nennt. Und tatsächlich ergibt sich aus den vielen pointierten Personencharakterisierungen, den teils urkomischen Situationsbeschreibungen und poetischen Landschaftsschilderungen ein sehr unmittelbares, sympathisches Bild Zyperns.

Gleichzeitig bleibt die Politik nicht außen vor: Mit *Bittere Limonen* kann der Leser sozusagen im Kleinformat ausgehende britische Kolonialgeschichte und die Entstehung historischer Konflikte studieren. In den fünfziger Jahren ging es um die Unabhängigkeit Großbritanniens und die *Enosis*, also den Anschluss an das griechische Mutterland. Heute steht die Spaltung der Insel in einen griechischen und einen türkischen Teil im Fokus der Weltpolitik. Was sich nicht geändert hat, ist der Stolz der Zyprioten auf ihre sagenumwobene Insel. Angeblich wurde Uranus, dem Urvater des griechischen Götterhimmels, von seinem Sohn das Zeugungswerkzeug abgeschnitten und vor Zypern ins Meer geworfen. Aus dem blutigen Schaum entstieg Aphrodite, die Göttin der Schönheit. Ob dieses Übermaß an göttlichem Testosteron im Meer dem Inselfrieden auf Dauer gutgetan hat – darüber ließe sich streiten.

AUTOR: Lawrence Durrell, geboren 1912 in Indien, war ein britischer Schriftsteller, Diplomat und Weltreisender. Er lebte unter anderem in Argentinien und Kairo sowie auf den griechischen Inseln Korfu und Rhodos. *Bittere Limonen* bildet den Abschluss seiner Insel-Trilogie, zu der außerdem die Titel *Leuchtende Orangen. Rhodos – Insel des Helios* sowie *Schwarze Oliven. Korfu – Insel der Phäaken* gehören.

WEITERREISEN

Albanien Ismail Kadare – Das verflixte Jahr: Staatsgründung für Laien: 1914 wird der deutsche Prinz Wilhelm zu Wied auf den albanischen Thron gehievt. Doch seine Herrschaft findet ein jähes Ende. Kadare inszeniert einen Roman zwischen Realität und Fiktion.

Bosnien und Herzegowina Alexandra Cavelius – Leila: Cavelius erzählt die Geschichte von Leila, einer gefangenen jungen Bosnierin in den Folterlagern der Serben. Ein schonungsloser und genauso tief ergreifender Roman über die grausamen Kriegsjahre im ehemaligen Jugoslawien.

Bulgarien Sibylle Lewitscharoff – Apostoloff: Zwei Schwestern begleiten die sterblichen Überreste ihres Vaters durch Bulgarien. So recht können sie sich mit der alten Heimat nicht anfreunden – und auch nicht miteinander. Erst ihr Chauffeur Apostoloff bringt sie einander wieder näher.

Dänemark Kirsten Thorup – Bonsai: Ihr neues Leben in Kopenhagen hatte sich Nina anders vorgestellt. Ihre Beziehung zu Stefan ist nichts als Fassade, denn sowohl er, als auch Nina verbringen ihre Zeit lieber mit anderen Männern. Ein fesselnder Roman über die zwanghafte Suche nach der Liebe.

Deutschland Uwe Timm – Rot: Der Roman um den Beerdigungsredner Thomas Linde erzählt von den Hoffnungen und Wünschen der 68er, der Farbe Rot, von Lebensläufen und ihren Geheimnissen, von Wunschbildern und Verbrechen und von der Kostbarkeit des Lebens.

Finnland Matti Rönkä – Bruderland: Mit lukrativen Geschäften auf dem grauen Markt in Russland, einem kleinen Autobahnkiosk und einer kleinen Detektei führt Viktor Kärppä eigentlich ein bequemes Leben. Doch damit ist es schlagartig vorbei, als ein Jugendlicher in Helsinki an verunreinigtem Heroin stirbt. Schon stehen die Polizei und diverse Kriminelle bei Viktor vor der Tür. Für ihn beginnt das Wandeln auf dem schmalen Grat zwischen Gut und Böse.

Frankreich Azouz Begag – Fast überall: Azouz, Sohn algerischer Einwanderer, schildert sein Leben zwischen den Kulturen. Schon auf dem Schulweg wandelt er zwischen Chaâba-Hütten und französischer Großstadt, Couscous und Coq-au-vin, Savoir vivre und Inschallah.

Griechenland Tom Holt – Liebling der Götter: Was machen die griechischen Götter heutzutage? Sie amüsieren sich auf Kosten der Sterblichen und improvisieren, wenn sich Halbgott Jason seinen Aufgaben nicht stellen will. Leben und Probleme der Olympier: Ein göttliches Vergnügen!

Grönland Jørn Riel – Das Haus meiner Väter: Grönland ist anders und saukomisch. Die Fallensteller, Missionare und beseelten Trinker in Riels Erzählung widerstehen jedem herkömmlichen Verständnis von Logik und Moral – sehr zum Vergnügen des Lesers.

Großbritannien Ronald Reng – Mein Leben als Engländer: Als ungarisches Au-Pair-Mäd...-Junge kommt Zoltán nach London und trifft dort auf eine Parallelwelt, voll mit gescheiterten Existenzen. Und die wollen alle dasselbe wie er: Engländer sein.

Irland Frank McCourt – Die Asche meiner Mutter: Dieser autobiographische Roman erzählt von McCourts Kindheit in Irland. Sein alkoholkranker Vater und die bittere Armut lassen es zu einer schwierigen Kindheit werden. Eine schreckliche und gleichzeitig schöne Erzählung.

Island Hallgrimur Helgason – Zehn Tipps, das Morden zu beenden und mit dem Abwasch zu beginnen: Um seiner Verhaftung zu entgehen übernimmt der Killer Toxic die Identität eines Fernsehpredigers und tingelt fortan mit seinen Weisheiten durch Island. Vom Auftragskiller zum Prediger – Ein unfreiwilliger Seitenwechsel der etwas anderen Art.

Italien Tim Parks – Eine Saison mit Verona: Ein ganzes Jahr lang begleitet der britische Romancier den Fußballclub Hellas Verona zu jedem einzelnen Spiel und dringt dabei in die Tiefen des italienischen Lebens vor. DER Klassiker der Fußballliteratur.

Kroatien Nenad Popovic – Kein Gott in Susedgrad: Neue Literatur aus Kroatien. Kein Gott in Susgrad versammelt die Kurzgeschichten junger kroatischer Autoren. Ein Insider-Tipp für alle Balkanfans.

Lettland Anslavs Eglitis – Homo Novus: Riga 1930: Zwei junge Männer kommen in die lettische Stadt der Bohème – Eizens Zibeika aus der Provinz, um sich als Künstler zu verwirklichen und Juris Upenajs, um eine Erbschaft anzutreten. Ein Bohème-Roman im besten Sinne.

Liechtenstein Hans-Jörg Rheinberger – Von der Unendlichkeit der Ränder: Ein abwechslungsreicher und sprachlich faszinierender Blick auf das kleine Fürstentum zwischen Schweiz und Österreich. Durch Festschriften, Reden und Briefe hat man einen direkten Einblick in das Leben Liechtensteins.

Litauen Teodoras Cetrauskas – irgendwas, irgendwie, irgendwo: Cetrauskas Stadtgeschichten beschreiben das Leben der litauischen Gesellschaft unter der ausgehenden sowjetischen Herrschaft. Eine spannende Milieustudie mit viel Witz und Ironie.

Malta Oliver Friggieri – Das Feuerwerk: Kurzgeschichten aus Malta: Der Name ist Programm: die Kurzgeschichten von Oliver Figgieri erzählen von dem Leben auf Malta, in einer angenehmen Schlichtheit und Sensibilität. Malta at its best.

Niederlande Gerbrand Bakker – Juni: Die kleine Dieke lebt zusammen mit ihren Eltern und Großeltern auf dem heruntergekommenen Hof im Norden der Niederlande. Sie will sich mit dieser Trostlosigkeit, die ihre Familie so verinnerlicht hat, nicht abfinden und fragt sich was vor vierzig Jahren geschah.

Norwegen Lars Saabye Christensen – Die blaue Kuppel der Erinnerung: Als der Autor in Paris von der Bühne fällt, schlägt er nicht auf dem Boden auf, sondern in Oslo. Er ist wieder dreizehn Jahre alt und sieht im Schaufenster eine Fender Stratocaster. Diese Gitarre muss er haben. Eine Perle der Kuriosität.

Polen Olga Tokarczuk – Taghaus, Nachthaus: In elegischen Schleifen umkreisen zwei Frauen in einem kleinen Haus im tschechischen Grenzgebiet Polens mit ihren Erzählungen Gegenwart und Vergangenheit, verweben Geschichte und Legende miteinander.

Rumänien Filip Florian – Kleine Finger: Der Archäologe Petrus wird mit der Untersuchung eines Massengrabes in Rumänien beauftragt. Wie die Teile eines Puzzles setzt er die Lebensgeschichten der Ermordeten zusammen und stößt dabei auf Abenteuerliches und Wundersames.

Schweiz Guy Krneta – Mitten im Nirgendwo: Nacht. Flughafen. Die Reisegruppe ist gezwungen, in der unbequemen Wartehalle zu nächtigen. Es entsteht eine Diskussion mit skurrilen Auswüchsen. Krnetas Roman enthält die Geschichte in Hochdeutsch und Berndeutsch.

Serbien Péter Zilahy – Die letzte Fenstergiraffe. Ein Revolutions-Alphabet: Von Ablak (Fenster) bis Zsiráf (Giraffe) führt diese Parodie eines sozialistischen Kinderlexikons durch das Osteuropa der 90er. Wörterbuch, Roman, Essay? Egal, Hauptsache lesenswert.

Spanien Antonio Muñoz Molina – Mondwind: Im Sommer 1969 bricht die Apollo 11 zum Mond auf. In Andalusien verfolgt ein kleiner Bauernjunge sehnsüchtig den Schritt in eine neue Zukunft. Gefangen in der abgegrenzten Welt andalusischer Landwirtschaft mit ihrer engstirnigen Weltsicht, will er nur eins: hinaus in eine neue Zukunft voller Fortschritt und Technik.

Tschechien Jiří Kratochvil – Brünner Erzählungen: Ein Panoptikum an skurrilen Geschichten eröffnen die Brünner Erzählungen, bei denen Realität und Fiktion verschwimmen. Da diktiert dann schon mal Stalin seine Memoiren – in Mausgestalt. Wahnwitzige Geschichten aus der zweitgrößten Stadt Tschechiens.

Ungarn Antal Szerb – In der Bibliothek: Einer der großen Erzähler Ungarns, Antal Szerb, spinnt in diesem Buch Geschichten über das Paris und London der 1920er Jahre. In eleganter Sprache erweckt er das Flair jener Zeit und alte Märchenfiguren zu neuem Leben.

Ukraine Jonathan Safran Foer – Extrem, laut und unglaublich nah: Der neunjährige Oskar Schell ist laut Visitenkarte Pazifist, Erfinder, Schmuckdesigner und Tamburinspieler. Auf der Suche nach dem passenden Türschloss, in das der geheimnisvolle Schlüssel aus dem Nachlass seines verstorbenen Vaters passt, macht er sich auf eine surreale Irrfahrt durch New York und in die Vergangenheit seiner Familie.

Asien

KHALED HOSSEINI | *Tausend strahlende Sonnen*

ZWEI FRAUEN, EINE FAMILIE UND DER KAMPF UMS ÜBERLEBEN

Afghanistan – bis heute ein leidgeprüfter Staat, und dies nicht erst seit der sow-jetischen Invasion 1979. Nach dem Rückzug schwelte weiterhin ein Bürgerkrieg, der nach dem Verfall der Sowjetunion erneut ausbrach und aus dem schließlich das berüchtigte Regime der Taliban hervorging. Diesem Schreckensregime wurde erst mit dem Einmarsch der Amerikaner ein zumindest vorübergehendes Ende gesetzt. Mariam und Laila, die beiden Protagonistinnen dieser Geschichte, neh-men uns mit in diese turbulente Zeit. Beginnend mit ihrer Kindheit und ihren Familien bis zu der Zeit, in der sie selbst zu einer Familie werden.

Mariam ist ein *harami* – das uneheliche Kind eines wohlhabenden Geschäftsman-nes aus Herat mit einer seiner Hausangestellten. Als sich die Schwangerschaft durch den Hausherrn Jalil nicht mehr verbergen lässt, bestehen insbesondere seine Ehefrauen darauf, die Schande aus ihrem Haushalt zu entfernen. Jalil beugt sich dem Druck und errichtet Mariams Mutter und ihrem Kind eine kleine Hüt-te außerhalb der Stadt. Er be-sucht seine Tochter zwar jeden Donnerstag in ihrer Hütte, doch in die Familie wird sie nicht auf-genommen. Dennoch vergöttert Mariam ihren Vater – bis sie ihn an ihrem fünfzehnten Geburts-tag in seinem Haus besuchen

»Die Zukunft zählte nicht, und die Vergangenheit hatte ihr nur diese eine Einsicht hinterlassen: dass die Liebe ein gefährlicher Fehler ist und ihre Komplizin, die Hoffnung, eine trügerische Illusion. Und wann immer diese giftigen Zwillingsblumen in der Einöde ihres Alltags zu sprossen versuchten, riss sie sie aus.«

möchte, aber nicht eingelassen wird. Bei Mariams Rückkehr in die Hütte findet sie die Leiche ihrer Mutter. Nun endlich darf Mariam bei ihrem Vater und seiner Familie wohnen. Das Familienglück hält allerdings nicht lange an: Bereits nach kurzer Zeit wird sie mit Raschid, einem dreißig Jahre älteren Mann aus Kabul, verheiratet und muss mit ihm in die Hauptstadt ziehen.

RASCHID, HERR ÜBER DIE FRAUEN

Raschid hat klare Vorstellungen von dieser Ehe: Mariam soll ihm schnellstmöglich einen Sohn gebären. Das Haus darf sie ausschließlich in seiner Begleitung und nur mit der Burka, einem Ganzkörperschleier, der auch das gesamte Gesicht verdeckt, bekleidet verlassen. Als allerdings deutlich wird, dass Mariam den Wunsch ihres Mannes nach einem Kind nicht erfüllen kann, wird die psychische und physische Gewalt Raschids gegen seine Frau immer häufiger, wodurch sich Mariam immer weiter in sich selbst zurückzieht.

Als der Krieg unter den Warlords Kabul erreicht und die Stadt in einem Bombenhagel untergehen lässt, wird ein Haus in der Nachbarschaft des Ehepaares getroffen und die vierzehnjährige Laila zur Vollwaise. Nicht ohne Hintergedanken nimmt Raschid die Schwerverletzte in seinem Haus auf, wo Mariam sie gesundpflegt. Ohne lebende Verwandte und nach dem Tod ihres Jugendfreundes und Liebhabers Tarik, gibt es für Laila keine andere Möglichkeit, als dem Drängen Raschids nachzugeben und seine zweite Ehefrau zu werden.

Laila gebiert zwei Kinder. Das erste ist jedoch ein Mädchen, weshalb der schwer enttäuschte Raschid seine Brutalität nun auch immer häufiger gegenüber Laila auslässt. Mariam hingegen liebt Lailas Tochter, die kleine Aziza, vom ersten Moment an, und so gelingt es den beiden Frauen trotz der Umstände endlich zueinander zu finden. Die anfänglich feindlichen Gefühle Mariams gegenüber Laila verwandeln sich langsam in eine tief empfundene Freundschaft. Aus dieser Zuneigung erwächst den Frauen schließlich der Mut, sich gemeinsam gegen ihr Los zu stellen – mit lebensgefährlichen Folgen.

NEUE HOFFNUNG

Nachdem der Bürgerkrieg endlich vorüber ist, kehrt in Kabul wieder Ruhe ein, und die beiden Frauen fühlen sich erleichtert und schöpfen neue Hoffnung. Laila, die im Gegensatz zu Mariam eine Schule besuchen durfte, hofft, ihre Pläne durch ein Universitätsstudium verwirklichen zu können. Doch schon bald werden diese auf die radikalste Art und Weise zerstört. Mit schierem Unglauben stehen Laila und Mariam den neuen Gesetzen der Taliban gegenüber. Raschid hingegen passt sich schnell und leicht den neuen Umständen an. Die Behandlung, die er seinen Frauen bisher heimlich hinter verschlossenen Türen widerfahren ließ, ist nun anerkanntes Recht und Raschid genießt seine absolute Dominanz. Die beiden Frauen befinden

»So wie eine Kompassnadel immer nach Norden zeigt, wird der anklagende Finger eines Mannes immer eine Frau finden. Immer.«

sich in einer lebensbedrohlichen Situation, die für Laila noch gefährlicher wird, als plötzlich Tarik, der totgeglaubte Freund, vor ihrer Tür steht …

AUTOR: Khaled Hosseini, 1965 in Kabul geboren, kam 1980 mit seiner Familie als politischer Asylant in die USA. 2003 veröffentlichte er seinen ersten Roman *Drachenläufer*, der zu einem Welterfolg avancierte und vier Jahre später verfilmt wurde. Heute lebt der studierte Mediziner in Kalifornien.

YIYUN LI | *Die Sterblichen*

DER TOD IST NICHT DAS SCHLIMMSTE

China im Frühjahr 1979: Die Jahre nach Maos Kulturrevolution sind geprägt von sozialen und politischen Spannungen. Viele Menschen kämpfen ums nackte Überleben. Angst, Armut, Unmoral und Willkür beherrschen die Gesellschaft. Am Beispiel der kleinen Provinzstadt Hun Jiang, in der eine junge Frau öffentlich hingerichtet wird, gelingt Yiyun Li eine beklemmende Darstellung Chinas in den siebziger Jahren.

Es ist der 21. März 1979. Die Bewohner der Provinzstadt Hun Jiang bereiten sich auf ein wichtiges Ereignis vor. Die seit zehn Jahren inhaftierte achtundzwanzigjährige Gu Shan soll öffentlich hingerichtet werden. Ihr Verbrechen besteht darin, die Kommunistische Partei kritisiert zu haben, für deren Ideen sie noch Jahre zuvor als fanatische Rotgardistin gekämpft hatte. So endgültig das Schicksal der jungen Frau ist, so maßgeblich beeinflusst es das Leben verschiedener Einwohner der kleinen Stadt. Die bizarren Ereignisse in

»Aber wenn wir uns jetzt nicht wehren, wird es ein nächstes Mal geben, und wieder wird ein Kind sterben. ›Tausend Sandkörner ergeben einen Turm.‹ Jeder von uns muss tun, was er kann, nicht wahr?«

den Tagen vor und nach der Hinrichtung werden aus den wechselnden Perspektiven der Menschen erzählt, deren Leben auf unvorhersehbare Weise miteinander verwoben sind.

Gu Shans Eltern sehen dem Tod ihrer Tochter fassungslos entgegen. Nach der Hinrichtung zerbricht ihre Ehe, als die Mutter beschließt, nun selbst gegen das herrschende System zu protestieren. Unterstützt wird sie dabei von der Rundfunksprecherin Kai, die zwar die öffentliche Stimme der Partei ist, aber schon lange das Gefühl hat, auf der falschen Seite zu stehen. Nun setzt sie das Wohl ihrer Familie aufs Spiel, um für ihre wirkliche Überzeugung einzutreten.

Der kleine Tong lebt erst seit Kurzem in der Stadt. Sein einziger Freund ist der Hund Ohr, der nach der Hinrichtung spurlos verschwindet. Doch Tongs Elend wird noch größer, als er aus Unwissenheit einen folgenschweren Fehler begeht. Nini, ein behindertes Mädchen, wird von ihren Eltern wie eine Sklavin gehalten, ohne eine Perspektive auf ein besseres Leben zu haben – bis sie Bashi über den Weg läuft. Bashi ist ein merkwürdiger, psychisch kranker Junge, der seine gerade verstorbene Großmutter beerdigen muss – den einzigen Menschen, der sich je um ihn gekümmert hat. Um seine eigene Haut zu retten, denunziert er andere, kümmert sich aber auch fast liebevoll um die kleine Nini und will sich an demjenigen rächen, der die Leiche der hingerichteten Gu Shan auf grausame Weise geschändet hat.

BRUTALITÄT UND MITGEFÜHL

In ergreifender Sprache erzählt der Roman am Beispiel des Mikrokosmos Hun Jiang ein finsteres Stück chinesischer Geschichte aus der Zeit nach der Kulturrevolution, die das Land bis in die Gegenwart prägt. Eindringlich berichtet

Yiyun Li vom menschlichen Miteinander, seelischen Abgründen, gegenseitigem Verrat, Nächstenliebe und nahezu unbegrenzter Leidensfähigkeit. Sie zeigt, dass Brutalität und Mitgefühl nahe beieinander liegen. Nicht zuletzt die zum Tode verurteilte Gu Shan ruft beim Leser widersprüchliche Gefühle hervor. Das grausame und menschenverachtende Todesurteil schockiert, bis man erfährt, dass die Verurteilte selbst als fanatische Rotgardistin anderen Menschen Gewalt zugefügt hat.

Yiyun Li beschreibt in gefühlvollen, verstörenden Worten, wozu Menschen fähig sind, denen vermeintlich nichts anderes übrig bleibt, als im Strom mitzuschwimmen, um so das eigene Überleben zu sichern. Und sie erzählt die Geschichte derer, die den Mut haben, zu kämpfen, ihre Meinung zu sagen, wohl wissend, damit die nächste – ihre persönliche – Katastrophe auszulösen.

»Die Menschen in Hun Jiang vertrauten trotz aller Spekulationen und aller Ungewissheit auf die alte Gepflogenheit, dass das Gesetz nicht die Masse für ihr Fehlverhalten bestrafe. Dieser Glaube gestattete ihnen, abends zu trinken, zu streiten, sich zu lieben – ihre großen Träume und kleinlichen Wünsche erwachten zum Leben in einer Nacht wie dieser, in der wilde Pfirsich- und Pflaumenbäume am Flussufer blühten und die Frühlingsbrise ihren Duft durch die offenen Fenster in die Häuser trug.«

AUTORIN: Yiyun Li wurde 1972 geboren und wuchs in Beijing auf. Seit 1996 lebt sie in den USA. Ihre Geschichten und Essays wurden unter anderem im *New Yorker* und in der *Paris Review* veröffentlicht. Basierend auf ihren Kurzgeschichten drehte der US-amerikanische Regisseur Wayne Wang zwei Kinofilme: *The Princess of Nebraska* und *Mr. Shi und der Gesang der Zikaden*. *Die Sterblichen* ist Lis erstes Buch, das ins Deutsche übersetzt wurde.

JIANG RONG | *Der Zorn der Wölfe*

NOMADENKULTUR IN DER INNEREN MONGOLEI

Ein Bestseller aus China erzählt aus der Sicht eines jungen Chinesen vom Leben der Mongolen und der Zerstörung ihrer Kultur und ihres Lebensraumes. Die Nomaden und ihre enge spirituelle Beziehung zu den Wölfen stehen im Mittelpunkt des Romans, der während der Kulturrevolution spielt, als die Natur des Steppenlandes noch zum größten Teil intakt war. Über zwanzig Millionen Chinesen haben diesen Roman, der eine fundamentale Zivilisationskritik an der Politik der Han-Chinesen darstellt, bislang gelesen.

Wer von Peking kommend Richtung Große Mauer nach Norden fährt, dem wird die karge, trockene Landschaft auffallen. In der Ferne hebt sich ein Gebirgszug, wie ein gefaltetes Handtuch, gegen den Himmel ab. Jenseits dieser Berge hat sich trockene, wüstenartige Steppe ausgebreitet. Noch vor fünfzig Jahren war dort eine abwechslungsreiche Landschaft mit weitem Grasland vorzufinden. Jiang Rongs Roman spielt in der Zeit, als diese Landschaft noch existierte, ihre Verwüstung aber schon beschlossene Sache war.

VERWÜSTUNG EINER LANDSCHAFT

Der Originaltitel »Wolftotem« bezieht sich auf die wichtige Rolle, die der Wolf in der mongolischen Kultur spielt. Wölfe bedrohten die Nomaden und ihre Schafherden existenziell, sodass diese die Wölfe vehement bekämpften. Sie wurden aber gleichzeitig hoch geachtet und ihre Rolle für das ökologische Gleichgewicht des Steppenlands erkannt. Die spirituelle Bedeutung der Wölfe für die Mongolen spiegelt sich in Ritualen und Bräuchen wider. So ließen sich Mongolen

traditionell bestatten, indem sie ihren Leichnam der Natur und damit den aasfressenden Wölfen überließen. Es ist diese Kultur, von der Jiang Rongs Alter Ego Chen Zhen fasziniert ist. Er kommt in den späten siebziger Jahren, während der Kulturrevolution, in die Innere Mongolei. Der junge Mann lebt gerne mit den Nomaden, ist wissbegierig, beobachtet und lernt von ihnen. Er begleitet sie auf die Jagd, lebt wie sie in einer Jurte und arbeitet als Schäfer. Im Gepäck hat er eine Kiste voll mit ausländischer Literatur, die in China während der Kulturrevolution verboten war: Bücher von Tolstoi, Balzac, Puschkin und Jack London.

Chen Zhen erlebt, wie die Han-Chinesen, die in der Inneren Mongolei angesiedelt werden, die Kultur der Mongolen missachten und das Grasland langsam aber sicher zerstören. Ignoranz gegenüber den Sitten und Bräuchen, Profitgier und eine Politik, die Sesshaftigkeit und Ackerbau propagiert, treiben die Naturzerstörung unaufhaltsam voran. Aber noch gibt es die

»Das Wolfsrudel schoss durch das hohe Gras wie scharf gemachte Torpedos, mit stechendem Raubtierblick und gierig gefletschten Zähnen, geradewegs auf die Gazellenherde zu.«

Wolfsrudel, noch leben die Nomaden mit ihren Pferden und Schafen im Grasland, und der junge Chinese erlebt blutige und grausame Konfrontationen zwischen Wolf und Mensch. Im Laufe der Geschichte beschließt Chen Zhen ein Wolfsjunges aufzuziehen. Sein Drang, die Wölfe noch besser kennenzulernen, siegt über die Widerstände der Mongolen und seine Selbstzweifel.

SCHAFSMENTALITÄT CONTRA WOLFSMENTALITÄT

Der Wolf und sein Überlebenskampf ist für den Autor ein Symbol für das Streben nach Freiheit. Jiang Rong vergleicht in seinem Roman die Han-Chinesen mit den Schafen, die Mongolen mit den Wölfen. Es ist unter anderem dieser Vergleich, der in China heftige Kontroversen auslöste. Die Debatten um nationale Identität und Nationalcharakter haben im Reich der Mitte eine lange Tradition. Schon Lu Xun, der große Schriftsteller der chinesischen Moderne, kritisierte in den dreißiger Jahren des zwanzigsten Jahrhunderts die unterwürfige Haltung der Chinesen gegenüber feudalistischen Strukturen und den westlichen Imperialisten.

JIANG RONG UND JACK LONDON

Es ist kein Zufall, dass der Held der Geschichte Bücher von Jack London im Gepäck hat. Auch der Autor schätzt die Werke des Amerikaners. Jiang Rong macht kein Geheimnis daraus, dass er während seiner Zeit in der Inneren Mongolei einen ganzen Koffer teils verbotener Literatur las, darunter auch Bücher von Jack London. In dessen 1903 und 1906 erschienenen Werken *Ruf der Wildnis* und *Wolfsblut* variierte London das Thema des gezähmten und des wilden Tieres. Wolf und Hund als Stellvertreter für den Konflikt zwischen Natur und Kultur sind bei Jack London ebenso Thema wie bei Jiang Rong. Und auch die Botschaft ist dieselbe: Der ursprünglich lebende, ungezähmte Mensch hat einen starken Freiheitswillen und ist dem kultivierten, zivilisierten Menschen im Grunde physisch und geistig überlegen. In den vermenschlichten Beschreibungen der Wölfe und den blutigen Kämpfen ist die Nähe zur Welt Jack Londons spürbar. Die Härte des Überlebenskampfes in der Natur, die Darstellung der Schönheit einer ursprünglichen Landschaft und die Geschicklichkeit der männlichen Helden erinnern an Abenteuerromane des neunzehnten Jahrhunderts. Das Böse erscheint in Form der Han-Chinesen, und der Held, selbst ein Mitglied der herrschenden Fraktion, sympathisiert und leidet mit den Unterdrückten.

EIN LITERARISCHER GESICHTSVERLUST?

Umstritten ist das Buch wegen seiner literarischen Qualität. Einige Chinesen beklagen, *Wolftotem* sei ein Armutszeugnis für die chinesische Literatur. Hauptvorwurf dabei ist, dass Jiang Rong es nicht schafft, eine Geschichte zu erzählen. Tatsächlich dienen Dialoge sehr häufig dazu, Informationen zu transportieren. Der Autor verfolgt sichtbar das didaktische Interesse, ökologische und historische Zusammenhänge zu erklären. Für westliche Leser wirken die Wiederholung der Botschaft und die intensive Vermenschlichung der Wölfe im Stil von Jack

London überzogen. Für seine sozialdarwinistisch anmutenden Aussagen in diesem Zusammenhang hat der Autor in aller Welt viel Kritik geerntet.

Spannend zu lesen ist *Der Zorn der Wölfe* als Auslöser für eine einzigartig lebhafte und kontroverse Debatte, die in China weit über literarische Kreise hinausging. Die extremen Reaktionen auf das Buch und die große Zahl der Leser zeigen, dass das Bedürfnis nach Meinungsfreiheit und offenen Kontroversen in China immens ist. Der fehlende öffentliche und akademische Diskurs über Fragen der nationalen Identität verlagert sich ins Internet und wird dort hitzig

geführt. Das Buch selbst und die teils extremistischen Äußerungen, die es hervorgerufen hat, zeigen, wie sehr die chinesische Nation gespalten ist und wie viel Konfliktpotenzial im Reich der vielen Völker noch schlummert.

AUTOR: Jiang Rong, Jahrgang 1946, heißt eigentlich Lu Jiamin und lebte von 1967 bis 1978 in der Inneren Mongolei. Nach seiner Rückkehr nach Peking arbeitete er lange als Professor für Wirtschaftspolitik. Nach dem Tian'anmen-Massaker von 1989 wurde er für eineinhalb Jahre inhaftiert.

ARUNDHATI ROY | *Der Gott der kleinen Dinge*

DIE DINGE KÖNNEN SICH AN EINEM EINZIGEN TAG VERÄNDERN

»Der Gott der kleinen Dinge« erzählt die Geschichte einer indischen Familie vor dem Hintergrund des Todes zweier Menschen. Aus verschiedenen Perspektiven erzählt die Autorin die verschiedenen Ereignisse vor, bei und nach diesen Todesfällen und verknüpft sie zu einem großen Ganzen. Wortgewaltig und bilderreich beschreibt Arundhati Roy sowohl die kleinen als auch die großen Dinge, die zum Unglück dieser Familie beitragen.

Im Mittelpunkt des Romans steht ein zweieiiges Zwillingspaar: das Mädchen Rahel und der Junge Estha. Ihr unterschiedliches Äußeres täuscht darüber hinweg, dass die beiden ein unsichtbares, untrennbares Band, eine so tiefe innere Zuneigung miteinander verbindet, wie sie nur bei Zwillingen vorkommt. Die Autorin spinnt ihre Erzählung um die Zwillinge herum, sodass der Leser nach und nach auch mehr über

»Es ist eigenartig, wie manchmal die Erinnerung an einen Tod viel länger lebendig bleibt als die Erinnerung an das Leben, das er beendet.«

die Lebensgeschichten ihrer Verwandten erfährt. Dass sich die Dinge an einem einzigen Tag verändern können, müssen nicht nur Rahel und Estha, sondern auch alle anderen Personen schmerzlich feststellen. Ein einziger Tag, an dem Schicksale besiegelt werden.

EINE FAMILIE ZWISCHEN TRADITION UND MODERNE

Drei Generationen indischer Frauen umfasst Arundhati Roys Geschichte: Rahel, ihre Mutter Ammu, ihre Großmutter Mammachi und deren Schwägerin Baby Kochamma. Arundhati Roy wechselt zwischen den Zeiten und den

Personen; der Hauptteil wird wechselnd aus dem Blick der sieben- beziehungsweise einunddreißigjährigen Rahel erzählt wird. Eingesperrt in ihre jeweiligen traditionellen Rollen, schafft nur Rahel durch ihren Weggang nach Amerika einen Ausbruch aus der ihr zugedachten sozialen Rolle. 1993 kehrt sie jedoch in das Haus nach Ayemenem zurück und erzählt rückblickend von ihrer Kindheit und dem schicksalhaften Dezember 1969, in dem sich alles änderte. Diese Rückblicke werden durch Schilderungen der Lebensgeschichten der anderen Frauen im Haus sowie gegenwärtige Ereignisse unterbrochen.

Der Leser erfährt, wie Baby Kochamma an einer unerfüllten Liebe zu einem Pater verzweifelt. Verbittert und einsam muss sie in das Haus ihres Bruders zurückkehren und fortan dort leben. Niemandem einen Funken Glück gönnend, nutzt sie jede Gelegenheit, andere zu verletzen und zu schikanieren. Von unbändigem Hass auf Ammu und ihre unschuldigen Kinder erfüllt, trägt sie wesentlich an den schicksalhaften Ereignissen im Dezember 1969 bei. Mammachi, Rahels

und Esthas Großmutter, hingegen entwickelt nach dem Tode ihres Ehemanns und dem Ende seiner zahlreichen Misshandlungen eine unnatürliche Liebe zu ihrem Sohn Chacko. Ihn zu schützen und den guten Ruf der Familie zu bewahren, sind ihre obersten Ziele.

Dafür wendet sie sich auch von Ammu, ihrer eigenen Tochter, ab und verstößt sie, nachdem ihr Verhältnis mit Velutha, einem Paravan, bekannt wird. Ammu, die bereits zuvor in Ungnade gefallen war, da sie sich von ihrem trinkenden und sie zur Prostitution zwingenden Ehemann scheiden ließ und mit den Zwillingen wieder in ihr Elternhaus zurückkehrte, zerbricht an dem Versuch, sich über das bestehende, indische

Kastensystem und ihre traditionell festgelegte Rolle hinwegzusetzen. Ihre Liebe zu einem Paravan, einem Mitglied der untersten Kaste, lässt sie schließlich alles verlieren, was ihr lieb ist – ihren Geliebten Velutha und ihre Kinder.

Als Folge der Verbannung Ammus aus der Familie werden Rahel und Estha getrennt. Rahel wächst fortan bei ihrer Großmutter in Ayemenem auf, Estha bei seinem Vater in Kalkutta. Doch die unsichtbare Einheit zwischen ihnen reißt nie vollständig ab. Die Ereignisse des Dezembers 1969 gehen an beiden nicht spurlos vorüber, ihre Kinderseelen wurden so schwer verletzt, dass sie sich mit der Zeit aus der Welt zurückgezogen haben – jeder auf seine Weise.

DIE KLEINEN UND DIE GROSSEN DINGE

Bilderreich gibt Arundhati Roy die kleinen Dinge im Roman wieder – das sind alltägliche Begebenheiten, wahrgenommen mit dem sensiblen und fantasievollen Blick siebenjähriger Kinder. Das sind spitze beigefarbene Schuhe und eine Elvis-Tolle, ein Love-in-Tokyo und eine gelbe Sonnenbrille mit roten Plastikgläsern, eine kleine schwarze Fledermaus auf einem Sari oder ein Tausendfüßler im Profil eines Polizistenstiefels. Die Welt der Kinder mit ihren unzähligen kleinen Dingen wird überrollt von den großen Dingen der Erwachsenen.

Da sind eine Gruppe Polizisten, die einen Wehrlosen zu Tode prügelt, ein Mann, der sich an einem Jungen vergeht, eine Familie, die die eigene Tochter aus dem Haus jagt oder ein System, welches die Liebe zwischen einer Berührbaren und einem Unberührbaren verbietet. Gekonnt kombiniert Arundhati Roy das Kleine mit dem Großen. Parallel zu allen großen Dingen geschehen zahlreiche kleine Dinge, die nur von den aufmerksamen Augen der Kinder bemerkt werden und ihnen im Gedächtnis bleiben. Gleich einem Mantra wiederholen die Kinder diese Beobachtungen im Geist, als gäben sie ihnen ein Stück Halt in einer Zeit, in der ihre ganze Welt aus den Fugen gerät.

»Nicht alt. Nicht jung. Aber ein lebensfähiges, ein sterbensfähiges Alter.«

SOZIALKRITISCHE TÖNE – LITERARISCH VERPACKT

Mit ihrem stellenweise autobiografischen Roman *Der Gott der kleinen Dinge* thematisiert Arundhati Roy politische und soziale Themen, wie beispielsweise das Kastensystem, die Stellung indischer Frauen, Pädophilie und sexuellen Missbrauch, den Verlust kultureller Identität sowie die Verwestlichung Indiens. Ihre Sozialkritik wird umspielt von einer poetischen Sprache mit zahlreichen Metaphern und Bildern. Die Mischung aus poetischem Erzählen und einer direkten, wenig beschönigenden Beschreibung konkreter Handlungen, wie des sexuellen Missbrauchs des kleinen Estha oder des gewaltsamen Todes Veluthas, verleihen dem Roman etwas Einzigartiges. Manchmal erscheint die Fülle der angeschnittenen Themen, die aufgegriffen werden, zu groß und zu kontrastreich, und doch ergibt alles ein stimmiges Ganzes. Ein Ganzes, aus dem man kein Stückchen wegdenken möchte.

AUTORIN: Arundhati Roy wurde 1961 in Shillong, Meghalaya, geboren. *Der Gott der kleinen Dinge* ist ihr bislang einziger Roman, für den sie 1997 den Booker-Preis erhielt. Sie ist zudem Autorin zahlreicher politischer Sachbücher und Essays, darunter das im März 2010 erschienene Werk *Aus der Werkstatt der Demokratie*.

SALMAN RUSHDIE | *Des Mauren letzter Seufzer*

EIN INDISCHES MÄRCHEN

Vorsicht: Wer diese 600-Seiten-Schwarte bewältigen will, braucht Sitzfleisch und Durchhaltevermögen. Dafür wird der Standhafte mit einer unglaublich reichen und vielseitigen, fast schon hypnotischen Sprache und einem Feuerwerk an Ideen und Einfällen belohnt. Denn Salman Rushdie, der mit einer Mischung aus östlicher Fabulierkunst, Märchenanklängen und harten historischen Fakten arbeitet, ist erzählsüchtig, und »Des Mauren letzter Seufzer« einer seiner besten Trips.

Viereinhalb Monate von der Empfängnis bis zur Geburt – wenn das kein Geschwindigkeitsrekord ist. Und so geht es weiter im Leben von Moraes Zogoiby, genannt der Moor. Der letzte Nachkomme einer alten indischen Gewürzhändlerdynastie ist dazu verdammt, doppelt so schnell wie jeder *normale* Mensch zu leben. Mit zehn Jahren ist er bereits im ungeschlachten Körper eines ein Meter neunzig großen Riesen mit Bartflaum und Stimmbruch gefangen, und als seine Mutter sechzigjährig stirbt, könnte der Zwanzigjährige als ihr Bruder durchgehen. Als ihn seine Familie wegen einer missliebigen Liaison einfach sang- und klanglos verstößt, verliert Moraes, ein Außenseiter von Geburt an, der sich nirgendwo wirklich zugehörig fühlt, seinen einzigen Halt. Er verdingt sich als Schläger bei Bombays Unterweltkönig Mainduck und findet einige Zeit lang seine Seligkeit darin, die Interessen seines Brotgebers auf handfeste Weise zu vertreten – bis ihn seine Familiengeschichte schließlich doch wieder einholt …

ÜBERBORDENDE ERZÄHLFÜLLE MADE IN INDIA

Die Erlebnisse von Moraes Zogoiby erfüllen jedoch eigentlich nur die Funktion eines ziemlich losen roten Fadens für eine Fülle von verschiedensten Einzelepisoden. Diese wirken manchmal anrührend, manchmal abstoßend. Anrührend, wenn der arme Maler Vasco Miranda dem kleinen Mooren mit einer einfachen

Geschichte die Angst vor dem frühen Altern und dem Alleinsein nimmt. Abstoßend, wenn der Protagonist fast schon liebevoll die positiven Gefühle schildert, die ihn beim systematischen Zusammenschlagen anderer Menschen bewegen.

Doch egal, ob es in den einzelnen Episoden nun um Aufstieg und Fall der Gewürzhändler-Dynastie Zogoiby oder um Betrachtungen zu Hinduismus und Islam oder um politische Umschwünge geht: Irgendwie ist alles miteinander und mit dem Land verwoben, in dem der Roman spielt – Indien.

Denn dieses Land hat mindestens so viele verschiedene Gesichter wie die Hindu-Göttin Kali Arme, und nicht wenige greift Salman Rushdie auf. Da zeigen farbige Beschreibungen von religiösen Festen, die seit Jahrhunderten auf die gleiche Weise gefeiert werden, die ungeheure Beharrungskraft von Tradition und Religion, während gleichzeitig politisch alles im Umsturz ist. Konflikte zwischen Muslimen und Hindus spielen ebenso eine Rolle wie der überfüllte Moloch Bombay mit seiner mörderischen Hitze und Kriminalität oder die Kluft zwischen Nord- und Südindien. So ist *Des Mauren letzter Seufzer* letztendlich als mehr oder weniger deutliche Chiffre für das moderne Indien nach der Unabhängigkeit zu lesen. Einigen Politikern der Hindu-nationalistischen Bewegung war es anscheinend jedoch zu deutlich: Als das Buch 1995 erschien, landete es in Bombay auf dem Index.

Indien – Subkontinent mit jahrtausendealter Tradition und Land der Sehnsucht gewürzhungriger europäischer Seefahrer und Kolonialherren. Wie Moraes sagt: »Alles begann auf einem Pfeffersack.« Wer da nicht weiterliest, ist selber schuld.

AUTOR: Sir Ahmed Salman Rushdie, 1947 in Bombay (heute Mumbai) geboren, wurde 1983 mit *Mitternachtskinder* weltweit bekannt. Fünf Jahre später verurteilte ihn der iranische Revolutionsführer Chomeini für *Die Satanischen Verse* zum Tode, so dass Rushdie heute an einem geheimen Ort in England lebt.

FATTANEH HAJ SEYED JAVADI | *Der Morgen der Trunkenheit*

GEGEN JEDE VERNUNFT

Eine scheinbar unmögliche Liebe zwischen allen gesellschaftlichen Welten. Fattaneh Haj Seyed Javadi erzählt die Geschichte eines selbstbewussten Mädchens aus gutem Hause, dass sich im Teheran der dreißiger Jahre in einen einfachen Schreinerlehrling verliebt. Doch welche Chance hat eine Liebe, wenn Familie und gesellschaftliche Konventionen das letzte Wort haben?

Der Roman setzt im Teheran des ausgehenden zwanzigsten Jahrhunderts an. Sudabeh ist fest entschlossen, entgegen dem Willen ihrer Eltern einen Mann aus einem anderen kulturellen und gesellschaftlichen Umfeld zu heiraten. Um einen Kompromiss herbeizuführen, wird Mahbube, Sudabehs Tante, hinzugezogen. Sie erzählt ihrer Nichte die Geschichte einer Liebe gegen jede Vernunft und Tradition, die Geschichte ihres eigenen Lebens.

EINE ANDERE WELT

Mahbube wächst als Tochter wohlhabender und angesehener Eltern im aristokratischen Milieu Teherans auf. Eine behütete Welt voller Wärme und Liebe umgibt sie. Mahbube ist fünfzehn Jahre alt, als sie sich unsterblich in den Schreinerlehrling Rahim verliebt. Sie weist daraufhin nicht nur den Sohn einer Prinzessin zurück, sondern auch ihren eigenen Cousin, der in sie verliebt ist. Ihre Eltern, die eine standesgemäße Vermählung für ihre Tochter anstreben, sind strikt gegen die unkonventionelle Verbindung zu einem Handwerker und versuchen ihre Tochter zur Vernunft zu bringen. Doch Mahbube setzt sich gegen alle Warnungen und Klagen seitens ihrer Familie durch und folgt dem Weg ihres Herzens. Sie heiratet Rahim und zieht mit ihm in ein kleines Häuschen, weitab vom Wohlstand ihres bisherigen Lebens. Nach der ersten leidenschaftlichen Phase ihres jungen Ehelebens verdrängen der Alltag und das Leben im ärmlichen Kleinbürgermilieu

Teherans jedoch zunehmend Mahbubes romantische Vorstellung von einem glücklichen und erfüllten Leben mit ihrem Mann. Die täglichen Auseinandersetzungen mit Rahim und seiner Mutter, die das Haus mit ihnen teilt, sowie deren Umgangsformen lassen Mahbube langsam erkennen, in welche Welt sie eingeheiratet hat. Eine Welt, die ihr fremd und bisweilen bedrohlich vorkommt. Sie

»Ich möchte, dass du weißt, der nächtliche Wein ist nicht den Morgen der Trunkenheit wert.«

beginnt sich nach ihrer Familie zu sehnen, zu der sie nach ihrer Hochzeit nur noch durch die sporadischen Besuche der Amme Kontakt hat. Eine gemeinsame Zukunft mit Rahim gerät zunehmend ins Wanken. Doch das Schicksal hält noch einige Überraschungen für Mahbube bereit.

EIN LEBENDIGES BILD DES ORIENTS

Der Morgen der Trunkenheit nimmt seine Leser mit auf eine Reise in das Teheran zu Beginn der Regierungszeit von Reza Schah Pahlavi. Rituale, Feste und Bräuche der persischen Kultur, die bis heute den Alltag im Iran prägen, sind ein wichtiger Bestandteil des Romans. Passagen aus Gedichten persischer Dichter wie Hafis oder Nizami begleiten die Geschichte und lassen den Leser an der persischen Lyrik teilhaben, in der die Liebe die zentrale Rolle spielt. Außer den kulturellen werden auch soziale Aspekte dieser Zeit klar definiert. Die Autorin beschreibt die moralischen Vorstellungen und gesellschaftlichen Umgangsformen zweier unterschiedlicher Klassen auf einfühlsame Art und Weise.

AUTORIN: Fattaneh Haj Seyed Javadi, 1945 in Schiraz geboren, lebt derzeit in Isfahan. Ihr Roman *Der Morgen der Trunkenheit* wurde 1995 im Iran unter dem Namen *Bamdade Chomar* veröffentlicht und avancierte dort zum größten Bestseller der letzten Jahre. Wie auch ihr zweites Buch *In der Abgeschiedenheit des Schlafes.*

MEIR SHALEV | *Esaus Kuß*

VOM LEBEN UND SCHEITERN EINER ISRAELISCHEN FAMILIE

Eine Bäckerei in einem kleinen Dorf östlich von Jerusalem. Drei Generationen, die sich lieben und hassen, streiten und (fast immer) wieder versöhnen. In imposanten Bildern und ausschweifender Sprache erzählt Meir Shalev die abenteuerliche Geschichte der jüdischen Bäckersfamilie Levi, mit den Zwillingsbrüdern Jakob und Esau im Mittelpunkt, und zeichnet dabei ein Porträt des Lebens im Israel des zwanzigsten Jahrhunderts.

»Jakob und ich sind herangewachsen und unserer Wege gegangen. Er hat, kurz zusammengefasst, die Frau geheiratet, die ich mir zugedacht hatte, hat die Bäckerei geerbt, die mein Vater mir zukommen lassen wollte, hat drei Kinder gezeugt und den Erstgeborenen verloren. Ich bin in die Vereinigten Staaten gefahren, habe keine Frau geheiratet, keine Kinder gezeugt und auch keine verloren. Das ist eigentlich schon die ganze Geschichte.« So resümiert Esau selbst in knappen Worten, was Meir Shalev ihn dann auf fast fünfhundert Seiten ausführlich berichten lässt. Denn es seien, so der Ich-Erzähler weiter, stets die Details zu rühmen. Und von diesen gibt es reichlich in seiner Geschichte, ob amüsanter, melancholischer oder gelegentlich auch grausamer Natur.

MÄRCHENHAFTES ISRAEL

In seiner Familiensaga, die aufgrund ihrer Opulenz schon als nahöstliches Pendant zu García Márquez' *Hundert Jahre Einsamkeit* bezeichnet wurde, beschreibt Meir Shalev das Leben und Scheitern der Mitglieder der Familie Levi.

In Rückblenden lässt er Esau, Sohn von Abraham und Sara, die Geschichte seiner Familie erzählen: Von seiner Mutter, die es in Jerusalem, der Stadt der

Schwermut, »in der die Toten die stärkste Zunft sind«, nicht mehr aushält, ihren Mann fesselt und ihn samt ihren damals erst vierjährigen Söhnen Jakob und Esau in einer Postkutsche in ein kleines Dorf entführt. Dort eröffnet der gedemütigte Abraham eine Bäckerei, auch wenn er bis an sein Lebensende von Hass und Groll auf seine willensstarke Frau erfüllt sein wird.

Die Bäckerei mit ihren Gerüchen und kräftezehrenden Arbeitsabläufen bildet daraufhin für drei Generationen den Mittelpunkt des Familienlebens. In der Backstube wird gestritten und sich wieder versöhnt, prallen Liebe und Hass der einzelnen Familienmitglieder aufeinander. Im Fokus stehen dabei die Kindheits- und Jugendjahre der Zwillinge in den zwanziger- bis vierziger Jahren und schließlich das Leben der beiden erwachsenen Brüder vom Beginn der achtziger Jahre an.

»Der Pfad, den meine Füße gingen, war kurz und klar. Er verlief zwischen Haus, Bäckerei und Bibliothek. Hier und da drangen Gerüchte durch die Mauern von Mehl und Bücherregalen.«

Das Auseinanderdriften und die unterschiedlichen Lebenswege der beiden Brüder, die einst, um ihr Verlorengehen zu vermeiden, stets durch einen roten Wollfaden miteinander verbunden waren, ziehen sich wie ein ebensolcher durch die Geschichte.

Ihre Trennung beginnt, als Sara erkennt, dass beide kurzsichtig sind. Obwohl Abraham davon überzeugt ist, dass ein Bäcker nur bis ans Ende seiner Bäckerschaufel sehen müsse, beugt er sich schließlich dem Diktat seiner selbstbewussten Frau und kauft seinen Söhnen zähneknirschend eine gemeinsame Brille, die sie fortan miteinander teilen sollen. Jakob freut sich über die gewonnene Schärfe, mit der er die Welt plötzlich wahrnehmen kann. Der phantasievolle, verträumte Esau hingegen ist ernüchtert. Nun sieht er die Realität in voller Klarheit und fühlt sich seines eigenen Interpretationsspielraumes beraubt, der vorher Platz für Ausschmückungen und Erfindungsreichtum bot. Schnell überlässt er die Brille fast vollends seinem Bruder Jakob.

BROT UND LIEBE

Die nunmehr unterschiedliche Weltsicht der Brüder, des bodenständigen Jakobs und des schöngeistigen Esaus, und der daraus allmählich entstehende Konkurrenzkampf spitzen sich über die Jahre zu. Bis es kommt, wie es kommen muss: Beide verlieben sich in dieselbe Frau – Lea, ein Mädchen aus dem Dorf – und beginnen auf jeweils unterschiedliche Art und Weise, um ihre Liebe zu kämpfen. Letztlich gelingt Jakob nach zähem Ringen, bei dem er nicht nur die letzte Verbindung zu seinem Bruder, sondern auch den kleinen Finger in der Teigknetmaschine verliert, der doppelte Sieg. Er gewinnt Lea und reißt sich nebenbei auch noch die Bäckerei unter den Nagel. Doch es ist wahrlich kein einfaches Leben, das in den nächsten Jahren auf ihn wartet. Esau indes bleibt nichts als die Flucht nach Amerika, wo er fortan lebt, Bücher über Brot schreibt und aus der Ferne auf seine Heimat blickt, in die er erst dreißig Jahre später zurückkehren wird.

Das alles wird keineswegs chronologisch berichtet, sondern in wilden Zeitsprüngen, episodenhaften Erzählsträngen und mit immer wieder eingeflochtenen Nebenhandlungen. Skurrile Personen aus dem Dorf tauchen auf, deren eigene Geschichte untrennbar mit der Familie Levi verwoben ist. Der Dorfbibliothekar Jechiel etwa, der nicht nur ein guter Freund des lesehungrigen Esau wird, sondern auch stets auf

»Ich bin kein Sammler. Weder von Erinnerungen noch von Zitaten oder Tatsachen. Ohne mein Zutun sammeln sie sich bei mir.«

der Jagd nach den letzten Worten berühmter Verstorbener ist und sich schließlich unsterblich in ein Mosaik verliebt. Oder die Friseuse mit dem Spitznamen *Chéz-nous-à-Paris*, die das ganze Dorf mit Liebesratschlägen versorgt, die sie aus Frankreich mitgebracht haben will, und deshalb jeden ihrer Sätze mit »bei uns in Paris« beginnt – obwohl sie Israel in Wirklichkeit niemals verlassen hat. Das muntere Hin und Her gipfelt darin, dass Meir Shalev gar zwei weitere, scheinbar völlig zusammenhanglose Geschichten in den Roman einspinnt, deren Sinn sich dem Leser erst im späteren Verlauf der Handlung erschließen.

Mit hintergründigem Witz, Feinsinn und unverfrorener Ironie blickt Shalev auf sein Land und bettet die Geschichte der Levis in den historischen Kontext

Israels ein – nicht ohne diesem die eine oder andere frei erfundene Anekdote hinzuzufügen, die seine Geschichte mitunter ins Absurde, nahezu Märchenhafte abdriften lässt. Denn wie Esau verzichtet auch der Autor gerne auf den scharfen, realitätsgetreuen Blick und liefert in seinem Roman ein buntes Wechselspiel an Wahrem und Erfundenem, Echtem und Gefälschtem. Damit führt er den Leser ein ums andere Mal in die Irre und wirft so fast nebenbei auch die Frage nach dem Sinn und der Funktion von Literatur auf.

So ist es nicht nur Shalevs Sprache, welche die Lektüre zu einem großen Lesevergnügen macht, sondern auch seine überschäumende Phantasie. Die ständige Lust am Fabulieren mündet zum Teil ins Groteske, beispielsweise wenn Jakob im Liebestaumel tagelang mit einem überdimensionalen Spiegel auf dem Dach des Backsteinofens der Bäckerei sitzt, um seiner Angebeteten, einen Ratschlag von *Chéz-nous-à-Paris* wörtlich nehmend, die Sonne zu schenken. Verbunden mit vielen phantastischen Ausschmückungen gelingt Shalev ein lebendiger Einblick in den jüdischen Alltag.

DIE BIBEL ALS INSPIRATIONSQUELLE

Wie viele zeitgenössische israelische Autoren findet auch Shalev Inspirationen in den Geschichten der Bibel, die er neu zu interpretieren versucht, indem er sie auf die Gegenwart überträgt. Die Anlehnung an die bekannte biblische Vorlage des Jakob etwa, der sich die Rechte des Erstgeborenen von seinem älteren Bruder Esau erschleicht, findet sich unverkennbar wieder, ohne jedoch den konkurrierenden Brüdern wie im biblischen Original die eindeutigen Attribute *gut* und *schlecht* zuzuordnen.

»Die Jahre, die ich in einem hübschen Haus in einem ruhigen, gelassenen Land mit gemäßigtem Seeklima in der Baumwollkleidung von Land's End und in den Armen amüsanter und dankbarer Frauen verlebt habe, hat mein Bruder vor dem glühenden Backofen, dem kalten Grab seines Sohnes und der verschlossenen Tür seiner Frau zugebracht.« Mit diesem Fazit gibt sich Esau scheinbar erleichtert, die Leidenstradition seiner Familie abgeschüttelt zu haben, und gesteht gleichzeitig ein, in den Jahren »trister Distanz« in Amerika kein adäquates eigenes Leben aufgebaut zu haben. So enthält sich der Roman eines Urteils darüber, wer es denn nun besser getroffen hat, und überlässt es dem Leser, ein eigenes zu fällen: Jakob, der das harte, einfache Leben eines israelischen Bäckers führt und dazu viele familiäre Schicksalsschläge hinnehmen muss, oder Esau, der Bücher liebt, schreibt, die Welt erkundet und dennoch aus der Ferne das Leben seines Bruders mitleben muss, das eigentlich sein eigenes hätte sein sollen.

AUTOR: Meir Shalev ist so alt wie sein Land. Als Nachkomme russischer Einwanderer wurde er 1948 im Kibbuz Nahalal geboren. Er arbeitete als Journalist, Rundfunk- und Fernsehautor und äußert sich immer wieder zur politischen Situation Israels. Neben zahlreichen Romanen wie *Ein russischer Roman*, *Judiths Liebe* und *Der Junge und die Taube* hat er mehrere Kinderbücher veröffentlicht. Shalev lebt mit seiner Familie in Jerusalem.

NATSUO KIRINO | *Die Umarmung des Todes*

EINE KAPUTTE GESELLSCHAFT IM ZEICHEN DES TURBOKAPITALISMUS

Ein mitreißender Roman im Unterschichtenmilieu Japans. Vier Arbeiterinnen einer Lunchbox-Fabrik in einem Vorort Tokios sind die Hauptfiguren der Geschichte von Natsuo Kirino. Böse, grausam und gleichzeitig mit viel Einfühlungsvermögen zeichnet sie das Bild einer kaputten Gesellschaft, in der vor allem die Frauen die Leidtragenden sind. Ein Mord passiert und eine Leiche muss entsorgt werden. Es beginnt ein Reigen der Gewalt.

Masako, die Hauptfigur des Romans führt ein tristes Leben. Ihr Ehemann, ein gutmütiger intelligenter Mann hat sich innerlich von der Welt zurückgezogen. Die Eheleute haben sich nicht nur voneinander entfremdet, auch ihr pubertierender Sohn lebt isoliert von seinen Eltern. Masako, eine intelligente und willensstarke Frau, die zwanzig Jahre als Bankangestellte gearbeitet hatte, bevor sie brutal aus der Bank gemobbt wurde, nimmt aus Enttäuschung eine Arbeit in der Lunchbox-Fabrik an.

Yayoi, eine Kollegin, ist eine hübsche junge Frau mit zwei kleinen Söhnen und spart eisern, um sich mit ihrem Mann eine Eigentumswohnung leisten zu können. Als sie erfährt, dass ihr Mann die gesamten Ersparnisse der Familie in einem Nachtclub verspielt hat und einer Prostituierten verfallen ist, tötet sie ihn im Affekt. Sie erwürgt ihn mit ihrem Ledergürtel.

Yayoi bittet Masako um Hilfe, und diese nimmt die »Entsorgung« der Leiche in die Hand. Damit wird für die beiden Frauen und zwei weitere Kolleginnen eine fatale Entwicklung in Gang gesetzt. Durch den Mord geraten die Frauen in den Dunstkreis von Verbrechern und Betrügern. Satake, ein Nachtclubbesitzer mit dunkler Vergangenheit, wird fälschlicherweise des Mordes an Kenji bezichtigt und so auf die Frauen aufmerksam.

BUBBLONIA-BASHING

Die Umarmung des Todes erschien im japanischen Original unter dem Titel *OUT*. Es zeichnet ein düsteres Bild der japanischen Gesellschaft in den neunziger Jahren, als die Wirtschaftskrise durch das Platzen der Spekulationsblase viele Japaner in den finanziellen Ruin trieb. *Bubblonia*, ein Synonym für ein Japan des Turbokapitalismus und der Spekulanten, ist Kirinos eigentliches Thema. Sie hat selbst viele Jahre unter den schlechten Arbeitsbedingungen von Frauen gelitten. Ausgebrannte Angestellte, Konsumsucht, Isolation und gesellschaftliche Zwänge der patriarchalen Kleinfamilie, das sind Themen des von Kirino praktizierten *Bubblonia-Bashings*, der bitterbösen Kritik an einem Land, das sich seinen Bewohnern als lebensfeindlich und kalt präsentiert.

Die Mischung aus weiblicher Emanzipation durch die Beseitigung eines ungeliebten Ehemanns und der ungeheuren Brutalität, die in Kirinos Romanen praktiziert wird, ist schockierend und verwirrend zugleich. Zwar sind ihre Heldinnen ganz normale Frauen, doch sie passen in keine gängige Schublade. Die Übersetzung von Annelie Ortmanns mit nützlichen Anmerkungen zu japanischen Gegebenheiten ist flüssig und sprachlich sehr gekonnt umgesetzt. Wer sich für das heutige Japan interessiert, wird Kirinos sezierenden Blick in die japanische Gesellschaft sehr aufregend finden.

AUTORIN: Natsuo Kirino, 1951 geboren, studierte Jura und begann in den achtziger Jahren zu schreiben. Mit ihren subversiven Themen und ihrer teils als *Yellow-Trash* bezeichneten, anarchistischen Literatur, wie *Teufelskind*, stößt sie in der männerdominierten Literaturwelt Japans auf herbe Kritik.

HARUKI MURAKAMI | *Kafka am Strand*

JOHNNIE WALKER, ZEN UND ÖDIPUS

Er werde seinen Vater töten und mit Mutter und Schwester schlafen — diese dunk-le Prophezeiung, die ihm sein Vater voraussagt, quält den fünfzehnjährigen Kafka Tamura. Um Ödipus' Schicksal zu entrinnen, reißt der Junge von zu Hause aus. Was er auf seiner abenteuerlichen Flucht erlebt, ist Roadmovie, Entwicklungsro-man und Hochgeschwindigkeitsthriller in einem. Reich an Symbolik und im Stil des magischen Realismus erzählt Murakami eine wundersame Odyssee zwischen griechischer Tragödie und psychoanalytischem Märchen.

Kafka Tamura ist ein japanischer Teenager mitten in der Pubertät, der bei seinem verhassten Vater, einem berühmten Bildhauer, aufwächst. Er kennt weder seine Mutter noch seine Schwester; die bei-den verließen die Familie, als er noch ein Kind war. Um dem Fluch seines Va-ters zu entgehen, dem zufolge er diesen umbringen und sich mit seiner Mutter und seiner Schwester vereinigen wird, läuft er schließlich an seinem fünfzehn-ten Geburtstag von zu Hause weg. Auf seiner Reise ins Ungewisse wird er stets begleitet von seinem imaginären Freund namens Krähe, der ihm in schwierigen Situationen zur Seite steht.

»Selbst wenn ich es mit allen Mitteln versuche, kann ich diesem Schicksal nicht entrinnen, hat mein Vater gesagt. Wie eine Zeitbombe ticke die Prophezeiung in meinen Genen, und ich könne nichts tun, um sie zu ändern.«

NAKATA HAT EIGENTLICH KEINE MEINUNG. ER MAG AAL.

Parallel zu diesem Hauptstrang, aber zunächst vollkommen davon abgekop-pelt, erzählt Murakami die Geschichte der zweiten Hauptperson des Romans, Nakata, der von sich selbst ausschließlich in der dritten Person spricht. Nakata

ist ein alter, scheinbar debiler Eigen-
brötler, der nach einem mysteriösen
Zwischenfall am Ende des Zweiten
Weltkriegs sein Gedächtnis sowie die
Fähigkeit des Lesens und Schreibens,
ja des abstrakten Denkens generell
verloren hat. Dafür kann Nakata seither mit Katzen sprechen und schlägt
sich zufrieden und bedürfnislos als
Sozialhilfeempfänger durch ein er-
eignisloses Leben, dessen Höhe-
punkte es sind, ab und zu einmal Aal
zu Abend zu essen. Sein Einkommen bessert er durch die gele-
gentliche Suche von entlaufenen Katzen auf. Bis er eines Tages bei der Suche nach
einem verschwundenen Tier an den dämonischen Katzenmörder Johnnie Walker,
einer Inkarnation des Whiskey-Label-Mannes mit Frack, Stock und Zylinder gerät, der, den Kühlschrank voller Katzenköpfe, die Herzen der Tiere isst, um eine
ultimative Flöte zum Fangen von Menschenseelen zu erschaffen.

Kafka trifft derweil ein Mädchen, das seine Schwester sein könnte, so stellt
er es sich insgeheim vor, wie bei allen Frauen, die altersmäßig seiner Schwester
entsprechen könnten. Sie hilft ihm bei seiner Flucht, bis er in der Komura-Bi-
bliothek auf der Insel Shikoku landet. Dort trifft er die geheimnisvolle Biblio-
thekarin Saeki-San, die ihm als jugendlicher Geist des Nachts erscheint. Sie sang
einst den Song *Kafka am Strand*. Und dann ist da noch der faszinierende Oshima,
der, für so manche Überraschungen und viele tiefgründige Erklärungen gut, eine Art Mentor für den jungen Kafka wird und ihn in seine Hütte in den tiefen
mystischen Wald mitnimmt. Und die Prophezeiung seines Vaters nimmt zunehmend Gestalt an.

In der Zwischenzeit ist Nakata, seinen intuitiven Eingebungen folgend, auf
eine Reise mit unbestimmtem Ziel aufgebrochen. Dabei begleitet ihn der grob-
schlächtige, aber gutmütige und zutiefst realistische Fernfahrer Hoshino, der ihn
als Anhalter aufgegabelt hat.

DAS LEBEN IST EINE METAPHER

Nun beginnt der Roman richtig an Fahrt zu gewinnen. Die auf den bisherigen zweihundert Seiten fein gesponnenen Fäden verweben sich zunehmend, was zu Beginn des Buches noch unmöglich schien. Kunstvoll beginnt Murakami die einzelnen Charaktere und ihre – im wahrsten Sinne des Wortes – Schicksale miteinander zu verknüpfen, wobei er auf vielfältige Weise die westliche und die japanische Kulturgeschichte einbezieht. Alles scheint bedeutungsschwanger, nichts passiert ohne Grund. Die Grenzen zwischen verschiedenen Realitäten werden durchlässig.

Das Buch baut sich als ein Wechselspiel der beiden Hauptcharaktere Kafka und Nakata auf. Anfangs in völlig unabhängigen Erzählebenen, verweben sich die abwechselnd erzählten Kapitel der beiden Protagonisten im Verlauf der Geschichte zu einer anfangs ungeahnten Einheit. Dieser für Murakami typische Dualismus ist bereits in den Hauptcharakteren eingeschrieben. Kafka Tamura, der kluge, kräftige, frühreife und von Hormonattacken geplagte Teenager, und Nakata der gebrechliche, asexuelle und ebenso dumme wie autistisch-weise Alte. Wo Nakata seine Zeit selbstvergessen in meditativen Zuständen ohne Begehren und ohne Erinnerung verbringt, kämpft Kafka mit der Ewigkeit seiner persönlichen Prophezeiung. Ihrer beider Bestimmung ist aufs Engste verwoben. Was dem Einen passiert, bleibt nicht ohne Wirkung auf den Anderen.

> *»Du fürchtest dich vor deiner Fantasie. Und vor deinen Träumen. Und vor der Verantwortung, die im Traum beginnt. Aber ohne Schlaf geht es nicht, und im Schlaf kommen die Träume. Im Wachen kannst du deine Fantasie zügeln, nicht aber im Traum.«*

POP CULTURE MEETS SOPHOKLES MEETS SIGMUND FREUD MEETS ...

Murakami entwirft kunstvolle Sinnbilder und gewaltige Metaphern, in denen er die alte japanische Erzähltradition der Geistergeschichten mit griechischer Tragödie und psychoanalytisch gefärbten Träumen verquickt. Kernmotive sind dabei die traditionelle japanische Vorstellung, dass sich die Seele vom Körper lösen und auf Wanderschaft gehen kann, wenn der Wille dazu übermächtig wird, und zum anderen die Idee, dass das Schicksal den Menschen bestimmt.

Daneben schlägt Murakami, nicht immer in gebührender Tiefe, dafür in beeindruckender Vielseitigkeit, die Klaviatur der existenziellen Fragen des Daseins an. Im Rahmen der Geschichte betrachtet er eine Vielzahl der Facetten des menschlichen Lebens. Zeitlichkeit, Tod, Liebe, Musik, Geschlecht und Einsamkeit, das sind die eigentlichen Themen, in der die Geschichte ihre Dynamik und ihren unwiderstehlichen Sog entwickelt.

Immer hat das Buch Tiefgang, doch nie ist es schwer. Leichtfüßig kommen die Themen daher, in einfacher, direkter und schnörkelloser Sprache, gespickt mit mächtigen, tief in der Erzählung verwurzelten Bildern. In dieser Leichtigkeit zeigt sich die große Meisterschaft der Erzählkunst dieses begnadeten Romanciers.

Unter der Oberfläche eines globalisierten Japans, einer Welt der Handys, der Videoüberwachung und der Markenartikel, präsentiert Haruki Murakami eine ebenso zauberhafte wie komplexe Geschichte voller wundersamer Begebenheiten. Er schafft es, eine chaotische Welt in meditativen Gleichklang zu bringen. In einem modernen Märchen voller Weisheit vereint er östliches und westliches Denken.

AUTOR: Haruki Murakami, 1949 in Kyoto geboren, lebte lange Zeit in den USA und in Europa. Ein Schlüsselroman zum Verständnis des, in Murakamis Büchern oft wiederkehrenden, Dualismus der Wirklichkeiten ist sein ebenfalls sehr empfehlenswerter früher Roman *Hard-boiled Wonderland und das Ende der Welt*. Er übersetzte Werke von Chandler, Capote, Irving und Fitzgerald ins Japanische. Sein Werk umfasst mehr als 50 Romane und Erzählungen, für die er zahlreiche Literaturpreise erhielt.

AMITAV GHOSH | *Der Glaspalast*

ALS MYANMAR NOCH BURMA HIESS

Umgeben von Indien, China und Siam liegt ein Land, das für die meisten nur einen der Flecken auf der unüberschaubaren asiatischen Landkarte darstellt. Doch gerade Burma hat eine traditionsreiche und tragische Geschichte, die sich nicht in aller Kürze erzählen lässt — man muss sich Zeit dafür nehmen. Amitav Ghosh hat dies getan und die Geschichte Burmas mit der Geschichte einer Familie verwoben, die uns hautnah das Auf und Ab der britischen Kolonisation und deren Folgen miterleben lässt.

»Heimat ist kein geographischer Begriff. Man trägt sie in sich selbst«, sagte der renommierte russische Literaturhistoriker Andrej Sinjawski. Diese Erfahrung macht auch der junge Rajkumar Raha, der mit seinen gerade einmal zwölf Jahren bereits eine Menge erlebt hat. Durch eine große Seuche in Indien starb seine gesamte Familie. Ohne eine andere Möglichkeit, seinen Lebensunterhalt zu bestreiten, verdingt sich Rajkumar auf einem Boot. Er hält sich genau zu der Zeit in Mandalay auf, als im Kampf um die reichen Rohstoffvorkommen des Landes britisch-indische Truppen einmarschieren. Hautnah erlebt er mit, wie nicht britische Soldaten, sondern indische Sepoys, also seine eigenen Landsleute, den Glaspalast besetzen und die gesamte Königsfamilie in die Verbannung schicken. Von diesem Ereignis im Jahre 1885 ausgehend entfaltet sich Rajkumars Geschichte und damit auch die Geschichte Burmas und Indiens.

> *»Noch im Tode begehrten die fallenden Bäume laut kreischend auf, entfesselten donnerndes Getöse, das meilenweit entfernt zu hören war, und rissen alles mit sich, was ihnen im Weg war, junge Bäume und verschlungene Rattannetze.«*

JUWELEN UND HOLZ

Der Glaspalast im Zentrum Mandalays ist der Herrschaftssitz der Könige von Burma. Seine Plünderung ist in jeder Hinsicht der Beginn dieser Saga. Hier begegnen sich zum ersten Mal Rajkumar und Dolly, das Kindermädchen der Prinzessinnen. Für Rajkumar ist es Liebe auf den ersten Blick. Doch die Verbannung der Königsfamilie nach Ceylon und später nach Indien trennt die beiden, kaum dass sie sich das erste Mal in die Augen gesehen haben. Rajkumar bleibt allein in Mandalay zurück und findet in dem chinesisch-stämmigen Malaysier Saya John einen Mentor. Saya John bringt ihm alles über das Holzgewerbe bei, in dem er tätig ist und das zu der damaligen Zeit eine der wichtigsten Geldquellen in Burma war. Die reichlich vorhandenen Rohstoffe, die auch die britischen Kolonialherren nach Burma gelockt hatten, bieten Rajkumar die Möglichkeit, sich eine Existenz aufzubauen und endlich, nachdem er erwachsen und ein reicher Mann geworden war, auf die Suche nach Dolly zu gehen, die er nicht vergessen kann.

Dolly ist in der Zwischenzeit mit der abgesetzten Königsfamilie bis nach Ratnagiri im fernen Indien gelangt und führt dort ein abgeschiedenes Leben ohne die Aussicht auf Änderung. Ihre einzige Vertraute ist die Frau des Bezirksverwalters, Uma Dey. In diesen beiden Frauen treffen die verschiedenen Ansichten über die Rolle der Frau aufeinander. Die selbstbewusste Dolly wuchs in einer Gesellschaft auf, welche die Frau als Stütze des familiären Lebens begreift und schätzt. Uma hingegen wurde zu Gehorsam erzogen und ist den Zwängen eines Mannes unterworfen, der in indischen Traditionen verwurzelt ist und trotzdem seinen britischen Herren gefallen will.

In den eintönigen Trott der Tage in Ratnagiri platzt schließlich unverhofft Rajkumar und verheißt Dolly ein neues, aufregendes Leben an seiner Seite. Er wähnt sich am Ziel seiner Träume, als Dolly einwilligt und er seine Braut nach Hause führen kann.

DAS GOLDENE BURMA

Rajkumar und Dolly bauen sich ein neues Leben in Rangun auf. Doch auch Umas Leben ändert sich, kaum dass Dolly Ratnagiri verlassen hat. Ihr Mann verunglückt bei einem Bootsausflug, und frisch verwitwet kehrt Uma zu ihrer Familie zurück. Die erdrückenden Traditionen, die es einer Witwe in Indien schwer machen, ein selbstbestimmtes und freies Leben zu führen, treiben sie jedoch bald wieder nach Burma in die Nähe ihrer Freundin Dolly. Hier beschließt sie, sich nicht länger durch Zwänge einengen zu lassen und stattdessen die Welt zu bereisen.

Die Familien wachsen, Rajkumar und Dolly bekommen zwei Söhne, Neel und Dinu, Saya John hat zwei Enkel, Alison und Timmy. Uma hat zwar selbst keine Kinder, doch ihre zwei Nichten Manju und Bela sowie ihr Neffe Arjun sind ihr ans Herz gewachsen, als wären es ihre eigenen Nachkommen. Und auch in Burma wächst etwas heran – der Drang nach Freiheit, Selbstbestimmtheit und Unabhängigkeit von Britisch-Indien. Uma ist durch ihre Kontakte in der Welt zu einer wichtigen Persönlichkeit dieser neuen Bewegung geworden und gerät dadurch immer wieder in Konflikte mit Freunden, die ihre Ansichten nicht teilen.

Doch die Freundschaft zu Dolly lässt sich nicht von unterschiedlichen politischen Ansichten trüben, auch nicht, als sich Dollys Sohn Neel in Umas Nichte Manju verliebt und diese zu ihrer neuen Familie nach Rangun zieht.

Die politische Stimmung in Rangun wird immer brisanter. Landesfremde sind die ersten, die unterschwellig die Veränderungen zu spüren bekommen. Gleichzeitig bricht in Europa der Zweite Weltkrieg aus, von dem auch Indien und Burma betroffen sind. Durch den engen Verbund mit den britischen Kolonialherren wird Burma zum Schauplatz der großen Gefechte des Weltkrieges. Rajkumar und seine Familie versuchen, rechtzeitig das Land zu verlassen, doch die Ereignisse überschlagen sich. Niemand kann mehr abschätzen, ob die Freundschaft und die gemeinsamen Bindungen den Schrecken des Krieges und die unterschiedlichen politischen Gesinnungen überstehen werden.

KAMPF UM DIE FREIHEIT

Die Entwicklung Burmas, die mit der Unabhängigkeitsbewegung zu Beginn des zwanzigsten Jahrhunderts ihren Anfang nahm, ist bis in die heutige Zeit äußerst wechselhaft. Die Geschichte einer Familie mit ihren Nachkommen, Freunden und Erfahrungen bildet im Roman die Rahmenhandlung für diese bewegte und von politischen Wirren geprägte Zeit. Amitav Ghosh versteht es, dem Leser weder eine vorgefertigte Meinung noch eine festgelegte Geschichtsdeutung vorzugeben. Vielmehr lässt er durch seine wohlbedachte Figurenkonstellation diejenigen sprechen, die betroffen sind. Ohne ermüdend und weitschweifig politische

»Für mich ist das unsere schlimmste Demütigung – nicht nur in Burma, auch in vielen anderen Ländern –, dass die Politik in alles eingedrungen ist, nichts verschont hat, Religion, Kunst, Familie, sie hat alles an sich gerissen, es gibt kein Entkommen vor ihr ... und doch, was könnte am Ende banaler sein?«

Manifeste zu verfassen, kommen dabei die verschiedenen Perspektiven zu Wort. Sein Ton ist nie belehrend und die Handlungen der einzelnen Personen sind durch ihre Motivation stets nachvollziehbar.

Trotzdem ist die Entwicklung des goldenen Burma hin zu dem abgeschotteten Militärstaat von heute schwer zu verkraften. Man ist fast froh, dass Rajkumar nicht mehr miterleben muss, wie das Land, das er sich zur Heimat gemacht hat, unwiederbringlich zu einem Gefängnis wird.

AUTOR: Amitav Ghosh, geboren 1956 in Kalkutta, studierte in Delhi und Oxford und lehrte Anthropologie an Universitäten in Indien und den USA. Fast alle seine Romane und Schriften stellen die herkömmliche Geschichtsschreibung und Ethnographie auf höchst komplexe Weise in Frage. Ebenfalls sehr lesenswert sind die Romane *Das mohnrote Meer* und *Hunger der Gezeiten*.

NOTABENE: Als Amitav Ghosh zum Regionalgewinner des *Commonwealth Writer's Prize* erkoren wurde, lehnte er den Preis ab. Seine Begründung: Der Begriff *Commonwealth* stehe für eine Lesart der Vergangenheit, die mit seinem Buch nicht vereinbar sei. Heute wird Burma von einer Junta regiert, die das Land abschottet. Die Friedensnobelpreisträgerin und Oppositionsführerin Aung San Suu Kyi stand seit Jahren unter Hausarrest und wurde erst im November 2010 entlassen. Nach dem Seebeben 2004 und dem Tropensturm *Nargis* 2008 verweigerte man ausländischen Hilfskräften die Einreise. Aufstände von Mönchen und der Bevölkerung 2007 wurden gewaltsam unterdrückt.

RAJAA ALSANEA | *Die Girls von Riad*

DAS UNVERHÜLLTE LEBEN

Jeden Freitag schickt »seerehwenfadha7et« eine E-Mail an die Mailingliste »Das unverhüllte Leben«, um Neuigkeiten über ihre Freundinnen zu erzählen. An sich nichts Besonderes. Sie erzählt jedoch von vier befreundeten jungen Frauen aus Riad, der Hauptstadt Saudi-Arabiens, und ihren täglichen Gratwanderungen zwischen Liebe und Freiheit, Sehnsüchten und Leidenschaft in einer nach streng traditionellen Regeln lebenden islamischen Kultur. Die »Girls von Riad« lösten damit eine wahre Lawine an Reaktionen aus.

Saudi-Arabien – ein Land im Spannungsfeld zwischen Tradition und Moderne. Mit den heiligen Stätten Mekka und Medina ist es Wiege und zugleich Zentrum der islamischen Welt. Der Islam ist Staatsreligion, regelt das private und öffentliche Leben. Dem Justizsystem liegt die Scharia, das obligatorische Gesetz des Islam, zugrunde. Auf der anderen Seite ermöglicht der durch Rohölexporte erwirtschaftete Reichtum die Erfüllung aller materiellen Wünsche. Bestens situiert, nimmt gerade die saudische Oberschicht aktiv am Konsumverhalten der westlichen Welt teil. Sie gehört zum globalen Jetset und lässt ihre Kinder auf internationalen Eliteschulen ausbilden.

»Nimm den, der dich liebt, und nicht den, den du liebst.«

Die Situation der Frauen innerhalb dieser Gesellschaft ist dagegen auch heute noch sehr schwierig. Sie haben kein Wahlrecht und dürfen nicht Auto fahren. In der Öffentlichkeit müssen sie sich verschleiern und können sich nur in Begleitung eines männlichen Verwandten zeigen. Kontakte zwischen den Geschlechtern werden streng überwacht, arrangierte Ehen sind keine Seltenheit, und geschiedene Frauen werden gesellschaftlich geächtet.

1001 ALPTRAUM

Vor diesem kulturellen Hintergrund erzählt Rajaa Alsanea in der Art einer *E-Scheherazade* die Geschichte der Freundinnen Lamis, Sadim, Kamra und Michelle. Sie kommen aus der saudischen Oberschicht, sind Anfang zwanzig, studieren und erfreuen sich am westlichen Konsum. Und sie sind alle auf der Suche nach der großen Liebe. Diese scheint ihnen jedoch nicht vergönnt. So müssen die Freundinnen erleben, wie es ist, sich zwischen Trauung und Hochzeitsfeier dem Ehemann hinzugeben, um daraufhin als »leichtes Mädchen« verlassen und gesellschaftlich geächtet zu werden. Wie es sich anfühlt, nach einer gescheiterten arrangierten Ehe mit dem eigenen Kind zu Hause eingesperrt zu sein, weil die eigenen Eltern ihre geschiedene Tochter als Schandfleck ansehen. Oder wie sehr es schmerzt, von der großen Liebe verlassen zu werden, da die ersehnte Heirat nicht das elterliche Einverständnis findet. Trotz all dieser tiefen Enttäuschungen geben die vier Freundinnen ihre Suche nach Glück und Liebe nicht auf.

»Jegliche Ähnlichkeit mit den Figuren, ihren Erlebnissen und der Realität ist beabsichtigt«. Diesen Hinweis gibt Alsanea ihren Lesern am Anfang des berührenden und zugleich aufrüttelnden Romans auf den Weg. Ihre E-Mails über die Girls aus Riad sind äußerst spannend geschrieben. Sie wirken zu jeder Zeit real, so dass der Leser versucht ist, sich tatsächlich in die Mailingliste über *Das unverhüllte Leben* einzutragen.

VERBOTEN UND GEFEIERT

Weil *Die Girls von Riad* so ziemlich alle Tabuthemen des islamischen Kulturkreises ansprechen, lösten sie eine heftige Debatte zwischen arabischen Fundamentalisten, Politikern, Gelehrten und Kritikern aus. Das Buch wurde in Saudi-Arabien verboten und erschien zunächst im Jahr 2005 im liberaleren Libanon. Von Literaturkritikern gefeiert, stieg die Anzahl der verkauften Exemplare auf mehrere Hunderttausend. Auf dem Schwarzmarkt wurde der Roman für das Zehnfache seines Ladenpreises gehandelt. Während Alsanea für das Buch noch vor einigen Jahren in Saudi-Arabien eine Gefängnisstrafe gedroht hätte, er-

»Wenn einer Dich liebt, hütet er dich wie seinen Augapfel und will, dass du glücklich bist. Aber der, den du liebst, quält dich und will, dass du ihm hinterher rennst.«

schienen *Die Girls von Riad* vor einigen Jahren schließlich auch in ihrem Heimatland. Alsanea sah sich ganz unterschiedlichen Reaktionen ausgesetzt: Morddrohungen von der einen, Heiratsanträgen von der anderen Seite.

AUTORIN: Rajaa Alsanea, Jahrgang 1981, stammt aus einer saudi-arabischen Medizinerfamilie. Ihren Debütroman *Die Girls von Riad* schrieb sie während ihres Studiums der Zahnmedizin in Riad. Zur Zeit lebt und studiert sie in Chicago.

ZOË FERRARIS | *Die letzte Sure*

MORD IM SCHATTEN DER SCHARIA

Nouf as-Shrawi, eine junge Frau aus der Oberschicht von Dschidda, wird in den endlosen Weiten der saudischen Sandwüste tot aufgefunden. Ihr Bruder Othman bittet seinen Freund, den Wüstenführer Nayir, auf eigene Faust Nachforschungen über Noufs Schicksal anzustellen. Zusammen mit Othmans Verlobter Katya, die in der Gerichtsmedizin von Dschidda als Laborantin arbeitet, sucht Nayir Stadt und Wüste nach Hinweisen ab und stößt bald auf verblüffende und verstörende Fakten.

Tote Schönheit, Hobbydetektive, zarte Liebesgeschichte als Nebenhandlung – auf den ersten Blick kein besonders ausgefallener Krimiplot, nur ein anderer Schauplatz: nicht das Allgäu oder Husum, sondern Saudi-Arabien. Doch gerade dass *Die letzte Sure* im Land der Scharia spielt, macht das Buch so außergewöhnlich. Denn wie soll Nayir etwas über Noufs Tod herausfinden, wenn er wegen der rigorosen Geschlechtertrennung nicht einmal mit den Schwestern oder anderen weiblichen Verwandten der Toten sprechen darf? Wie sich ein Bild von ihrem Leben, ihren Wünschen und Sehnsüchten machen, wenn ihre Wirklichkeit mit der seinen so gar nichts gemeinsam hat?

ZWEI WELTEN VOLLER TABUS

Tatsächlich kann die von der religiösen Sittenpolizei überwachte Trennung beider Welten – hier die der Männer, dort die der Frauen – mitunter auch für den männlichen Teil der saudischen Bevölkerung zum Problem werden. Das ist die überraschende Erkenntnis, die der Leser aus der Lektüre mitnimmt. Nayir zum Beispiel hat als palästinensische Vollweise ohne familiären Hintergrund nahezu keinerlei Gelegenheit, Frauen kennenzulernen. Die gesellschaftlichen Normen sind streng; wer auf der Straße in weiblicher Begleitung ohne Heiratsurkunde angetroffen wird, riskiert die Todesstrafe. Aber nicht nur die Sitten und Normen stehen Nayir im Weg, sondern auch seine eigenen Überzeugungen als strenggläubiger Moslem. Eine aus seiner Sicht geschilderte Szene macht das ganz deutlich. Als er im Laufe der Nachforschungen Katya zum ersten Mal in der Pathologie begegnet, stören ihn ihr unbefangener Blick und die Tatsache, dass sie ihn direkt anspricht. Vor lauter Angst, bei unziemlichen Blicken ertappt zu werden, traut er sich schließlich überhaupt nicht mehr, in ihre Richtung zu schauen. Wohlgemerkt: Er befindet sich an ihrem Arbeitsplatz, sie ist die Expertin und obendrein noch vollständig verschleiert. Trotzdem hat eine Frau in

»Es war die schlimmste Zeit des Tages, Mittag, grell, schwül und stickig, das Land versengt von einer Sonne, die den Himmel vollständig einzunehmen schien. Eine dampfende, kaum einzuatmende Luft ergoss sich wie flüssige Lava über alles, kräuselte sich vor Hitze, erzeugte schmerzhafte Lichtbrechungen und verursachte Trugbilder, die ein ganzes Heer in die Irre führen könnten, in den allerheißesten Bezirk der Hölle.«

der Öffentlichkeit unsichtbar zu sein, und dass Katya sich nicht an diesen stillschweigenden Konsens hält, verunsichert den konservativen Nayir.

Im Laufe des Romans allerdings wandelt sich seine anfängliche Ablehnung zuerst in widerwilligen Respekt und schließlich in echte Zuneigung. Die gemeinsamen Nachforschungen schaffen eine ganz außergewöhnliche Nähe und Verbundenheit zwischen Katya und Nayir, mit der beide erst umzugehen lernen müssen. Denn natürlich spielen im Hintergrund auch immer Schuldgefühle gegenüber Othman eine Rolle, der als Katyas Verlobter ja eigentlich das alleinige Verfügungsrecht über sie haben sollte.

BEDUINE MIT GPS

Auch die besondere Lebenssituation in Saudi-Arabien wird in den Blick genommen. Seit den dreißiger Jahren bescheren riesige Erdölvorkommen dem Land unglaublichen Reichtum, gleichzeitig ist die Gesellschaftsordnung fast noch archaisch zu nennen. Diese Spannung zwischen westlicher Lebensart und Tradition treibt mitunter skurrile Blüten.

Bleibt bei so großer Themenvielfalt nicht der eigentliche Fall ein wenig auf der Strecke? Definitiv nicht, denn spätestens wenn sich herausstellt, dass Nouf schwanger war und mitten in der Wüste ertrunken ist, fiebert man wieder der überraschenden Auflösung entgegen. Wie bei einem ganz normalen Krimi eben.

AUTORIN: Die Amerikanerin Zoë Ferraris lebte mit ihrem Ex-Mann, einem Beduinen, ein Jahr in einer strenggläubigen Gemeinde in Dschidda, Saudi-Arabien. Ihr Romandebüt *Die letzte Sure* wurde mit dem *Mystery Fiction Award* ausgezeichnet und war so erfolgreich, dass 2009 ein weiterer Krimi um Katya und Nayir erschien. Unter dem Titel *Totenverse* untersucht das ungewöhnliche Duo diesmal den brutalen Mord an einer jungen, emanzipierten Filmemacherin. Heute wohnt die Autorin wieder in den USA.

MICHAEL ONDAATJE | *Anils Geist*

DER TOD IST MEIN ZEUGE

Bandarawela Region, sechs Stunden außerhalb von Colombo. Vier Skelette liegen auf vier Tischen: Tinker, Tailor, Soldier, Sailor — nach einem alten englischen Auszählreim benannt. Anil Tissera, forensische Anthropologin einer Menschenrechtsorganisation und Sarath Diyasena, der ihr von der srilankischen Regierung zugeteilte Archäologe, sind auf der Suche nach der Wahrheit. Können sie beweisen, dass Sailor, zu deutsch Seemann, von Regierungstruppen verschleppt, gefoltert und ermordet wurde?

Mitte der neunziger Jahre: In den Wirren des Bürgerkrieges dürfen erstmals unabhängige Beobachter in das Land einreisen, um im Auftrag verschiedener Menschenrechtsorganisationen den Vorwürfen von Kriegsverbrechen nachzugehen. Und so kehrt Anil Tissera nach fünfzehn Jahren wieder in ihre Heimat zurück, in der Hoffnung, Beweise für die Anschuldigungen zu finden. Wie viele Jugendliche aus der oberen Schicht der Bevölkerung ging sie mit achtzehn Jahren zum Studium nach England. Anschließend studierte sie in den USA Medizin. In diesen Jahren entfremdete sie sich von ihrer eigenen Kultur. Nach dem Unfalltod ihrer Eltern bestand für Anil keine Verbindung mehr in die alte Heimat. Als Forensikerin arbeitete sie mehrmals für eine Menschenrechtsorganisation. In verschiedenen Krisengebieten hilft sie Menschen, die in den Kriegswirren einen geliebten

> *»Als Archäologe glaubte Sarath an die Wahrheit als Prinzip. Das heißt, er hätte sein Leben für die Wahrheit gegeben, wenn sie von irgendeinem Nutzen gewesen wäre.«*

Menschen verloren haben. Sie identifiziert Leichname und Skelette und verschafft den Hinterbliebenen so Gewissheit über den Verbleib ihrer Angehörigen. Anil gibt den sterblichen Überresten ihren Namen zurück, gibt ihnen eine Stimme und erzählt so ihre Geschichte, auf der Suche nach der Wahrheit.

SPRICH ZU MIR

Zusammen mit Sarath, dem ihr zugeteilten srilankischen Archäologen, entdeckt Anil vier Skelette. Die menschlichen Überreste befinden sich auf einem Gebiet, das nur den Angehörigen der Regierung zugänglich ist. Aber: Nur drei der Skelette sind »alt«, das vierte, *Seemann* lag erst seit wenigen Jahren im Sand begraben. Für Anil und Sarath ist sofort klar, dass Regierungsbeamte am Tod von *Seemann* beteiligt waren. Kann sie der srilankischen Regierung mit Hilfe des Skeletts die Kriegsverbrechen beweisen? Wer war *Seemann*? Starb er eines natürlichen Todes oder wurde er ermordet? Da weder Anil noch Sarath mit der Hilfe der Behörden rechnen können, sie sogar um Leib und Leben fürchten müssen, nehmen sie die Skelette kurzer Hand mit. Ihren offiziellen Untersuchungs-

raum können die beiden Forscher nicht nutzen, zu unsicher ist die Situation. Anil und Sarath begeben sich daher auf die Suche nach möglichen, vor allem aber vertrauenswürdigen Helfern. Diese Suche führt sie quer über die Insel, und Anil sorgt dafür, dass sie stets an der Seite von *Seemann* bleibt. Und immer steht die eine Frage im Raum: Wem kann sie trauen? Und die wichtigste Frage für Anil: Auf welcher Seite steht Sarath?

»Ich wollte das eine Gesetz finden, das alles Leben regiert. Und ich fand die Angst ...«

Michael Ondaatje hat mit *Anils Geist* einen vielschichtigen Roman geschaffen, der die Suche nach der Wahrheit schildert. Er wirft ein Licht auf die Geschichte hinter den Geschichten. Anils Reise durch den Inselstaat zeigt auch die Kultur und die Vergangenheit der einzelnen Schauplätze. Das Buch verdeutlicht eines: dass Sri Lanka nicht nur Palmenhaine und traumhafte Sandstrände, sondern auch eine bewegte, mitunter dunkle Vergangenheit hat. Ein Roman über die Suche nach Gerechtigkeit am Rand gesellschaftlicher und politischer Abgründe.

AUTOR: Michael Ondaatje wurde 1943 in Colombo, Sri Lanka, geboren. Er ist niederländisch-tamilisch-singhalesischer Abstammung und lebt seit 1962 in Kanada. Internationale Anerkennung erhielt Ondaatje 1992 für das Buch *Der englische Patient*, für das er auch mit dem renommierten *Booker Prize* geehrt wurde. 1996 verfilmte Anthony Minghellas den Stoff um den schwer verwundeten Graf László Almásy und die Lazarettschwester Hanna mit Ralph Fiennes und Juliette Binoche in den Hauptrollen.

RAFIK SCHAMI | *Erzähler der Nacht*

TAUSENDUNDEINE GESCHICHTE

Der beste Geschichtenerzähler von Damaskus ist verstummt. Retten können ihn nur seine Freunde. Sie müssen es schaffen, das Rätsel um die sieben einzigartigen Geschenke zu lösen. Denn nur wenn es ihnen gelingt, erhält er seine Stimme zurück.

Salim, der Kutscher, ist ein Mann, der immer eine gute Geschichte zu erzählen weiß und jeden Zuhörer mit seiner Stimme verzaubern kann. Diese Gabe erhielt er von einer alten Frau – seiner Glücksfee – die ihn seither begleitet. So kann Salim seine Fahrgäste die beschwerliche Reise vergessen lassen und sie mitnehmen in eine Welt voller Feen, Räuber und Liebespaare. Salim ist sehr beliebt und trotzdem kann er mit dem verdienten Geld seine Familie nur gerade so ernähren. In seinen Geschichten wird der Mann mit der schmächtigen Statur dagegen oft zum riesenhaften Helden und Retter in der Not.

Eines Tages jedoch verlässt ihn seine Fee und geht in den Ruhestand. Doch ohne sie oder eine Nachfolgerin kann er keine Geschichten mehr erzählen. Falls er nicht in drei Monaten sieben Geschenke erhält, ist seine Stimme für immer verloren, sagt sie ihm zum Abschied. Salim bleiben einundzwanzig Wörter, um seinen Freunden von diesem Schicksal zu berichten und sie zu bitten, ihm zu helfen.

Viele Versuche, das drohende Schicksal abzuwenden, scheitern, bis schließlich eine Lösung gefunden scheint. Seine Freunde beschenken

»Jede Straße hat ihr Gesicht, ihren Geruch und ihre Stimme. Die Abaragasse, in der Salim wohnte, hat ein erdfarbenes, altes Gesicht voller Furchen, Kinderkritzeleien und Geschichten. Die Fenster stehen jeden Morgen neugierig auf und warten auf jede Nachricht, jede Schwalbe und jeden Geruch. Die Gasse riecht auch im Winter nach Anis.«

Salim mit sieben hochwertigen Weinen, einer Reise, vorzüglichem Essen und Vielem mehr. Doch der Erfolg bleibt aus. Schließlich finden sie heraus, dass sie

Salim sieben Geschichten erzählen müssen. So treffen sich die Freunde Abend für Abend, und nacheinander erzählt jeder eine wahre oder ausgedachte Geschichte. Am letzten Abend soll der stille Schlosser Ali eine Geschichte zum Besten geben und überlässt dies, zum Erstaunen der Männerrunde, seiner Frau Fatmeh. Ob das die richtige Entscheidung ist?

GESCHICHTEN, VERWOBEN WIE DIE FÄDEN IN EINEM ORIENTALISCHEN TEPPICH

Erzähler der Nacht ist ein Roman über das Geschichtenerzählen, und Rafik Schami beherrscht alle Facetten dieser Kunst. Mit Dialogen zwischen Menschen, Sternen, Tieren und Pflanzen in einer Umgebung wie aus Tausendundeiner Nacht – mit orientalischen Teppichen, Wasserpfeifen und Geschichtenerzählern – vermag es Schami, das Publikum in seinen Bann zu ziehen.

Aus ursprünglich vielen einzelnen mündlichen Erzählungen schafft er dieses kunstvoll ineinander verwobene Geschichtenbuch. Dabei gelingt es ihm, die Besonderheit des mündlichen Erzählens derart lebendig hervorzuheben, dass man den Eindruck erhält, selbst im Orient zu weilen und den verschiedenen Märchenerzählern zu lauschen.

RAFIK SCHAMI – DER AUS DAMASKUS KOMMT

Nicht nur die Ästhetik des Buches fasziniert, auch gesellschaftskritische Themen werden dem Leser in unaufdringlicher Art und Weise nahegebracht. Schami thematisiert behutsam und doch eindringlich die politischen Zustände in der arabischen Welt, die fehlende Pressefreiheit sowie die Unterdrückung der Frau und gewährt dem Leser damit Einblicke in die orientalische Lebens- und Gedankenwelt.

Auch außerhalb seiner Literatur engagiert sich Schami für die Aufhebung kultureller Vorurteile. Immer wieder besucht er Schulen und bemüht sich, die jungen Menschen zu mehr Offenheit und Toleranz gegenüber Fremden zu ermutigen. Seine Lesungen sind keine Lesungen im klassischen Sinne. Der Mann, der schon als kleiner Junge davon träumte, im Kaffeehaus die Menschen mit seinen Geschichten zu unterhalten, benötigt keinerlei Manuskript. Sein Erzähltalent führt die Zuhörer in die fremde orientalische Welt und lädt zum Träumen ein.

AUTOR: Suheil Fadél schreibt unter dem Pseudonym Rafik Schami. Geboren in Syrien, verließ er 1970 sein Land. Seitdem lebt er in Deutschland. *Erzähler der Nacht* wurde zu einem großen Erfolg. Ein weiteres Meisterwerk ist *Das Geheimnis des Kalligraphen* aus dem Jahr 2008.

NOTABENE: Schauplatz der Handlung ist Damaskus. Die Hauptstadt Syriens, die zum Weltkulturerbe gehört, entsteht mit ihren typischen verwinkelten Gassen, ihren lichtdurchfluteten Innenhöfen und ihren Gewürzmärkten mit jeder Zeile stärker vor dem geistigen Auge des Lesers. Auch auf dem wunderschönen Einband findet man die Altstadt von Damaskus wieder. Ein Grund, warum *Erzähler der Nacht* von der Stiftung Buchkunst zu einem der schönsten Bücher Deutschlands gewählt wurde. Wie berechtigt diese Auszeichnung ist, zeigen außerdem die farbigen Zierleisten und die besondere Gestaltung des Schriftbildes.

RATTAWUT LAPCHAROENSAP | *Sightseeing*

THAILAND MIT ANDEREN AUGEN

Wenn ein Ausländer — ein Farang, wie die Thais ihn nennen würden — Thailand besucht, erwartet er azurblaues Meer, feine Sandstrände und freundlich-unterwürfige Einheimische. All das findet der Leser auch in den Erzählungen des jungen Autors Rattawut Lapcharoensap. Und doch bieten die Geschichten so viel mehr: Das Bild eines mitunter krankhaft modernen Thailands mit all seinem Lebenshunger. Ein Bild, das die meisten ausländischen Touristen nie zu Gesicht bekommen werden …

Bereits die erste Erzählung Farangs stellt die westlichen Erwartungen an das Land der Realität gegenüber. Der junge Ich-Erzähler, der im preiswerten Motel seiner Mutter aushilft, verliebt sich in eine amerikanische Touristin. Obwohl seine Verwandten ihn zu überzeugen versuchen, dass die Farangs in Thailand nur Sex und Elefanten suchen, glaubt er an die Aufrichtigkeit der jungen Liebe. Um nur kurz darauf vom Gegenteil überzeugt zu werden …

EIN NEUER BLICKWINKEL

Trotz des exotischen Hintergrunds verharrt der Autor in dieser Geschichte nicht bei idyllischer Stereotypie. Ganz ähnlich verhält es sich auch mit der Erzählung Sightseeing, die dem Band seinen Namen gibt: Ein junger Thai befindet sich mit seiner Mutter auf einer Reise nach Koh Lukmak, einer der traumhaften Andamaneninseln, um mit ihr zum ersten Mal die Schönheit ihres Heimatlandes zu genießen. Doch dieses erste *Sightseeing* soll auch das letzte im Leben seiner Mutter bleiben: Eine migränebedingte Netzhautablösung lässt ihr das Augenlicht nur noch für wenige Wochen.

Auch seine weiteren Geschichten sind von einer unterschwelligen Bedrohlich-
keit geprägt. Wenn etwa die ungleiche Freundschaft zwischen dem privilegierten Protagonisten und seinem Freund Wichu, dem Sohn eines Tagelöhners, am
Einberufungstag für den zweijährigen Militärdienst auf eine harte Probe gestellt wird. Während der junge Ich-Erzähler seine Nichtberücksichtigung aufgrund der allgegenwärtigen Vetternwirtschaft bereits sicher hat und dies seinem
Freund aus Scham verschweigt, muss dieser trotz aller möglichen Zertifikate
und Atteste auf einen beinahe unmöglichen Glücksfall hoffen.

SCHWERMUT UND LEBENSHUNGER

Besonders bedrohlich wirkt jedoch vor allem die Millionenmetropole Bangkok, in der einige weitere Figuren ihr Leben zu meistern versuchen. Wie etwa der junge Ich-Erzähler der Kurzgeschichte Im *Café Lovely*, der seinen älteren Bruder Anek in ein Bordell begleitet und ihn mit seinen Freunden beim Leimschnüffeln in einer schmutzigen Hintergasse erlebt. Oder der greise Amerikaner Perry aus *Lass mich hier nicht sterben*, der seinem Sohn nach Thailand gefolgt ist, um bei ihm und seiner thailändischen Frau zu leben. Ein Unfall fesselt Perry jedoch an den Rollstuhl. Von seinen Wünschen

»Ma sagt: ›Muschis und Elefanten. Mehr wollen diese Leute nicht.‹ Das sagt sie immer im August, zur Hochsaison, wenn sie die Nase voll hat von Farangs, die überall auf der Insel herumlaufen, die Nase voll von benutzten Kondomen in den Zimmern des Motels, von Gästen, die sich in fünf Sprachen bei ihr beschweren.«

bleibt nichts als depressive Einsamkeit, zu groß sind die Sprachbarrieren, die ihn von seinen Enkeln und seiner Umwelt abschotten.

Lapcharoensap zelebriert in seinen Erzählungen die unbequeme Melancholie – und doch begegnet dem Leser in diesen alltäglichen Geschichten ein ungeheurer Lebensmut. Auf leise Art gelingt es dem Autor, den Backstage-Bereich hinter den malerischen Kulissen Thailands greifbar zu machen und den Blick des Lesers auf Südostasien damit um einige wertvolle Facetten zu erweitern.

AUTOR: Rattawut Lapcharoensap wurde 1979 in Chicago geboren. Seine Kindheit und Jugend verbrachte er in Bangkok, kehrte jedoch als Student nach Amerika zurück. *Sightseeing* ist seine erste Veröffentlichung. Heute lebt er in Ann Arbor, Michigan.

HUYNH QUANG NHUONG | *Mein verlorenes Land*

ZURÜCK NACH VIETNAM

Mit Vietnam assoziieren einige Menschen nicht mehr als einen Dschungelstreifen am südchinesischen Meer, um den sich vor vielen Jahren die Stellvertreter des Kalten Krieges stritten. Unzählige Geschichten ranken sich um dieses kleine Land. Kaum eine dreht sich nicht um den Krieg oder stammt aus der Feder eines amerikanischen Drehbuchautors. Doch es gab auch vor dem Krieg schon ein Vietnam: verträumt, ländlich und unschuldig. Mit seinen Erinnerungen gibt uns Huynh Quang Nhuong ein Zeugnis von dieser Zeit.

Die Geschichten voll außergewöhnlicher Ereignisse in seiner Kindheit, die er in einem kleinen Dorf im vietnamesischen Hochland verbrachte, malen ein Bild vom einfachen Leben in ständigem Kampf und Einheit mit der überwältigenden Natur, welche diese kleine Welt umgibt. Aus dem Erfahrungsschatz einer vietnamesischen Dorfgemeinschaft berichtet er von der Jagd auf angriffslustige Wildschweine und gefährliche Riesenschlangen. Wie fängt man einen Aal am einfachsten lebend? Wie richtet man einen Affen ab? Warum kamen die untreuen Vögel jeden Abend um Punkt sechs Uhr zurück in ihren Käfig geflattert? Warum hat das größte Krokodil im Fluss nur einen kurzen Stummelschwanz? Der kleine Junge

»Ich hatte immer vor, in mein Dorf zurückzukehren und dort den Rest meines Lebens zu bleiben. Doch der Krieg zerriss meine Träume. Das Land, das ich liebe, ging mir für immer verloren. Diese Geschichten sind meine Erinnerungen …«

aus Huynhs Erinnerungen und dessen großer Freund, der Büffel Tank, spazieren durch diese faszinierende Welt, erleben ihre eigenen Abenteuer und berichten von denen anderer.

Ein Schuss zerstört die Idylle der Kindertage und beendet die Erzählung. Das kleine Land ist zwischen die Fronten der Supermächte geraten, die den Schleier über der Erinnerung an die ländliche Idylle seiner Kindheit zerreißen. Erinnerungen an ein verlorenes Land, so wertvoll und voller Schönheit.

VERGESSENE WELTEN

Huynh überanstrengt nicht mit seiner Sprache. Das kleine Büchlein ist gefüllt mit Anekdoten, wie wir sie während der eigenen Jugend in unseren Breitengraden hätten erleben können. Huynh erzählt so unprätentiös, dass es jeden, der es liest, überraschen muss, wie tief er in die pittoreske, fast vergessene Welt ihres Autors hineingezogen wird – und wie schnell dieser Ausflug in die Fremde, die in so vielem aus der eigenen Kindheit so vertraut wirkt, wieder beendet ist.

AUTOR: Huynh Quang Nhuong wurde 1946 in Südvietnam geboren. Seine Erinnerungen schrieb er in den Vereinigten Staaten nieder, während er von einer Rückkehr als Lehrer in sein Heimatdorf träumte. Er wurde 1987 mit dem Deutschen Jugendliteraturpreis in der Kategorie Kindersachbuch ausgezeichnet. Ein weiteres Werk des Autors, *Water Buffalo Days: Growing Up in Vietnam*, ist in englischer Sprache erhältlich.

NOTABENE: Am 2. September 1945 ruft Ho Chi Minh die Unabhängigkeit Vietnams von den französischen Kolonialherren aus. Danach folgte eine Zeit der Zerrissenheit zwischen dem Norden und dem Süden des Landes. Die Vereinigten Staaten von Amerika und die Sowjetunion fochten hier einen ihrer Stellvertreterkriege aus. Zwischen 1962 und 1971 versprühten die amerikanischen Streitkräfte Agent-Orange, eine hochgiftige Chemikalie, um große Urwaldflächen zu entlauben. 1976 wurde das Land vom sozialistischen Norden wiedervereinigt. Heute leben über 80 Millionen Menschen in Vietnam, einem Land, das mit seiner rasch wachsenden Volkswirtschaft zu den asiatischen Ländern gehört, die nicht den Anschluss an westliche Modernität sucht, sondern versucht, ihre eigene zu erschaffen.

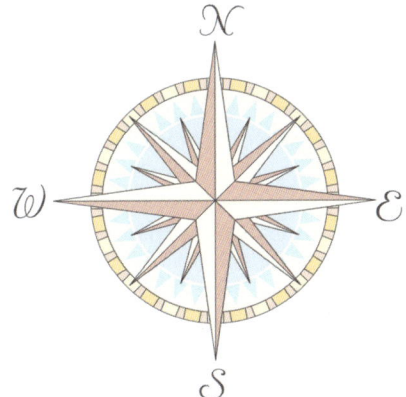

WEITERREISEN

China Shan Sa – Die Go-Spielerin: In einem besessenen Go-Spiel in der besetzten Mandschurei stehen sich 1937 eine chinesische Rebellin und ein japanischer Spion gegenüber. Ein poetisches und kluges Buch über Taktik und Liebe, Ränke und Leidenschaft.

Indien Gregory David Roberts – Shantaram: Shantaram – Mann des Friedens. Mit tiefen Einblicken in die Machenschaften der indischen Mafia und das Leben der Menschen in Bombay beschreibt Gregory David Roberts seinen persönlichen Kampf gegen Drogen und Armut in Asien.

Indonesien Pramoedya Ananta Toer – Haus aus Glas: Der Polizeikommissar Pangemanann arbeitet Anfang des 20. Jahrhunderts für die holländische Kolonialregierung. Seine Aufgabe ist es die Unabhängigkeitsbewegung transparent zu machen. Mehr und mehr gerät er dabei in einen Sog aus Macht und Intrigen.

Israel Eshkol Nevo – Wir haben noch das ganze Leben: Sensibel gezeichnetes Portrait einer wunderbaren Freundschaft zwischen vier sehr unterschiedlichen Männern im modernen Israel. Ein vergnüglicher Roman voller kurioser Ideen, Liebe, Schmerz und Hoffnung.

Japan Hitori Nakano – Train Man: Tsuyoshi Yamada ist ein typischer Otaku, ein Nerd. Er lebt zurückgezogen und verbringt den Tag mit Computerspielen. Die Rettung einer jungen Frau endet in einer tragisch, rührenden Liebesgeschichte, in der Chatfreunde zu stillen Ratgebern werden.

Jemen Paul Torday – Lachsfischen im Jemen: Scheich Muhammad ibn Zaidi bani Tihama fischt gerne. Diesem Hobby will er auch in seiner Heimat, dem Jemen, nachgehen. Der britische Wissenschaftler Dr. Jones wird von ihm engagiert, in der Wüste eine Lachsfarm anzulegen. Als auch Politiker an dem absurden Prestigeprojekt mitwirken wollen, wird der Rest der Welt aufmerksam.

Libanon Iman Humaidan-Junis – B wie Beirut: Vier Frauen von unterschiedlicher religiöser und sozialer Herkunft berichten von ihren Erfahrungen in den Kriegsjahren 1975-1990. Ergreifend erzählen sie vom Verlust und der Hoffnung weiterzuleben.

Mongolei Galsan Tschinag – Mein Altai: Der Altai. Grandiose Schönheit, gewaltige, das Leben bestimmende Kräfte der Natur, die Weite der mongolischen Steppe und die Traditionen des tuwinischen Volkes: starke Elemente Galsan Tschinags großer Erzählungen.

Nepal Patricia McCormick – Verkauft: In tagebuchartiger Form erzählt das nepalesische Mädchen Lakshmi von ihrem Leben. Sie wird als Dienstmädchen nach Indien verkauft, muss dort aber erschrocken feststellen, dass sie betrogen wurde.

Pakistan Ali Sethi – Meister der Wünsche: Über drei Generationen – von der Großmutter bis zum Ich-Erzähler – entführt dieses Buch den Leser in das Leben der mittelständischen Schicht Pakistans. Ein packendes Buch, mit autobiografischen Zügen.

Thailand John Burdett – Bangkok Tattoo: Atmosphärischer Rotlicht-Thriller, der westliches Denken mit östlichem Glauben vermengt. Nach „Jadereiter" löst Thai-Kommissar Sonchai hier seinen zweiten Fall. Spannend, rasant und mit interkultureller Sensibilität.

Tibet Alice Grünfelder (Hg.) – Flügelschlag des Schmetterlings: Erzählungen junger tibetischer Autorinnen und Autoren, die in Tibet und im Exil leben. Sie verbindet ein Leben im Spannungsfeld zwischen Tradition und Moderne. Jenseits aller Tibet-Klischees.

Türkei Murathan Mungan – Städte aus Frauen: 16 Porträts türkischer Frauen, wie sie unterschiedlicher nicht sein können: Sehnsüchte, Träume, zufällige Begegnungen, Schicksalsschläge. Ihre Lebenswege zwischen orientalischer Tradition und westlicher Orientierung zeichnen ein eindringliches Gesellschaftspanorama der modernen Türkei.

Vietnam Andrew X. Pham – Mond über den Reisfeldern: Nach Kriegsende flüchtete An nach Amerika. 20 Jahre später kehrt er zurück und bereist Vietnam mit dem Fahrrad. Eine sehr gelungene Mischung von abenteuerlichem Reisebericht und berührender Familiensaga.

Ozeanien

BRUCE CHATWIN | *Traumpfade*

NOMADENLIEDER DES ROTEN KONTINENTS

Traumpfade sind nach dem Schöpfungsmythos der Aborigines die Wege entlang derer die Ahnen der australischen Ureinwohner über den Kontinent zogen und das Land erschufen, indem sie es ersangen, erwanderten und erträumten. Diesem noch heute lebendigen Mythos folgt Bruce Chatwin in seinem ungewöhnlichen Buch, das zugleich Roman, Reisebericht, wissenschaftlicher Essay und Tagebuch ist.

Die Rahmenhandlung des autobiografisch anmutenden Buches ist die Reise des Erzählers durch das Red Center, wie die Australier das karge Landesinnere nennen. Tatsächlich ist das Buch halbbiografisch und basiert auf einer Reise durch das Outback, die Bruce Chatwin zusammen mit seinem Freund Salman Rushdie unternahm. Unterwegs trifft Bruce, der Ich-Erzähler des Buches, eine bunte Melange interessanter und skurriler Persönlichkeiten — einen christlichen Aussteiger-Missionar, eine gewiefte Kunsthändlerin, schießwütige rassistische Weiße, den Nietzsche-lesenden Stammesältesten eines Aborigine-Clans und einen Australier russischer

»›Wenn man die Erde verwundet, verwundet man sich selbst‹, sagte er ernst, ›und wenn andere die Erde verwunden, verwunden sie dich. Die Erde sollte unberührt bleiben: so wie in der Traumzeit, als die Ahnen die Welt ins Dasein sangen.‹«

Herkunft namens Arkady Wolschok. Zwischen Bruce und Arkady entwickelt sich eine Freundschaft. Arkady, ein vielgereister Kosmopolit, setzt sich für den Erhalt der Kultur und der Lebensweise der Ureinwohner ein. Er unterhält gute Verbindungen zur Landrechtebewegung der Aborigines und hilft Bruce bei seinen Nachforschungen zu den Traumpfaden. Sein wichtigstes Anliegen ist es, den Bau einer geplanten Bahnlinie zu verhindern, die heilige Stätten zerstören würde.

Arkady und die Aborigines gewähren Bruce Einblicke in die Welt der Ureinwohner, in ihren Austausch von Liedern, um diese vor dem Vergessen zu bewahren, aber auch in weltliche Angelegenheiten, wie den Handel von Aborigine-Kunst durch australische Galeristen. Von den Aborigines und seinem Reisegefährten Arkady erfährt Bruce vieles über Australien und das Leben seiner Ureinwohner heute und in der Vergangenheit, über ihre Riten und Gebräuche und die Traumpfade, die das zentrale Thema des Buches bilden. Um zu verstehen, was es mit den Traumpfaden auf sich hat, muss man zunächst auf den Schöpfungsmythos der Ureinwohner blicken.

DIE TRAUMZEIT – DIE AHNEN ERWACHEN IM URSCHLAMM

Die Aborigines glauben, dass sie von mystischen Urahnen abstammen, die sie als Totems verehren, zum Beispiel die Honigameise oder die Regenbogenschlange. In ihrem Schöpfungsmythos, den sie die Traumzeit nennen, erschufen diese ersten Vorfahren die Welt. Die Traumzeit ist die Zeit als die Welt noch nicht existierte, Sonne und Mond noch nicht am Himmel standen und die Vorfahren gerade aus ihrem Schlaf unter der Erde erwachten. Sie wanderten über das öde flache Land, rasteten, träumten und sangen ihre Lieder. Und durch ihre Lieder, Taten und Träume erschufen sie die Welt indem jedes Ereignis auf ihren Wanderungen Spuren in der Landschaft hinterließ und diese formte. So entstanden Berge und Täler, Wasserlöcher, Pflanzen, Felsen, Tiere und all die Besonderheiten der Landschaft und der Flora und Fauna des australischen Kontinents, welche die Ahnen singend benannten. Jeder dieser Urahnen in der Traumzeit erlebte seine

einzigartige Geschichte, erschuf einen Teil der Welt, markierte damit zugleich sein Territorium und das seiner Nachfahren und sang ein bestimmtes Lied auf seinem zurückgelegten Weg — seinem Traumpfad. Am Ende der Traumzeit war das gesamte Land erschaffen, gezeichnet von den Wanderungen der Urahnen und ihrer Lieder und die Vorfahren gingen ihrerseits in die Welt ein, etwa als auffällige Felsformationen, Tiere oder Sterne.

Diesen Traumpfaden ist Bruce Chatwin in seinem faszinierenden und vielseitigen Buch auf der Spur. Er versucht zu verstehen, was sie für die Aborigines bedeuten und wie sie funktionieren. Dabei bedient er sich unterschiedlicher Erzählweisen. So ist das Buch eine furiose Mischung aus Roman, Reisebericht, Reportage, wissenschaftlicher Abhandlung, Notizbuch, Autobiografie und Aphorismensammlung. Neben seinen Erlebnissen mit den Aborigines im australischen Outback geht er den verschiedensten Gedanken und Theorien aus Anthropologie, Biologie und Archäologie nach und zieht Vergleiche zu anderen Nomadenvölkern, die er auf seinen Reisen begleitet und studiert hat. Sein Hauptaugenmerk legt Chatwin dabei auf die Bedeutung, welche die Traumpfade heute bei den Aborigines einnehmen.

OHNE DAS SINGEN DER TRAUMPFADE GIBT ES KEINE WELT

Australien ist ein unwirtliches, trockenes Land in dem das Quecksilber leicht über fünfzig Grad Celsius steigen kann. Das Outback bildet dabei ein Puzzle aus verschiedenen Mikroklimata mit unterschiedlichen Mineralien, Pflanzen und Tieren. Die Aborigines können dennoch wochen- und monatelang fernab jeg-

licher Zivilisation auf ihren sogenannten *Walkabouts* durch die Wildnis wandern. Indem sie sich an den Traumpfaden orientieren, wissen sie, wo es Wasser gibt, wo welche Pflanzen wachsen und wo ein guter Ort für die Nacht zu finden ist. Die Traumpfade benennen das Territorium und sind gleichzeitig seine detaillierte Beschreibung. Die enge Verknüpfung von ersingen und erwandern kommt im Originaltitel des Buches, dem englischen Begriff für Traumpfade, *Songlines*, noch deutlicher zum Ausdruck.

SESSHAFTE NOMADEN – HÄUSER SIND DIE GRÄBER DER LEBENDEN

Wenn heute die Geschichte eines dieser Ahnen gesungen wird, entsteht der Traumpfad von neuem. Im Glauben der Aborigines erschafft der Gesang das Land ständig neu. Durch die Weitergabe der Lieder über Generationen und das gemeinsame Singen bei ihren Zusammentreffen erhalten die Aborigines das Land, denn ohne das Singen kann es keine Welt geben. Diese fundamentalste aller Aufgaben im Glauben der Ureinwohner ist im heutigen Australien nicht einfach zu erfüllen, wenn Baumaßnahmen, wie etwa Eisenbahnlinien und andere zivilisatorische Einschnitte die Wege der Traumpfade und damit die kulturellen Wurzeln der Ureinwohner bedrohen und zerstören.

Das letzte Drittel des Buches besteht vor allem aus Tagebucheinträgen und Notizen verschiedener Reisen des Ich-Erzählers Bruce. Darin entwickelt er seine These, dass die originäre Lebensweise des Menschen die von Nomaden ist. Zur Untermauerung seiner Sichtweise stellt er tiefgehende anthropologische, biologische und archäologische Überlegungen an. Daneben erzählt er Geschichten, plaudert über seine Erlebnisse auf verschiedenen Kontinenten, streut Spekulationen, Tagebuchnotizen, Sagen des Altertums und Interviews ein, zitiert Gelehrte und Bücher und rekapituliert vergangene Gespräche, wie zum Beispiel eine Unterhaltung über Instinkttheorie und Aggression mit dem Verhaltensforscher Konrad Lorenz. Als Resultat seiner Überlegungen steht seine Überzeugung, dass die natürliche Auslese den Menschen zum Nomadentum bestimmt

»Überall im Busch können Sie auf irgendeine Stelle in der Landschaft zeigen und den Aborigine an Ihrer Seite fragen: ›Was für eine Geschichte ist das?‹ oder ›Wer ist das?‹. Es ist möglich, dass er ›Känguru‹ oder ›Wellensittich‹ oder ›Eidechse‹ antwortet, je nachdem, welcher Ahne diesen Weg gegangen ist.«

hat und dass es ein natürlicher Instinkt des Menschen ist, zu wandern. Aus der Verdrängung dieses ursprünglichen Triebes durch die Sesshaftigkeit ergeben sich nach Chatwins Auffassung vielfältige, teils fatale, psychologische Folgen für den naturbedingt ruhelosen Menschen. Mit seinen originellen Gedankengängen und klugen Reflexionen bringt uns Chatwin, der sich selbst für einen Nomaden hielt, unsere eigene menschliche Natur ein Stück näher.

AUTOR: Bruce Chatwin, 1940 in Sheffield geboren, war jüngster Direktor von Sotheby's und Journalist der *Sunday Times*. Nach einem abgebrochenen Archäologiestudium lebte Chatwin als Reiseschriftsteller. Er starb 1989 in Frankreich an AIDS. Seine Werke *In Patagonien* und *Traumpfade* wurden weltberühmt.

NOTABENE: *Traumpfade* war Bruce Chatwins erfolgreichstes Buch. Es avancierte schnell zum Kultbuch, das im Handgepäck von Australienreisenden nicht fehlen durfte. Dennoch erntete es auch nachhaltige Kritik. Von Seiten der Ureinwohner wurde Chatwin vorgeworfen, ihr Vertrauen missbraucht zu haben und heiliges Wissen, wie das über die Beschneidungsrituale, preisgegeben zu haben, wofür in ihrer Kultur schwere Sanktionen bis hin zur Todesstrafe verhängt werden. Anstoß wurde auch an der Selbststilisierung des Alter-Ego-Erzählers Bruce genommen, die Chatwins Ruf, ein exzentrischer Dandy zu sein, unterstrich.

TIM WINTON | *Weite Welt*

DIE SUCHE NACH GLÜCK

Wer in Gedanken nach Australien reist, der sieht wahrscheinlich zuerst die atem-beraubenden Landschaften an seinem inneren Auge vorbeiziehen. Den majestäti-schen Ayers Rock, die Eukalyptuswälder, in denen Koalabären genüsslich an ihren Blättern kauen, oder die fantastische Unterwasserwelt des Great Barrier Reefs. Doch die Menschen, die hier leben, kommen in diesen Bildern nicht vor. Dabei sind gerade sie es, die dem Land Leben einhauchen.

In seinen siebzehn australischen Geschichten lässt Tim Winton die Bewohner der fiktiven westaustralischen Hafenstadt Angelus zu Wort kommen. Auf den ersten Blick sind es unspektakuläre Charaktere: Fischer, Polizisten und Schulmädchen, die ihr Leben oftmals mehr schlecht als recht meistern, Menschen, die einen Angehörigen oder ihre Arbeit verloren haben, die keinen Platz auf dieser Welt finden und auf der Suche nach sich selbst sind oder sich resigniert ihrem Schick-sal ergeben.

AUF DEN KNIEN

Da ist zum Beispiel Vic, auf den der Leser gleich in mehreren Geschichten trifft. Er ist mit seiner kleinen Schwester und seinen Eltern neu im Ort, in dem sein Vater als Polizist arbeitet. Es ist ei-ne schwierige Zeit für die Hafen-stadt. Einbrüche und Prügeleien häufen sich, Jugendliche ertrin-ken, eine Schülerin stirbt an einer Überdosis. Der Vater kann mit dem Druck, der auf ihm lastet, nicht mehr umgehen und wird darüber zum Alkoholiker. Als Vics Schwester an Meningitis stirbt, verlässt der Vater Familie und Stadt.

»Der Südhimmel drückt schwer, und die Strände und Buchten nehmen die Farbe schmutzigen Zinns an.«

Oder Frank, der als kleiner Junge von seinem älteren Bruder Max in den Dünen bis zum Kopf eingegraben wird und sich nur mit Mühe aus dem Sand retten kann. Frank wird später ein erfolgreicher Surfer, während Max mit seiner Frau und den beiden Töchtern als Dauercamper im Caravanpark wohnt und seine Familie von Gelegenheitsjobs ernährt. Max schlägt seine Frau Rae, die ihn dennoch liebt. Durch eine ungewöhnliche Freundschaft zu einem Ehepaar, das so ganz anders ist als sie und Max, findet Rae zu ihrem ganz persönlichen Weg, die Gewalttätigkeit ihres Mannes zu ertragen. Eine unscheinbare Schneekugel, in der Jesus inmitten eines Schneesturms über das Wasser geht, gibt ihr diese Kraft.

WEITE, KLARE SICHT

Es gibt aber auch Momente des Glücks: Biggie und sein bester Freund, die ihr im Sommer hart verdientes Geld in einen alten VW-Kombi stecken, um ohne ein bestimmtes Ziel vor Augen die Küste entlang nach Norden zu fahren; Peter und sein kleiner Sohn Ricky, die von den windgepeitschten Klippen die Schaumkronen des Ozeans und die Lichter der Schiffe beobachten; und Gail mit ihrer Schwiegermutter Carol, die im Sonnenuntergang sitzen, reden und lachen, bis sie die Welt um sie herum vergessen.

Winton richtet in seinen Erzählungen den Blick auf ganz gewöhnliche Menschen, die versuchen, mit ihrem Leben klar zu kommen und auf der Suche nach ihrem eigenen kleinen Glück sind. Die Geschichten verbreiten bei aller Nähe zur teils brutalen Realität eine melancholische Atmosphäre. Und doch, oder gerade deshalb, ziehen sie den Leser in ihren Bann. Man fühlt mit den Protagonisten, leidet mit ihnen. Mit seinen Erzählungen sind Winton regelrechte Kleinode gelungen, die erst durch ihren Bezug zueinander zur Geltung kommen und sich harmonisch zu einem großen Ganzen fügen. Es entsteht ein Bild Australiens, das den Leser hinter die Kulissen des Tourismus blicken lässt: einem Land, das eben mehr zu bieten hat, als einen Berg mitten in der Wüste, Koalabären und schillernde Clownfisch-Schwärme – seine Menschen.

AUTOR: Tim Winton, Jahrgang 1960, wurde nahe Perth geboren und lebt seither in Westaustralien. Er ist einer der erfolgreichsten Schriftsteller des Landes. Zweimal für den *Man Booker Prize* nominiert, gewann er dreimal den *Miles Franklin Award*, Australiens wichtigsten Literaturpreis. Viel gelobte deutsche Übersetzungen liegen auch für seine Romane *Atem* und *Der singende Baum* vor.

KERI HULME | *Der Windesser Te Kaihau*

MYTHEN UND MODERNE DER MAORI

Aotearoa lautet der Name der Maori für Neuseeland, dem Schauplatz dieses Buches. Ein Land voller Legenden und Geheimnisse, welche die Menschen bis heute in ihren Bann ziehen. Die Überlieferungen des indigenen Volkes Neuseelands und die Verbundenheit der Autorin mit ihnen spiegeln sich nicht nur im Titel wider. In neunzehn prosaischen Erzählungen werden die Macht der Natur und die Rolle des Menschen darin auf eine ganz eigene Art und Weise dargestellt.

In dem Erzählband werden Elemente aus althergebrachten Sagen der Maori wie selbstverständlich in Geschichten und Charaktere der Gegenwart eingebunden. Sie geben den Passagen etwas Zauberhaftes in der ansonsten krass geschilderten Realität. Inhaltlich reicht die Bandbreite der Erzählungen von der magischen Kraft der Natur und deren Wissensschatz im Gegensatz zum rational denkenden Menschen bis zur brutalen Zerstörung natürlicher Lebensräume. Ein wieder-kehrendes Thema ist die Einsamkeit und Fremdheit zwischen den Menschen sowie ihre Unfähigkeit, sich selbst und ihre Um-

»Kennen Sie das Gefühl aus tiefen Gedanken plötzlich ins Nichts zu fallen?«

welt wahrzunehmen und zu verstehen. Wir begegnen unter anderem Punks und Junkies, einer vormaligen Nonne, die ein Kind erwartet oder auch einem Wal. Besonderes Augenmerk gilt dabei den Kindern, die in Hulmes Geschichten oft die Hauptrolle spielen und dem Gefühl von Verlorenheit des auf sich allein ge-stellten Individuums in der sozialen Gesellschaft.

Der besondere literarische Stil der Autorin zeigt sich in der Form ihrer Prosaarbeiten. Manche Geschichten muten phantastisch an, andere wirken wie Fragmente eines noch nicht vollendeten Textes. Einige Erzählungen sind wiederum so komplex, dass sie allein Stoff für ganze Bücher bieten würden. Wechselnde Perspektiven und Erzähltechniken lassen jedes Kapitel zu einer neu-en spannenden Herausforderung für den Leser werden.

AM ENDE DER WELT

Neuseeland, das Land am anderen Ende der Welt, verzaubert die Menschen seit jeher durch seine faszinierende Landschaft und einzigartige Pflanzen- und Tierwelt. Wer nach Neuseeland reist, dem kann es passieren, dass er außer vielen wunderbaren Eindrücken noch etwas viel Wichtigeres gewinnt — Einsichten über das eigene Leben und die große Bedeutung der Freiheit. Keri Hulme nimmt jedoch nicht nur die sagenhaften Eigenheiten Neuseelands in ihre Erzählungen auf. Sie verzichtet auch auf Idealisierungen jeder Art, was ihren Geschichten eine geradezu erschreckend reale Wirklichkeitsdarstellung verleiht. Wer sich unter neuseeländischer Literatur nur Romane à la Mary Scott vorstellt, lernt mit Keri Hulme eine andere, düstere, aber geheimnisvoll verzaubernde Seite dieses Landes kennen.

AUTORIN: Keri Hulme wurde 1947 in Christchurch/Neuseeland geboren. Mütterlicherseits stammt sie von dem Maori-Stamm *Kai tahu* ab. 1985 wurde ihr Erstlingswerk *Unter dem Tagmond* mit dem *Man Booker Prize* ausgezeichnet. Heute lebt sie in einem selbstgezimmerten Haus bei Okarito.

LLOYD JONES | *Mister Pip*

CHARLES DICKENS UND DIE FLIEGENDEN FISCHE

Wie so oft ist das Paradies nur eine Illusion: Eine Insel im Pazifischen Ozean, auf der die Natur sich in voller Pracht entfaltet und die den Menschen mit ihrem Reichtum das Leben leicht scheinen lässt – doch hier findet ein blutiger Krieg statt, der den Menschen das Leben zur Hölle macht. Matilda und die anderen Kinder des Dorfes auf Bougainville können diesem Grauen nur mit der Macht der Phantasie entfliehen, in das viktorianische London des Charles Dickens.

Nicht vollkommen abgeschieden von der Welt, doch ohne besonderes Interesse an dem, was anderswo passiert, leben Matilda und die Bewohner ihres Dorf friedlich auf Bougainville, einer Insel nahe Papua-Neuguinea. Doch als 1989 die Kupfermine stillgelegt wird, erheben sich Rebellen gegen die Regierung und rekrutieren die jungen Männer des Dorfes für ihren Kampf. Es entbrennt ein Krieg gegen die von der Regierung entsendeten Soldaten. Bald schon sind alle Weißen von der Insel verschwunden, bis auf Pop Eye, der jeden Tag mit einer Clownsnase seine Frau auf einem Karren durch das Dorf zieht. Niemand weiß, woher er kommt oder warum er Grace geheiratet hat. Doch eines Tages haben die Kinder Gelegenheit, Pop Eye näher kennenzulernen. Er wird ihr Lehrer.

»Ich bin mir sicher, er fühlte sich in Mr. Dickens' Welt wohler als bei uns, umgeben von schwarzen Gesichtern, Aberglauben und mythischen fliegenden Fischen. In ›Große Erwartungen‹ war er wieder unter Weißen.«

EIN NEUER FREUND

Mr. Watts, so Pop Eyes richtiger Name, versucht mit dem Wenigen, was auf der Insel noch verfügbar ist, den Kindern etwas über das Leben beizubringen. So

beginnt er aus dem »größten Roman« des »größten englischen Schriftstellers aus dem 19. Jahrhundert« vorzulesen: *Große Erwartungen* von Charles Dickens. Für Matilda und die anderen Kinder öffnet dieses Buch eine völlig neue Welt, die für sie nur schwer zu begreifen ist. Denn wie soll man sich Raureif vorstellen, wenn schon das Wort »frostig« in ihrem warmen Klima nicht zu erklären ist? Und doch findet Matilda in dieser Geschichte etwas, was sie nie erwartet hätte, einen neuen Freund. Pip wird ihr vertrauter als ihre eigene Mutter

»Er fordert mich auf, die einzige Welt, die ich kannte, hinter mir zu lassen. So sehr ich davon geträumt haben mochte, hatte ich mich nie von der Insel fortgehen sehen. Ich konnte mir die Welt, die mich aufnehmen würde, nicht vorstellen.«

und wichtiger als ihre realen Freunde. Sie leidet, weint und lacht mit ihm. Doch eines Tages kommen die Soldaten in ihr Dorf. Und sie suchen nach Pip.

MR. WATTS UND MR. DICKENS

Das Schreckliche und das Schöne liegen in dieser Geschichte nah beieinander. Matildas Erwachsenwerden gleicht einer Mischung aus Kriegsbericht und der Schilderung einer ersten Liebe. Man erlebt ihren ersten Kontakt mit Mr. Dickens mit und versucht wie sie herauszufinden, was es mit Mr. Watts Verbleiben auf der Insel für eine Bewandtnis hat. Dabei ist Matildas Geschichte so dicht erzählt, dass man Gefahr läuft, das Schreckliche zu übersehen, das sich nur in kleinen Details offenbart. So wird die Tragweite des ersten Überfalls der fremden Soldaten erst spürbar, als sich Matilda, mittlerweile erwachsen, auf das besinnt, was sie dabei verloren hat — womit nicht die unmittelbaren, materiellen Verluste gemeint sind. Ihre Beziehung zu Mr. Watts gleicht mit der Zeit immer mehr einem Vater-Tochter-Verhältnis — wenn auch auf sehr zurückhaltende Weise. Was den beiden gemein ist, ist ihre tiefe Zuneigung zu Mr. Dickens und vor allem zu Pip, seinem einsamen Helden. Beide verbinden mit Pip einen wichtigen Abschnitt ihres eigenen Lebens, und obwohl Mr. Watts Matilda seine Lebensgeschichte erzählt, findet sie erst viel später heraus, was es mit der Clownsnase wirklich auf sich hatte.

Die Insel Bougainville ist in diesem Roman mehr als nur eine Kulisse: Die Geschehnisse sind unweigerlich bedingt durch die Umgebung, in der sie stattfinden. Der Dschungel garantiert ein sicheres Versteck, die Vegetation bietet Nahrung, und der Strand Gelegenheit zu träumen. Doch eben weil das so ist, wird Matilda nicht bleiben können. Alles was sie erlebt hat, wird immer mit dieser kleinen Insel im Pazifik zusammenhängen, die für sie Heimat bedeutet.

AUTOR: Lloyd Jones, geboren 1955 in Lower Hutt, Neuseeland, hat zahlreiche Romane und Erzählungen veröffentlicht, wie *Choo Woo*, und gehört zu den namhaften, vielfach preisgekrönten Autoren seiner Heimat. Für *Mister Pip* erhielt er u. a. den *Commonwealth Writers' Prize*.

EPELI HAU'OFA | *Rückkehr durch die Hintertür*

PALMEN, SEX UND ENTWICKLUNGSHILFE

In schillernden Satiren erzählt Epeli Hau'ofa von der Südseeinsel Tonga und ihren Bewohnern. Unbestechlich und mit umwerfendem Humor entwirft er ein Bild der tongaischen Gesellschaft und deren Befindlichkeiten. Besonderes Interesse gilt dem Einfluss des missionierenden Westens während der Kolonisierung und später ›durch die Hintertür‹ der Entwicklungshilfe. Dabei klingt dem Leser beständig sein pazifisches Lachen im Ohr und weckt Sympathie für ein Volk abseits der literarischen Landkarte.

»In Tonga gilt als miserabler Erzähler, wer seine Zuhörer nicht zum Lachen bringt.« Nach diesem Grundsatz erzählt das tongaische Multitalent Epeli Hau'ofa Geschichten über seine Pazifikinsel, die man auf den meisten Weltkarten vergeblich sucht. In Tiko, wie er seine fiktionale Insel stellvertretend für zahlreiche Kleinstaaten des Südpazifiks nennt, tickt nicht nur die Uhr anders; auch die Eigenarten, Tugenden und die Lebensweise dieses kleinen Südseevölkchens sind für den Ankömmling aus der ersten Welt nicht immer leicht zu verstehen.

Eifrige Entwicklungshelfer mit Sinn für Karriere stürzt dies ganz besonders in Verzweiflung und frühzeitiges Altern. Entwicklungen in einem Land anzustoßen, in dem heiteres Nichtstun als höchste Tugend gilt, ist nun mal harte Arbeit. Oder liegt gerade hier der westliche Denkfehler?

Zudem ist es besondere Gabe und zugleich Unsitte der Tikos, Geld aus internationalen Hilfsfonds auf möglichst entspannte und einfallsreiche Weise durchzubringen. Doch *»Ich habe meinen Sinn für Humor beinahe verloren, als ich versuchte, zivilisiert zu sein. Zum Glück ist mir das nie ganz gelungen.«*

die Organisationen, die den winzigen Pazifikstaat als ideales Terrain für ihre Projekte entdeckt haben, denken in ihrem Missionierungseifer gar nicht daran, ihre

Vergabekriterien an Tiko-Gepflogenheiten anzupassen. Woher sollten sie auch wissen, dass man einem Tiko besser keinen Stier mitsamt drei Kühen zum Start seiner frischgebackenen Viehzüchterkarriere zur Verfügung stellen sollte, wenn Familienfeiern oder Beerdigungen anstehen. Und so entwickeln sich die Einheimischen langsam zu Profis im Beantragen von Hilfsgeldern.

ENTWICKLUNGSHELFER SIND REICHE LEUTE, DIE VERSUCHEN ARM AUSZUSEHEN

Neben dem Versenken von Entwicklungshilfe gibt es noch andere Spezialitäten der unverbesserlichen Einheimischen. So werden unter anderem Posten geschachert, körperliche Gelüste kultiviert, Kirchen gewechselt und ein Tiko-Kind namens Hitler, liebevoll Hiti genannt, in George IV. umbenannt, als der König von Tiko und Verbündeter des Empire dem deutschen Führer den Krieg erklärt. Und während der Woche erholt man sich von der strapaziösen Sonntagsmesse.

Die insgesamt zwölf Erzählungen des Buches bilden einen bunten Reigen an Geschichten über den fiktionalen Ministaat im Pazifik. Charmant erzählt und voller Witz bleibt dem Leser das Lachen jedoch zuweilen im Halse stecken. Denn hinter all dem Schalk stehen ernste Themen, die nicht zu kurz kommen. So beleuchtet Epeli Hau'ofa etwa Unternehmensinteressen, die hinter Hilfsprojekten stehen genauso wie die persönlichen, weniger altruistischen Ambitionen der Entwicklungshelfer. Heute übt der Westen seinen Einfluss nicht mehr durch koloniale Ausbeutung und Unterdrückung aus, sondern durch die Verlockungen des Geldes. Macht, Kolonisation, Religion, Entwicklungszusammenarbeit und eine von Männern dominierte und zutiefst korrupte Gesellschaft zeigen sich hinter der heiteren Fassade aus absurdem und dennoch geistvoll hintersinnigem Humor. Und so schallt hinter allem Ernst ein pazifisches Lachen.

AUTOR: Epeli Hau'ofa, 1939 in Tonga geboren, starb 2009. Der promovierte Anthropologe, Schriftsteller und Sozialwissenschaftler war Privatsekretär des Königs von Tonga, gründete die erste tongaische Literaturzeitschrift und das *Oceania Centre for Arts and Culture.*

WEITERREISEN

Australien

Bill Bryson – Frühstück mit Kängurus: Australische Abenteuer in humorvollen und informativen Reiseanekdoten mit Hintergründen zu Flora, Fauna und Geschichte des roten Kontinents. Ein Buch, das im Handgepäck Australienreisender nicht fehlen darf.

Peter Carey – Die wahre Geschichte von Ned Kelly: Das Leben des australischen Nationalhelden und Outlaws erzählt aus dessen eigener (fiktionaler) Perspektive. Die spannende und temporeich erzählte Geschichte einer Legende. Robin Hood down under.

Marlo Morgan – Traumfänger: Eine junge, weiße Amerikanerin darf an einem Walkabout der Aborigines teilnehmen. Spannende Dokumentation einer Selbstfindung und faszinierender Reisebericht in die mystische und naturverbundene Welt der Ureinwohner.

Neuseeland Alan Duff – Warriors: Hart und schonungslos ist das Leben der Maoris in neuseeländischen Ghettos. Zornig, einfühlsam und verstörend zeichnet das Buch das triste Leben einer stolzen ethnischen Minderheit nach, die zum sozialen Verlierer geworden ist.

Polynesien Thor Heyerdahl – Kon-Tiki: Um zu beweisen, dass Polynesien von Amerika aus besiedelt wurde, überquert Heyerdahl auf einem selbstgebauten Balsafloß von Peru aus den Stillen Ozean. Eines der größten Abenteuer des letzten Jahrhunderts.

Samoa Albert Wendt – Die Blätter des Banyanbaums: Die Geschichte einer samoanischen Familie über drei Generationen. Ein tiefer Blick in die pazifische Gesellschaft – von Traditionen, Kolonisationsfolgen und den Einflüssen erfolgsorientierten westlichen Denkens.

West-Neuguinea Sabine Kuegler – Dschungelkind: Als Tochter deutscher Forscher wächst die Autorin in einer Welt auf, die andere Kinder nur aus Disney's *Dschungelbuch* kennen. Ein anschaulicher und bewegender Bericht einer Kindheit fernab im Urwald von West-Neuguinea.

Afrika

AHDAF SOUEIF | *Die Landkarte der Liebe*

LIEBE IN ZEITEN DER UNTER-DRÜCKUNG UND DES TERRORS

Eine moderne und eine alte Liebesgeschichte: Das Ägypten unter englischer Kolonialherrschaft bildet den Hintergrund der Erzählung über eine Familie, die in Tagebuchaufzeichnungen und Berichten lebendig wird. Eine leidenschaftliche Liebe überwindet alle Widerstände, Familiengeheimnisse werden gelüftet und der Bogen wird bis in das heutige Ägypten gespannt, das immer noch mit seiner kolonialen Geschichte ringt.

Die junge Amerikanerin Isabel findet in der Hinterlassenschaft ihrer Mutter einen alten Koffer mit Tagebüchern und Aufzeichnungen in Englisch und Arabisch. Es sind die Briefe und Notizen ihrer Urgroßmutter Anna Winterbourne, die im Jahr 1900 von England nach Ägypten reiste und sich dort verliebte. Isabel ist davon so fasziniert, dass sie beschließt, selbst nach Ägypten zu fahren. Eine verrückte Idee, aber Isabels Leben befindet sich in Aufruhr. Sie hat sich in einen Mann verliebt, der deutlich älter ist als sie: ein aus Ägypten stammender Dirigent, der sich zwar für sie interessiert, wegen des Altersunterschieds aber Bedenken hat. Immerhin bietet er seine Hilfe an und schickt Isabel zu seiner Schwester Amal nach Kairo, die ihr beim Übersetzen der arabischen Texte helfen soll.

Nun erleben beide Frauen durch die Aufzeichnungen und Tagebücher, wie sich das Leben von Isabels Urgroßmutter Anna entwickelt, wie sie ihren späteren Ehemann auf abenteuerliche Weise kennen- und lieben lernt.

LIEBE MIT HINDERNISSEN

Trotz des gesellschaftlichen Tabus, sich um die Jahrhundertwende als distinguierte Engländerin aus gutem Hause mit einem ägyptischen Mann einzulassen, setzt

sich Anna über alle Konventionen hinweg. Auch Sharif, der als politisch denkender Mann gegen die Vorherrschaft der Engländer im eigenen Land kämpft, riskiert viel, indem er eine Engländerin heiratet.

Aber nicht nur die persönliche Geschichte von Anna und Sharif wird lebendig. Historische Ereignisse und Personen, politische Konflikte und das Leiden der einfachen Leute unter der Willkürherrschaft der Kolonialherren sind Themen des Romans. Man muss das Buch, das die Perspektiven, Schauplätze und Zeiten kühn und ungeniert wechselt, konzentriert lesen, um dem Handlungsstrang zu folgen. Anna, die in der leicht antiquiert wirkenden Sprache des neunzehnten Jahrhunderts ihr Leben im damaligen Ägypten atmosphärisch beschreibt, nähert sich mit viel Respekt der fremden Kultur.

In Ägypten lernt die junge Engländerin zu weben, und der mehrteilige Wandteppich, den sie herstellt, scheint die überraschenden Verbindungen der Protagonisten des Romans zu versinnbildlichen. Ihre Lebensgeschichten sind miteinander verwoben, wie die Geschichte Ägyptens mit der Englands. So manches Familiengeheimnis wird dabei im Laufe der Ereignisse gelüftet. Denn parallel zum Leben von Anna und Sharif wird die Geschichte von Isabel, Amal und ihrem Bruder erzählt, die im heutigen Ägypten das Zeitgeschehen erleben.

Als Terroristen 1997 in der Nähe von Luxor mehr als sechzig Touristen töten, greift die Regierung massiv durch. Ägypten kommt nicht zur Ruhe. Amal berichtet auch in der Folgezeit von Terroranschlägen, Übergriffen und Unterdrückung. Ahdaf Soueif lässt uns am Leben der betroffenen Menschen teilhaben. Durch den zeitlichen Bogen, den sie spannt, die persönlichen Ge-

»All die Dinge, die ich gelesen habe — die geschehen, wenn Leute in die Hände der Polizei fallen —, schwirren mir durch den Kopf: das Ausziehen, die Augenbinden, die Schläge ... Ich setze mich aufs Bett, schließe die Augen und zwinge mich zur Ruhe.«

schichten, die sie erzählt, wird Ägypten greifbar, werden abstrakte Begriffe wie Kolonialismus und Terrorismus mit Leben erfüllt, denn ihre Heldinnen und Helden leben und lieben in unruhigen Zeiten.

AUTORIN: Ahdaf Soueif, 1950 in Kairo geboren, wuchs in England und Ägypten auf, wo sie mit ihrer Familie abwechselnd lebt. *Die Landkarte der Liebe* ist ihr zweiter Roman. Auf Deutsch erschienen ist auch der Roman *Fremder Zauber*, welcher eine Frau zwischen zwei Kulturen beschreibt.

YASMINA KHADRA | *Die Schuld des Tages an die Nacht*

EINE LIEBE UND EIN LEBEN ZWISCHEN ZWEI WELTEN

Ein Junge zwischen zwei Welten: als Muslim geboren, europäisch erzogen. Er muss sich für eine Seite entscheiden, aber für welche? Dies ist die Geschichte von Younes, der den ärmlichen Slums Orans entkommt, als Jonas bei seinem Onkel und dessen französischer Frau in einer kleinen Küstenstadt aufwächst, und von der Liebe zu einer Frau. Aber es ist auch die Geschichte Algeriens in einer Zeit, in der Orient und Okzident aufeinanderprallen und Versöhnung unerreichbar scheint.

Younes ist sechs Jahre alt, als er und seine Familie ihre vom Feuer verwüsteten Ländereien verlassen, um in der Küstenstadt Oran ihr Glück zu suchen. Younes' Vater arbeitet hart, um seine Frau und seine Kinder über Wasser halten zu können, doch das Schicksal meint es nicht gut mit ihnen. Als der Vater all die mühsam verdienten Ersparnisse verliert und aus lauter Verzweiflung sogar einen Mord begeht, gibt er Younes in die Obhut seines Bruders, der in Oran eine Apotheke betreibt. Ihm soll eine bessere Zukunft ermöglicht werden, als er sie selbst seinem Sohn hätte bieten können.

Jonas, wie er von nun an genannt wird, wächst bei seinem Onkel und dessen französischer Frau in einem großzügigen Haus im europäischen Teil der Stadt auf. Er lernt Französisch, geht zur Schule und schließt Freundschaften mit den Kindern aus der Nachbarschaft. Jonas' heile Welt zerbricht schlagartig, als sein Onkel wegen seiner Bemühungen um die algerische Unabhängigkeit von der Polizei vernommen und gefoltert wird und erst nach Tagen völlig verändert nach Hause kommt. Der Junge muss erneut umziehen und verbringt den Rest seines Lebens im Küstenort Río Salado.

INMITTEN DER WEINGÄRTEN

Río Salado ist eine glückliche Stadt, »ein prachtvolles Kolonialdorf mit stattlichen Häusern und üppig begrünten Straßen«, in der die vornehmlich europäisch-stämmigen Bewohner vom Weinbau leben. Jede Gelegenheit, die sich ihnen bietet, nutzen sie, um zu feiern. Meistens sitzen sie vor ihren Häusern, genießen einen Anisette und rufen einander, ihre Hände zum Trichter geformt, über die Straße hinweg den neuesten Klatsch zu. Auch im Winter ist in Río Salado immer eine Spur Sommer spürbar. In einem großen Haus inmitten eines prächtigen Gartens mit Blick auf die das Anwesen umgebenden Weingärten eröffnet Jonas' Onkel dann eine Apotheke. Jonas entdeckt die vertrauten Gerüche und Geräusche des Landlebens wieder, und auch seinem Onkel und seiner Tante fällt es leicht, sich einzuleben.

EIN STÜCK EWIGKEIT

Als im Ort eine Bar im kalifornischen Stil eröffnet und ganz Río Salado auf der Eröffnungsfeier das Tanzbein schwingt — Jonas ist inzwischen erwachsen geworden –, ist da auf einmal Émilie, die den Männern den Kopf verdreht. Auch Jonas ist von ihrer Schönheit fasziniert. Er ringt mit sich, denn Émilie ist Katholikin. Schließlich gesteht Émilie Jonas, dass sie ihn liebt, doch steht ihre Liebe unter keinem guten Stern. Schon einmal scheiterte eine Freundschaft daran, dass Jonas Araber ist. Seine erste Freundin hatte sich von ihm losgesagt, nachdem er

»Wenn eine Frau dich liebt, Younes, wenn sie dich innig und aufrichtig liebt und du ermessen kannst, was dieses Geschenk bedeutet, dann reicht kein Gott an dich heran.«

ihr seinen wirklichen, seinen arabischen Namen genannt hatte. Da hatte Jonas begriffen, dass er anders war als die anderen Kinder. Sein Onkel war der einzige Araber, dem es gelungen war, in Río Salado erfolgreich Fuß zu fassen.

DER KRIEG VOR DER TÜR

Der Zweite Weltkrieg erreicht die afrikanische Mittelmeerküste. In Algerien gewinnt die Unabhängigkeitsbewegung an Fahrt – die Vorboten erreichen Río Salado jedoch nur mit Verspätung. André, der Besitzer der amerikanischen Bar, schimpft über »die Araber« und misshandelt seinen Dienstburschen, damit der ja nicht auf dumme Gedanken kommt. Jonas wird von den kriegerischen Auseinandersetzungen nur wenig berührt; er weiß selbst nicht genau, wo sein Platz ist. Erst als die Auseinandersetzungen zwischen der Nationalen Befreiungsfront und Frankreich mit Waffen ausgetragen werden, besinnt sich Jonas seiner arabischen Wurzeln und unterstützt die Separatisten.

AUF DER SUCHE NACH SICH SELBST

Im Laufe des Krieges entvölkert sich Río Salado zusehends. Die europäischen Siedler fliehen nach Frankreich, Spanien oder Südamerika und lassen eine leergefegte Stadt zurück, in der die Fensterläden der einst prachtvollen Villen verschlossen bleiben. Während seine Freunde ein erfülltes Leben führen, Frau und Kinder haben, sieht Jonas sein Leben an sich vorüberziehen. Er ist einsam und allein, sucht Ablenkung und Zerstreuung in den Freudenhäusern im nahen Oran und findet sie doch nicht. Er glaubt, das Schicksal sei unabwendbar, der Lauf der Dinge vorherbestimmt. Viel später erst erkennt er, dass Glück und Unglück in den eigenen Händen liegen, dass man auf den Zug aufspringen muss, wenn er an einem vorbeifährt. Jonas verbringt immer mehr Zeit in den arabischen Vierteln Orans, sucht die Bekanntschaft mit anderen Arabern. Und stellt sich die Frage: Wie hatte er nur so lange auf diesen Teil seiner Selbst verzichten können? Und wer ist er eigentlich – Younes oder Jonas?

»Was ist die Liebe, wenn sie nur den Schmerz gewährt? Was taugen ihre Mythen und Legenden, Siege und Wunder, wenn die Liebenden unfähig sind, über sich selbst hinauszuwachsen, dem Zorn des Himmels zu trotzen, die ewigen Freuden fahrenzulassen für einen Kuss, eine Umarmung, einen Moment der Nähe?«

Khadras *Die Schuld des Tages an die Nacht* ist zugleich die Geschichte einer tragischen Liebe und das Porträt einer bewegten Zeit, erzählt anhand des dramatischen Schicksals einer Familie. Seine poetische und dichte Sprache machen es dem Leser leicht, sich in das Algerien zum Ende der Kolonialzeit versetzen zu lassen. Ein großer, ein epischer Roman – voller Pathos und wunderschön.

AUTOR: Yasmina Khadra ist das Pseudonym des algerischen Autors Mohammed Moulessehoul. Wegen der strengen Zensurbestimmungen konnte er seine ersten Romane, unter anderem *Die Attentäterin*, nur unter dem Vornamen seiner Frau veröffentlichen. 2000 siedelte er nach Frankreich über, wo er noch heute lebt.

JOSÉ EDUARDO AGUALUSA | *Die Frauen meines Vaters*

AUS WIE VIELEN WAHRHEITEN BESTEHT EINE LÜGE?

»Du bist nicht aus meinem Leib geboren.« Dort steht es, schwarz auf weiß. In einem Brief der Mutter, kurz vor ihrem Tod überreicht. Laurentinas anfängliche Verunsicherung, Wut und Enttäuschung über die große Lüge ihrer »Eltern« wandelt sich bald in Neugier. Zusammen mit ihrem Freund Mandume macht sie sich auf die Suche nach ihrem leiblichen Vater und findet den angolanischen Musiker Faustino Manso, eine neue und doch vertraute Familie und die tiefe Liebe zu Afrika.

Kurz nach ihrer Landung in Luanda erfährt Laurentina, portugiesische Filmemacherin und jüngster Spross des bekannten angolanischen Musikers Faustino Manso, vom Tod ihres leiblichen Vaters. Eine knappe, trockene Meldung im Journal de Angola. Er hinterlässt sieben Frauen und achtzehn Kinder. Auf der Beerdigung lernt Laurentina ihren Neffen Bartolomeu kennen, der ihr – selbst beim angolanischen Fernsehen tätig – vorschlägt, einen gemeinsamen Dokumentarfilm zu machen: ein Roadmovie über das Leben des Faustino Manso.

»Ach Mosambik! Das waren glückliche Jahre. Manchmal träume ich von dieser Zeit. Dann wache ich auf, und das Bett riecht nach Afrika. Wer den Duft Afrikas nicht kennt, weiß nicht, wie Leben riecht!«

Nach anfänglichem Zögern begeistert sich Laurentina mehr und mehr für die Idee, gäbe ihr doch eine solche Recherche die Möglichkeit, ihren Vater, vielleicht sogar ihre biologische Mutter und somit auch sich selbst zu finden. Einzig Mandume sträubt sich gegen die Reise durch das südliche Afrika, denn obwohl auch er angolanische Vorfahren hat, fühlt er sich als Portugiese und empfindet eine tiefe Abneigung gegen Angola und den afrikanischen Kontinent. Laurentina zuliebe begibt er sich dennoch mit ihr auf Faustinos

Spuren. Zusammen mit Bartolomeu und Pouca Sorte, dem Fahrer des Geländewagens, führt sie die Reise durch zahlreiche Küstenstädte Angolas, Namibias, Südafrikas und Mosambiks. Durch die Gespräche und Interviews mit Faustinos Frauen, Kindern und Musikerkollegen entsteht ein Bild dieses faszinierenden Künstlers, dessen Konturen im Laufe des Romans mit Farbe und Leben gefüllt werden.

EINE SINFONIE IN VIER SÄTZEN

Durch seine klangvolle, ästhetische und reine Sprache fängt José Eduardo Agualusa die Charaktere, die Dynamik afrikanischer Städte und die Weite der Landschaft mit solch einer Präzision ein, dass man sich unvermittelt als stiller, unsichtbarer Begleiter fühlt. Hierbei stehen die bildgewaltigen Beschreibungen des südlichen Afrika in starkem Kontrast zu der Zerbrechlichkeit zwischenmenschlicher Beziehungen und den manchmal dünnen Banden emotionaler Bindungen. Die gemeinsame Reise der vier unterschiedlichen Charaktere rührt bei allen an tiefen, verborgenen Gefühlen und bringt so auf verschiedenste Weise die Beschäftigung mit der eigenen Vergangenheit ins Rollen. Trotz der Tragik, die aus manch einer Geschichte spricht, versprüht der Roman Zuversicht, Wärme und Lebensfreude.

AUTOR: José Eduardo Agualusa, 1960 in Huambo/Angola geboren, lebt als Journalist und Schriftsteller in Portugal, Angola und Brasilien. Seine Gedichte, Erzählungen und Romane wurden in zahlreiche Sprachen übersetzt. Vor *Die Frauen meines Vaters* erschien 2008 *Das Lachen des Geckos* auf Deutsch. 2006 gründete er den brasilianischen Verlag *Língua Geral*.

MEJA MWANGI | *Die Achte Plage*

DAS LEBEN BIRGT HOFFNUNG

Crossroads: Ein friedliches und ruhiges Dorf in Kenia, könnte man denken. Doch die Idylle trügt. Sie stammt nicht von der Ruhe des Friedens, sondern von der Stille des Todes. »Die Seuche«, wie HIV hier genannt wird, wütet in der Stadt. Es gibt keine Familie, die noch kein Mitglied an sie verloren hätte; wenn die Familie überhaupt noch besteht. Aber eine junge, eigensinnige Frau bringt die Hoffnung mit sich — auch gegen den Willen und die Widerstände der patriarchalischen Dorfgemeinschaft.

Die Männer von Crossroads bestimmen das Geschehen im Dorf, doch auch sie können die Ausbreitung des Virus nicht beeinflussen. Onkel Mark, ein weitgereister alter Junggeselle, wohnt im halbverfallenen Teehaus der Stadt. Von der Veranda aus verfolgt er fasziniert das Sterben des Ortes, das niemand aufzuhalten vermag. Mzee Musa, Besitzer des Hauses, leistet ihm dabei oft Gesellschaft, beim Damespiel und beim Beobachten der endlosen Leichenzüge. Die neu gebaute Nord-Süd-Schnellstraße durchquert nicht mehr den Ort und beschleunigt damit das Hinvegetieren. Kein Besucher kommt mehr, die meisten Gebäude verfallen, viele Höfe in der Umgebung sind bereits verlassen. Die einzige Abwechslung bringt der Bus aus den nächstgelegenen größeren Städten: Er nimmt die Passagiere auf, die mit ihren Habseligkeiten ihr Zuhause verlassen, um vor der Seuche zu flüchten, und lädt jene aus, die zum Sterben zurückgekommen sind.

> *»Die meisten wollten ihre Worte nicht hören, andere liefen fort und versteckten sich, wenn sie sie kommen sahen, und in vielen Anwesen, die sie besuchte, war sie kein willkommener Gast.«*

Auch Janet kommt mit diesem Bus — aber nicht um zu sterben, sondern um gegen die Seuche zu kämpfen. Sie wird *Kondomfrau* genannt und ist vom Staat zur Familienplanung angestellt. Immer wieder holt sie ihre kostenlosen Kondom-

und Pillenrationen ab, obwohl ihr Vorrat kaum schwindet. Neben der sexuellen Aufklärungsarbeit versorgt sie ihre drei Kinder und kämpft mühselig gegen die Hindernisse, die ihre Tätigkeit mit sich bringt. Die Männer von Crossroads sind *echte Männer* und daher schon aus Prinzip gegen ihre Kampagne, auch wenn Janet bei allen beliebt ist. Zu allem Überfluss schlägt ihre Großmutter ihr fast täglich einen neuen Mann zur Heirat vor und bemängelt ihre Unabhängigkeit. Es gäbe viele Männer, die sie gerne aufnehmen würden, doch seit Janet von ihrem Mann Broker sitzen gelassen wurde, möchte sie mit keinem mehr zusammen sein.

ZWISCHEN ZWEI MÄNNERN

Janets Leben erfährt eine Wende, als Frank in das Dorf zurückkehrt. Vor Jahren hatte er Crossroads verlassen, um im Ausland zu studieren. Nun will er eine Tierarztpraxis eröffnen. Janets Weg kreuzt er zufällig und ist doch immer wieder in ihre Angelegenheiten involviert. Dann kommt auch noch Broker zurück und versucht mit einem großen Wagen bei der Dorfgemeinschaft Eindruck zu schinden, nur seine Frau lässt sich nicht blenden. Ihr Vertrauen will er durch das Vertreten ihrer Sache gewinnen, aber auch dadurch wird Janets Arbeit nicht wesentlich leichter. Selbst dann nicht, als sich die Hemmungen der Männer abzubauen scheinen und sie an der örtlichen Schule Sexualkunde und Familienplanung unterrichten darf. Broker eröffnet einen Kondomladen, und das Gesundheitsministerium kündigt zusammen mit der Geberorganisation einen Besuch an. Doch dies ist erst der Beginn eines langen, steinigen Weges, den Janet noch gehen muss …

Trotz des bedrückenden Themas lässt Meja Mwangi durch seine lebendige, bildreiche Sprache keine düstere Stimmung aufkommen. Janet verbreitet als unabhängige Akteurin mit ihrer verbissenen Kraft Hoffnung in der absoluten Trostlosigkeit.

AUTOR: Meja Mwangi, 1948 in Nanyuki/Kenia geboren, gehört zur jüngeren Generation seines Landes. In den siebziger Jahren erlangte er durch seinen Roman *Nairobi, River Road* internationale Anerkennung.

EMMANUEL B. DONGALA | *Kinder von den Sternen*

LEBEN IN ZEITEN POLITISCHER WIRREN

Dieser Prosatext, an dem der Autor elf Jahre arbeitete, ist in dem für Dongala typischen lyrisch-poetischen Stil verfasst, für den er mehrmals ausgezeichnet wurde. Trotz der Thematisierung politisch schwieriger und turbulenter Umwälzungen in der Republik Kongo zwischen den Jahren 1980 und 1995 gelingt es Dongala, nicht zuletzt aufgrund seiner sprachlichen Virtuosität, diesem Roman Leichtigkeit und Unbeschwertheit zu verleihen.

Matapari ist Drilling und wird, beinahe vergessen im Bauch seiner Mutter, erst zwei Tage nach seinen beiden Brüdern Banzouzi und Batsimba geboren. Der Tag seiner Geburt ist der 15. August 1980, Nationalfeiertag und gleichzeitig der zwanzigste Jahrestag der Unabhängigkeit seines zentralafrikanischen Heimatlandes. Diese außergewöhnliche Geburt sorgt für Verwunderung und Aufmerksamkeit und hat zur Folge, dass sich bereits um seine Wiege die örtliche Prominenz versammelt. Von seinen beiden Brüdern unterscheidet Matapari sich nicht nur durch seine verspätete Geburt. Während diese sich gerne – wie

»Weine nicht, Matapari, du weißt doch, das Leben besteht aus vielen kleinen, grauen Wolken an einem weiten, blauen Himmel. Bemühe dich, die Wolken stets beiseite zu schieben, damit die Welt einen weiten, blauen Himmel hat.«

viele andere Kinder und Jugendliche auf der ganzen Welt auch – Actionfilme aus Hollywood ansehen, geht Matapari mit offenen Augen durch die Welt und hinterfragt, was er sieht. So zum Beispiel auch die politischen Entwicklungen und Veränderungen in seinem Heimatland, der Republik Kongo, in den letzten beiden Jahrzehnten des zwanzigsten Jahrhunderts.

Matapari erfährt vom Kolonialismus, der das Land lange prägte, erlebt die Diktatur, den Neokolonialismus, das Putschistenregime sowie die Nationalversammlung und die ersten freien Wahlen. Die Menschen in seiner Umgebung sind politisch interessiert und ermöglichen ihm so einen Einblick in die Politik des Landes. Während der marxistisch gesinnte Großvater ihm den kritischen Blick auf die frühere Kolonialmacht und die darauf folgende sozialistische Diktatur ermöglicht, karikieren sein Vater, ein Lehrer, der sich nicht von den verschiedenen herrschenden Ideologien vereinnahmen lassen möchte, sowie sein Onkel, ein politischer Wendehals, die lange herrschende linke Ein-Parteien-Regierung. Bei der ersten freien Wahl macht sich Matapari erstmals Gedanken über seine eigenen politischen Überzeugungen und Ansprüche.

GESCHICHTE ERLEBEN

Kinder von den Sternen verbindet Lesegenuss mit politischer Aufklärung. Die komplexe Entwicklung des Kongo wird in einfachen Worten beschrieben – so, wie die Ereignisse Matapari von seinem Großvater, seinem Vater und dem Onkel erklärt werden und so, wie er diese selbst in seiner unmittelbaren Umgebung wahrnimmt. Auf diese Weise gelingt es, die Formen der Unterdrückung und die Mechanismen der Korruption auf der einen Seite sowie das Alltagsleben der Menschen in diesem kleinen zentralafrikanischen Land auf der anderen Seite anschaulich darzustellen. Vor allem diese Verbindung der Geschichte eines Jungen und seiner Familie mit der Geschichte der Republik Kongo macht diesen Roman zu einem ganz besonderen Werk.

AUTOR: Emmanuel B. Dongala wurde 1941 in Alindao, Zentralafrika, geboren und wuchs in Brazzaville, Kongo, auf. 1976 erschien *Der Morgen vor der Hinrichtung*. Nach dem Ausbruch des Bürgerkrieges (1996 bis 2003) ging er 1998 in die USA ins Exil, wo er an der Universität Chemie unterrichtet. Für den Roman *Kinder von den Sternen* wurde er mit dem renommierten Preis *Temoin du Monde* von Radio France Internationale ausgezeichnet.

ELIAS CANETTI | *Die Stimmen von Marrakesch*

ZAUBER EINER ORIENTALISCHEN STADT

Mehr als eine wundervoll erzählte Geschichte: Elias Canettis kleines und feines Werk macht so manchem Reiseführer Konkurrenz, denn der Autor versteht es, dem Leser in vierzehn kurzen Episoden Atmosphäre und Lebensart Marrakeschs nahe zu bringen. Er schildert nicht nur facettenreich seine Erlebnisse, sondern reflektiert auch über das Reisen an sich.

Reisen bildet. Vor allem lernt der Reisende in der Fremde etwas über sich selbst und seine Heimat. So erging es auch Elias Canetti auf seinen Streifzügen durch das bunte Marrakesch. Als Begleiter eines englischen Filmteams bereist er 1954 zum ersten Mal den afrikanischen Kontinent und begegnet auf seinen Erkundungszügen durch die rote Stadt blauen Menschen – Kameltreibern –, misshandelten Eseln, einem Münzen kauenden Marabu, einem aufdringlichen jungen Mann auf Jobsuche und Brotverkäuferinnen, die ähnlich wie ihre Brotlaibe geformt sind.

HÄNDLER BEWACHEN IHRE WAREN WIE DIE EIGENE FAMILIE

Die fremden Bräuche und Sitten regen Canetti zu Vergleichen mit dem westlichen Europa an. So beobachtet er bei seinem Bummel über den Suk fasziniert das sorgsam und liebevoll zelebrierte Ritual des Verkaufens und die sich dadurch offenbarende enge Beziehung der Händler zu ihren Waren, die ihre Produkte behüten, als wären sie Teil ihrer eigenen großen Familie. Durch dieses Verhalten berührt, bedauert Canetti umso mehr den Siegeszug der unpersönlichen, massenhaft hergestellten Gegenstände der modernen Welt.

Der Reisende lässt sich vollkommen auf die ihm fremde Stadt und Kultur ein und sucht bewusst die Nähe und den Kontakt zu den Bewohnern Marrakeschs. Im Gespräch mit diesen erfährt er unter anderem, dass die Intimsphäre jedes Menschen einen besonders hohen Wert hat, weshalb sich Männer nicht auf den Dächern der Stadt aufhalten sollten. Denn dieser Bereich Marrakeschs ist, ebenso wie die Innenhöfe der zur Straße hin fensterlosen Häuser, ein Refugium der Frauen.

Um Kontakt zu den Bewohnern Marrakeschs aufzunehmen, wagt sich Canetti sogar in fremde Innenhöfe. Nach anfänglichem Misstrauen wird er von den Eigentümern mit großer Gastfreundschaft aufgenommen und bewirtet. Selbst ein sephardischer Jude, hilft er ihm die gemeinsame Religion zu entdecken, Brücken zu schlagen und einen Zugang zur jüdischen Gesellschaft Marrakeschs zu bekommen. Auch der Besuch in der Mellah, dem jüdischen Viertel, und der Gang über den alten jüdischen Friedhof – bedrängt von einer Schar aufdringlicher Bettler – ermöglichen ihm weitere Begegnungen mit dem marokkanischen Judentum.

ERZÄHLER SIND HOHE, MÄRCHENHAFTE PERSÖNLICHKEITEN

Durch Canettis Augen erlebt der Leser eine reizvolle Innenansicht der orientalischen und jüdischen Gesellschaft. Er bedient in seinen Beschreibungen keine Klischees, sondern zeichnet das alltägliche Leben nach. Als einem aufmerksamen und interessierten Reisenden erscheint ihm Marrakesch nicht nur als verzauberte orientalische Märchenstadt, sondern auch als Schmelztiegel der Kulturen, als Ort voller Gegensätzlichkeiten. Die prächtigen Plätze der Stadt sind nachts von Obdachlosen bevölkert und bettelnde Kinder drücken sich an den Fensterscheiben der edlen französischen Restaurants die Nasen platt.

»Sie (die Kamele) erinnerten an alte englische Damen, die würdevoll und scheinbar gelangweilt den Tee zusammen einnehmen, aber die Bosheit, mit der sie alles um sich herum betrachten, nicht ganz verbergen können.«

Die Stimmen von Marrakesch ist mehr als nur ein Reisebericht, es ist eine Sammlung von Momentaufnahmen eines äußerst genauen und wissbegierigen Beobachters, der in Bereiche der marokkanischen Stadt vordringt, die den meisten Touristen verborgen bleiben.

AUTOR: Der jüdische Schriftsteller Elias Canetti wurde in Bulgarien geboren und lebte in England, Österreich, der Schweiz und Deutschland. Nach seinen Studien arbeitete er als freier Schriftsteller. 1981 erhielt er für seinen Roman *Die Blendung* den Nobelpreis für Literatur.

BEN OKRI | *Die hungrige Straße*

MAGISCHER REALISMUS AUS AFRIKA

Die Lehre vom Leben eines außergewöhnlichen Kindes, und die Lehre von der Unabhängigkeit seines Landes Nigeria.

»Am Anfang war der Fluß. Der Fluß wurde zu einer Straße, verzweigte sich über die ganze Welt. Und da die Straße einst ein Fluß war, war sie immer hungrig.«

Im Ghetto einer großen nigerianischen Stadt wird Azaro geboren. Azaro ist ein besonderes Kind, ein *abiku*: Er kommt aus der Welt der Geisterkinder, die sich weigern, auf der Erde zu leben, denn sie fürchten »die Herzlosigkeit der Menschen.« Vor ihrer Geburt schließen sie darum den Pakt, möglichst schnell ihren Tod zu erzwingen. Azaro jedoch hat beschlossen, den Pakt zu brechen und unter den Menschen zu bleiben; er will die Welt kennen lernen und das Leben leben. Für Azaro beginnt mit diesem Entschluss der schwere Weg über die hungrige Straße des Lebens, zusammen mit seinen armen, aber idealistischen Eltern.

»Die Straße wird dich nie verschlingen. Der Fluß deines Schicksals wird alles Unheil überwinden. Mögest du dein Los verstehen. Leiden wird dich nie zerstören, sondern stärker machen.«

NIGERIA ZWISCHEN TRADITION UND MODERNE

Durch die Augen des Jungen entdecken wir das Nigeria der frühen sechziger Jahre, kurz nach der Unabhängigkeit des Landes. Nach und nach wächst die Spannung zwischen Traditionalisten und Modernisten, vor allem in den Slums, wo die Bevölkerung von der postkolonialen »neuen Welt« nicht viel Gutes erfährt. Auch dort, am Rande der Stadt, nehmen Geld und Politik immer größeren Einfluss, wird die Welt immer materialistischer. Zwei Parteien, die der Reichen und die der Armen, stehen sich in erbitterter Feindschaft gegenüber und spalten mit ihren Wahlkampagnen das Land. Gewalttätige Konfrontationen nehmen zu, während Armut und Ungerechtigkeit bleiben.

MAGISCHER REALISMUS

Neben dieser sozial-politischen Kritik beschreibt Ben Okri in seinem Roman ein magisches, traumhaftes und mysteriöses Nigeria und verweist dabei oft auf die Yoruba-Mythologie. Die fühlbare Welt und die Welt der Geister ste-

hen permanent in Verbindung, Traum und Wirklichkeit vermischen sich und sind manchmal schwer zu unterscheiden. Im Schlaf wird Azaro von seinen Geisterbrüdern verfolgt, die ihn zurückgewinnen wollen. Überall trifft er auf Phantome und fremde Wesen in fantastischen Gestalten: mit einem Bein auf dem Kopf, zehn Augen oder den Füßen eines Löwen. Auch Hexen mischen sich in Azaros Leben ein, etwa Madame Koto, die vorgibt, dem Jungen helfen zu wollen, in Wirklichkeit aber sein Blut braucht, um selbst jung zu bleiben.

AUTOR: Ben Okri, 1959 in Nigeria geboren, hat in England Vergleichende Literaturwissenschaften studiert und 1980 seinen ersten Roman publiziert. Für *Die hungrige Straße* erhielt er 1991 den Booker Prize. Er gilt seitdem als einer der wichtigsten afrikanischen Schriftsteller, mit *Verfängliche Liebe* hat er einen weiteren großen Roman zu Nigeria vorgelegt. Ben Okri lebt und arbeitet in London.

FATOU DIOME | *Ketala*

DIE TRAUER DER DINGE

Fatou Diome erzählt auf ungewöhnliche Weise vom Schicksal einer senegalesischen Frau, die selbst über ihr Leben bestimmen will — und scheitert. Poetisch, tragisch, aber auch mit viel Witz werden die Stationen der bereits verstorbenen Hauptfigur zum Leben erweckt und in der afrikanischen Literatur selten behandelte Themen — wie Aids und Homosexualität — verarbeitet.

»Wen kümmert die Trauer der Dinge, wenn jemand stirbt?« Sie sind untröstlich, die Möbel von Memoria, die gerade gestorben ist, allein in ihrer kleinen Wohnung in Dakar im westafrikanischen Senegal. Entsetzt sind sie, denn sie wissen,

dass sie bald getrennt werden. So will es die muslimische Tradition der Erbteilung, des *Ketala*. Am achten Tag nach der Beerdigung werden die Besitztümer der Toten innerhalb der Familie verteilt. Um die gestorbene Frau zu ehren und um ihrer zu gedenken, beschließen die trauernden Möbel Memorias Leben ein letztes Mal zu erzählen. Gemeinsam, denn jedes der Dinge besitzt ein Stück ihrer geheimnisvollen Biografie.

Sieben Tage und sechs Nächte lang wird die Geschichte Memorias rekonstruiert. Ihr Tisch, ihre Couch, ihre alte Uhr, aber auch ihr Lieblingskleid erzählen mal temperamentvoll, mal rührselig

oder streitlustig, Memorias Geschichte. Die afrikanische Maske, die seit Jahren an der Wand hängt, übernimmt den Vorsitz der *Erinnerungskonferenz*.

DIE STIMME DER FRAU

Memoria wächst in Dakar, der Hauptstadt des Senegals auf, die mit ihrem reichen kulturellen Leben und der großen Cheikh Anta Diop Universität den jungen Senegalesen viel zu bieten hat. Auch Memoria träumt von einer akademischen Karriere. Nach dem Abitur möchte sie Literaturwissenschaft studieren. Das sieht ihr Vater jedoch ganz anders: Gegen ihren Willen muss das achtzehnjährige Mädchen den wesentlich älteren Mahkou heiraten und sich mit der Rolle der Ehefrau und Mutter abfinden. Aber bald stellt sich heraus, dass auch Makhou ein Opfer der sozialen Konventionen ist. Das Paar

»Flut, sprühende Gischt. Das steigende Wasser trägt die Fischer mit ihrem nächtlichen Fang an Land. Der Ozean leckt der Halbinsel glucksend die Flanken und verteilt großzügig scheinheilige Zärtlichkeiten.«

versuchs sich in Frankreich ein besseres Leben aufzubauen. Aber auch im fernen Frankreich spürt Memoria den Druck ihrer Familie, auch dort ist ihr kein Glück beschieden.

Ketala ist ein engagierter Roman und Memoria eine Symbolfigur. Fatou Diome geht es nicht um das individuelle Schicksal einer individuellen Frau. Sie verurteilt eine Gesellschaft, in der Frauen Männern untergeordnet sind und keine eigene Stimme haben. Nicht ohne Grund ist Memoria schon gestorben, als der Roman beginnt. So hat sie keine eigene Stimme mehr – und ihr Leben muss von anderen erzählt werden.

AUTORIN: Fatou Diome wurde 1966 im Senegal geboren. Bereits ihr erster Roman *Der Bauch des Ozeans* von 2003 war sehr erfolgreich. Fatou Diome lebt seit 1990 in Frankreich und promoviert in Sprach- und Literaturwissenschaft an der Universität von Straßburg.

AHMADOU KOUROUMA | *Allah muss nicht gerecht sein*

ROADMOVIE EINES AFRIKANISCHEN KINDERSOLDATEN

Der letzte Roman des großen westafrikanischen Schriftstellers Ahmadou Kourouma erzählt, wie Kinder im Chaos und der Sinnlosigkeit eines blutigen Bürgerkriegs überleben. Die Geschichte spielt im Gebiet der Elfenbeinküste, Liberias und Sierra Leones und hat alles, was man von moderner afrikanischer Literatur erwartet: ein schockierend-tragisches Thema, bunte Schauplätze, Fetischpriester und einen witzig-provokanten Erzähler.

Birahima, Erzähler und Hauptfigur der Geschichte, ist etwa zwölf Jahre alt. Ein Spitzbart, der wie ein Dreckskerl redet. So beschreibt er sich selbst am Anfang seiner Erzählung, als er den Leser auffordert, ihm zuzuhören. Wer dies tut, erfährt vom verdammt beschissenen Leben des jungen Erzählers, von einem Leben, in dem alles schief ging. Denn, so wird im Laufe der Geschichte an mehreren Stellen klar: »Allah muss nicht gerecht sein in allen Dingen auf Erden.«

Nach dem Tod seiner Mutter ist Birahima verwaist und soll von seiner Tante in Liberia in Obhut genommen werden. Zusammen mit Yacouba, einem erfahrenen Fetischpriester, macht er sich daher auf den beschwerlichen Weg von der Elfenbeinküste nach Liberia. Dabei fallen sie kämpfenden Truppen in die Hände, werden verschleppt, und Birahima wird zum Kindersoldaten gemacht. Um zu überleben, muss er nun selber töten und zusehen, wie andere Kinder mit einer Kalaschnikow in den Händen töten und getötet werden.

»Das war leicht, man brauchte nur auf den Abzug zu drücken und sie machte tralala … und die Lebenden fielen um wie die Fliegen.«

Mit der Kinderarmee von Colonel Papa Le Bon und seinem Beschützer Yacouba wandert Birahima durch die unwirtlichen Wälder Liberias und Sierra

Leones, erlebt Massenmorde und persönliche Abrechnungen zwischen hohen Militärs und Präsidenten und durchquert auf diese Weise völlig zerstörte Länder. Was im Rahmen dieses *Roadmovies* geschieht, ist für den Leser kaum zu ertragen: Mädchen werden vergewaltigt und ermordet, Ex-Präsidenten in Stücke gerissen, Beine abgehackt, Ohren abgeschnitten und Leichenteile an Tiere verfüttert.

EIN KIND OHNE FURCHT UND TADEL

Inmitten dieses Elends bleibt Birahima stoisch. Als »Kind ohne Furcht und Tadel« betitelt er sich selbst, ein Kind, das über die Begabung verfügt, ergreifende Geschichten zu erzählen. Die Sprache spielt eine zentrale Rolle in diesem Roman. In der Originalfassung spricht Birahima afrikanisches Französisch und mischt Wörter und Redewendungen aus dem Schulfranzösisch mit Ausdrücken lokaler Sprachen. Er, der als Kindersoldat nur zwei Jahre die Schule besucht hat, aus seiner Kindheit gerissen und in unvorstellbare Grausamkeiten verwickelt wird, versucht sich diese Welt mit Hilfe von Wörterbüchern zu erklären, zu definieren.

POLITISCHES PAMPHLET

Kourouma lässt den Erzähler neben seiner persönlichen Geschichte auch historische Fakten erläutern und zahlreiche Namen und Daten aus der jüngsten Vergangenheit Westafrikas nennen. Damit rechnet der Autor offen mit den korrupten Politikern und Diktatoren des postkolonialen Afrika wie etwa Félix Houphouët-

Boigny, Blaise Compaoré oder Charles Taylor ab. Der junge Erzähler und sein provokant-frecher Ton sind eine literarische Schöpfung Kouroumas. Die Welt, durch die er wandert, existiert aber auch außerhalb der Fantasie des Autors und ist bedrückend real. *Allah muss nicht gerecht sein* ist eines der wichtigsten und in Frankreich meistgelesenen Bücher der postkolonialen afrikanischen Literatur.

AUTOR: Ahmadou Kourouma wurde 1927 an der Elfenbeinküste geboren. Sein erster Roman *Les soleils des indépendances* erschien 1973 und hatte großen internationalen Erfolg. 2004 wurde er unter dem deutschen Titel *Der letzte Fürst* neu herausgegeben. *Allah muss nicht gerecht sein* erhielt den renommierten *Prix Renaudot*. Der Autor ist 2003 in Frankreich gestorben.

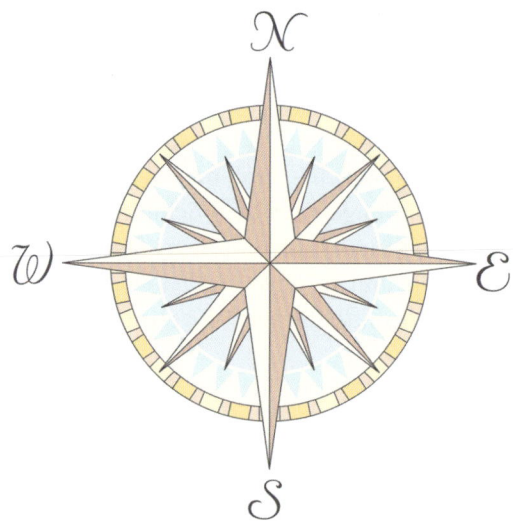

JAMAL MAHJOUB | *Die Stunde der Zeichen*

DIE WAHRHEIT VERSTEHEN

Der Sudan im Jahr 1881. Ein Land gefangen zwischen kolonialer Besetzung und aufständischer Religionsbewegung, zwischen Christentum und Islam, zwischen Vergangenheit und Moderne: Jamal Mahjoub erzählt vom sudanesischen Mahdi-Aufstand, dem ersten Widerstand einer afrikanischen Bevölkerungsgruppe gegen ihre kolonialen Besetzer. Aus der Sicht einfacher Leute beschreibt er, wie das verzweifelte Aufbäumen eines Landes gegen seine kolonialen Herren in einen religiösen Rachefeldzug umschlägt.

Die Stunde der Zeichen beginnt mit der Entstehung der Mahdi-Bewegung. Um 1881 scharen sich sudanesische Gläubige um einen Prediger: Mahdi, den *Erwarteten*. Er ruft die Menschen zur Befreiung von der christlichen Unterdrückung durch die kolonialen Machthaber auf und zur Rückbesinnung auf den Islam als dem wahren und reinen Glauben. Seine Worte finden Gehör, sowohl bei den unterdrückten Gläubigen als auch bei den Gegnern der britischen Kolonialmacht. Die Zahl seiner Anhänger wächst stetig. Sudanesen aus dem ganzen Land schließen sich ihm an, bereit, den *Heiligen Krieg* zu führen und ihr Land zu befreien. Die Streitmacht des Mahdi besteht aus zerlumpten, schlecht ausgerüsteten und kriegsunerfahrenen Bauern und wird deshalb von den Engländern zunächst nicht ernst genommen. Dennoch trägt der Mahdi mit seinen Mitstreitern einen entscheidenden Sieg davon – die Eroberung Karthums 1885.

> *»Jeder Mensch hat das Recht frei zu sein. Daran glaube ich, was immer auch sein Schicksal oder der Stand seiner Geburt ist. Er mag arm sein oder reich, aber er hat das Recht frei zu sein. Kein Mensch hat das Recht einen anderen zu beherrschen und ihn zu behandeln, als wäre er ein wildes Tier.«*

Durch diesen Erfolg gestärkt, ziehen die Anhänger weiter. Mit der festen Überzeugung, den wahren Glauben zu verbreiten, erobern sie weitere Teile des Landes. Auch in den eigenen Reihen müssen sie dabei große Verluste hinnehmen, bis sie in der letzten Schlacht von Omdurman von der kolonialen Armee vernichtend geschlagen werden.

TEILHABE AM LEBEN UND LEIDEN

Knapp zwanzig Jahre umfasst die Zeitspanne, die Jamal Mahjoub in seinem Roman *Die Stunde der Zeichen* abdeckt. Den historischen Hintergrund bildet die anglo-ägyptisch Besetzung des Sudans. Chronologisch aufgebaut, an historischen Tatsachen und Namen orientiert, füllt Mahjoub den realen Erzählrahmen mit fiktiven Einzelschicksalen unterschiedlicher Charaktere. Er greift die Sichtweisen aller Parteien dieses Religionskrieges auf und gewährt dem Leser eine faszinierende Innenansicht der Ereignisse. Episodenartig schildert der Autor die Schicksale einzelner Personen: das eines Soldaten des British Empire, eines mahdistischen Gelehrten, eines Kochs, eines Soldaten der Bash-Buzuq, eines Heer-

führers der Ansar und einer jungen Prostituierten. Gekonnt verknüpft er die einzelnen Erzählstränge miteinander und lässt den Leser teilhaben am Leben und Leiden, aber auch an der religiösen Überzeugung seiner Protagonisten.

Der Autor bezeichnet den Mahdi-Aufstand als Auftakt für die nationale Bewegung im Sudan, die 1956 schließlich zur Gründung der unabhängigen Republik führte.

AUTOR: Jamal Mahjoub wurde 1960 als Sohn einer Engländerin und eines Sudanesen in London geboren und verbrachte seine Jugend überwiegend in Karthum. Seine sudanesische Herkunft beeinflusst sein Schreiben stark und zieht sich als roter Faden durch seine Werke. In *Der Sternenseher* verknüpft Mahjoub die Geschichte eines schwarzen Sklaven im siebzehnten Jahrhundert mit dem heutigen Dänemark. Der Autor lebt in Barcelona.

NOTABENE: *Die Stunde der Zeichen* ist der erste Roman der Reihe *Weltlese – Lesereise ins Unbekannte*, die der Schriftsteller und Kosmopolit Ilija Trojanow herausgibt. Im Mittelpunkt dieser Reihe stehen unbekannte Autoren aus aller Welt, die Trojanow einem breiten Publikum zugänglich machen möchte. Bei seiner Auswahl legt der Herausgeber großen Wert auf ein hohes Maß an Ungewöhnlichkeit der Autoren und Themen.

DEON MEYER | *Der Atem des Jägers*

DIE DUNKLEN SEITEN DER REGENBOGENNATION

Die Kriminalitätsrate in Südafrika ist hoch, sehr hoch. Themen wie Korruption, Kindesmissbrauch, Prostitution und Selbstjustiz stehen auf der gesellschaftlichen Agenda ganz oben. Zwanzig Jahre nach der Freilassung Nelson Mandelas 1990 befindet sich die südafrikanische Gesellschaft noch immer im Umbruch. Deon Meyer schafft es, das Leben im langen Schatten der Apartheid sowie die widersprüchlichen Gefühle der verschiedenen Ethnien in einem Roman zusammenzubringen, der Politthriller und Roadmovie zugleich ist.

Ethnische Probleme zwischen der weißen Bevölkerungsminderheit und der schwarzen Mehrheit beherrschen auch über fünfzehn Jahre nach dem offiziellen Ende der Apartheid die Geschichte und Politik Südafrikas. Dieser soziale Riss ist für jeden sichtbar, denn der extreme Gegensatz zwischen Reichtum und Armut bestimmt die Gegenwart des Landes und ist ein ständiger Quell des Neids, der Gewalt und des Verbrechens.

JÄGER UND GEJAGTE

Der ehemalige Freiheitskämpfer Thobela Mpayipheli hat sich inzwischen zur Ruhe gesetzt und lebt nun zusammen mit seinem Adoptivsohn Pakamile auf einer Farm am Ostkap Südafrikas, oberhalb des Cata River. Die friedliche Idylle währt jedoch nicht lange. Als Pakamile bei einem Raubüberfall auf eine Tankstelle erschossen wird, beginnt für Thobela eine Zeit des Martyriums. Schuld und Verlust sind nicht die einzigen Gefühle, die ihn beherrschen. Als die Mörder seines Sohnes aus der Untersuchungshaft fliehen, bleibt ihm nur ein einziger Gedanke: Vergeltung.

Thobela, der gefürchtete Kopfgeldjäger aus vergangenen Tagen, beginnt, Selbstjustiz zu üben. Seine Jagd führt ihn zurück nach Kapstadt, wo er sich als Racheengel unter dem Namen Artemis für misshandelte Kinder einsetzt. Von den Medien bejubelt und verfolgt, richtet der Zwei-Meter-Mann vom Stamm der Xhosa all jene, die Kindern ungestraft Gewalt antun. Und davon gibt es einige, denn der afrikanische Aberglaube, dass, wer mit einem Kind Sex hat, von Aids geheilt wird, hält sich hartnäckig. Thobelas Lynchjustiz kennt keine Gnade. Vielmehr verspürt er bei seinen Racheaktionen ein Gefühl von Euphorie, von absoluter Gerechtigkeit.

Doch Thobelas Treiben bleibt nicht unbeachtet. Detective Griessel ist ihm bereits dicht auf den Fersen. Einst war Benny Griessel, der noch der alten weißen Garde der Polizei angehört, der beste Polizist Kapstadts – bis er zu trinken begann. Inzwischen ist er Alkoholiker und von seiner Frau nach wiederholten Exzessen vor die Tür gesetzt worden. Der Rückweg zu seiner Familie wird ihm wohl für immer versperrt bleiben, sollte er es nicht schaffen, ein halbes Jahr trocken zu bleiben. So gewinnt dieser Fall für ihn den Charakter einer letzten Chance, dem Sumpf aus Alkohol und Gleichgültigkeit zu entfliehen.

Griessel führt seinen Kampf nicht nur gegen den Alkohol, sondern zugleich für seine beiden Kinder Fritz und Carla. Dabei erhält er Unterstützung von seinem Chef, der noch an ihn glaubt. Er weiß, dass Griessel ein guter Polizist ist, und übergibt ihm daher mit dem Serienmörder den wohl spektakulärsten Fall der letzten Jahre. Auch sein Arzt hilft Griessel dabei, trocken zu bleiben. Er verschreibt ihm Medikamente, die sich tödlich auswirken könnten, wenn er auch nur einen Schluck Alkohol zu sich nimmt.

Das ganze Land spiegelt sich in der zerrissenen Persönlichkeit des Detectives wider. Doch Griessel hat noch nicht aufgegeben und kämpft, auch wenn er am Ende ist. Und er ist schlau. Er stellt Thobela eine Falle, bei der er die Prostituierte Christine und ihr Kind als Lockvogel einsetzt. Bald droht ihm der Fall über den Kopf zu wachsen, denn plötzlich gerät er selbst ins Visier eines kolumbianischen Drogenbarons namens Carlos Sangrenegra.

Die dritte Hauptperson des Romans, Christine van Rooyen, ist Prostituierte. Mit ihr beginnt die Geschichte. Christine lädt ihre Schuld bei einem Priester ab, erzählt ihm die ganze Wahrheit. Ihre Schilderung beginnt weit in der Vergangenheit. Sie beichtet ihre frühen sexuellen Abenteuer, mit denen sie gegen ihren fanatisch religiösen Vater rebellierte. Sie erzählt von ihrem Einstieg in einen Eskort-Service und von ihrem Kind, dessen Erziehung sie mit ihrem Beruf vereinen muss und dem sie eine bessere Zukunft ermöglichen will. Christine ist, ähnlich wie Benny Griessel, eine gebrochene Persönlichkeit, die zur Selbstzerstörung neigt. Einer ihrer Stammkunden verliebt sich in sie. Es ist der kolumbianische Drogendealer Carlos. Er ist es, der Jäger und Gejagten – Thobela und Benny – schließlich zusammenführt.

DREI SCHICKSALE AM KAP DER GUTEN HOFFNUNG

Deon Meyer schafft es, die verschiedenen – allesamt tragischen – Lebensgeschichten so zu erzählen, dass die Gefühle des Lesers, genauso wie die Handlung zwischen den Protagonisten, beständig hin und her schwanken. Werden die drei Handlungsstränge anfangs noch parallel und in kurzen Abständen erzählt, so dass der Leser kaum zum Luftholen kommt, nähern sie sich gegen Ende immer weiter an. Die Erzähltechnik zeichnet sich durch viele Zeitsprünge aus. Das Gesamtbild wird, wie bei einem Puzzle, erst zum Schluss klar erkennbar.

Die Schicksale der Protagonisten reißen den Leser förmlich in einen Sog, dem er sich nur schwer entziehen kann, und der Perspektivenwechsel lässt ihn unmittelbar eintauchen in das Leben der Personen am Kap.

Empfindet der Leser anfangs noch Verständnis, ja Sympathie, für Thobela – einen Vater, der den Mord an seinem geliebten Sohn rächen will –, lässt seine grausame Lynchjustiz den Leser regelrecht erschaudern. Und es drängt sich unweigerlich die Frage auf: Ist in einem Land wie Südafrika Selbstjustiz der einzige Weg, Gerechtigkeit zu üben?

Auf der anderen Seite steht Benny Griessel, der gefallene Polizist. Die anfängliche Aversion gegen ihn schlägt bald in Mitgefühl um. Der Leser fühlt mit ihm, ist hautnah bei seinem Entzug dabei und erlebt glaubhaft und mit einer ungeheuren Intensität, welche Leiden dieser gebrochene Mann auf sich nimmt, um seine Hoffnungen, Wünsche und Träume Realität werden zu lassen. Oder ist letztendlich alles vergebens und seine Chance schon verspielt?

Deon Meyers Bücher sind reale Abbilder der Gesellschaft. Dieser Roman ist zugleich Charakterstudie und Hochspannungsthriller. Auf jeder Seite spürt man, dass Meyer, der jahrelang als Reporter in Kapstadt gearbeitet hat, die sozialen Brennpunkte Südafrikas genau kennt und um die Konflikte weiß, die das Land nach wie vor beherrschen. In seinen Geschichten wird das Bild Afrikas nicht verklärt.

»Wie erklärt man einem Kind die merkwürdige, einsame Welt, in der man lebte – wie erklärt man Apartheid und Unterdrückung und Revolution und Unruhen? Wie Ost und West, die Mauer und die merkwürdigen politischen Allianzen?«

Hoffnung und Hoffnungslosigkeit stehen eng beieinander. Ohne moralisch erhobenen Zeigefinger schafft er es, den Leser seine eigenen Schlüsse ziehen zu lassen und ihn zum Weiterdenken anzuregen.

AUTOR: Deon Meyer wurde 1958 in Paarl geboren und gilt als einer der erfolgreichsten Krimiautoren Südafrikas. Er begann als Journalist zu schreiben und veröffentlichte 1994 seinen ersten Roman. Für *Das Herz des Jägers* erhielt er den begehrten südafrikanischen *ATKV Prose Prize*.

WEITERREISEN

Ägypten Nawal es Sadaawi – Eine Frau auf der Suche: Fouad ist Chemikerin und arbeitet in einem Ministerium in Kairo. Als ihr Freund verschwindet, gerät sie in eine tiefe Krise. Sie bricht aus ihrem Alltag aus und versucht ihren eigenen Weg zu gehen.

Angola Pepetela – Jaime Bunda, Geheimagent: Jaime, Geheimdienstpraktikant in Luanda, träumt von seinem großen Vorbild James Bond. Als er auf einen Mordfall angesetzt wird, erwartet niemand, dass er den Fall lösen kann.

Äthiopien Asfa-Wossen Asserate – Ein Prinz aus dem Hause David: Der 1948 in Addis Abeba geborene Autor erzählt über sein Leben am Kaiserhof, den Besuch der Deutschen Schule und sein, durch die Revolution in Äthiopien, erzwungenes Exil in Deutschland.

Botswana Alexander McCall Smith – Ein Krokodil für Mma Ramotswe: Der erste Fall der resoluten Detektivin Precious Ramotswe ist ein ebenso spannender wie authentischer Einblick in den Alltag der botswanischen Bevölkerung. Ein außergewöhnlicher Krimi.

Ghana Nii Parkes – Die Spur des Bienenfressers: Der Gerichtsmediziner Kayo wird von der Stadt in ein Dorf gerufen, in dem ein Bewohner verschwunden ist. Hier sind die alten Traditionen noch lebendig und mit westlicher Logik kommen die Ermittler nicht weit.

Guinea Tierno Monenembo – Cinema: Humorvoll intelligenter Bildungsroman, der aus der Sicht eines Jungen den schwierigen und traumatischen Übergang Guineas vom Kolonialstaat zur Unabhängigkeit schildert.

Kamerun Francis Bebey – Eine Liebe in Duala: Der Fischer La Loi hat eine Frau und eine Geliebte. Beide bekommen ein Kind – aber nicht von La Loi. Mit viel Humor wird die Situation auf ganz eigene Art gemeistert.

Kenia Stefanie Zweig – Nirgendwo in Afrika: Regina und ihre jüdische Familie fliehen aus NS-Deutschland nach Kenia, wo sie sich ein neues Leben aufbauen. Die autobiografische Geschichte berichtet von Heimatlosigkeit und den Schwierigkeiten der Emigration.

Libyen Ibrahim Al-Koni – Die Magier: An einem Brunnen in der Wüste treffen zwei Stämme der Tuareg aufeinander. Die einen gründen eine Stadt und bedrohen damit die Lebensgrundlage der Nomaden. Ein Epos über eine der großen Nomadenkulturen der Welt.

Malawi William Kamkwamba, Bryan Mealer – Der Junge, der den Wind einfing: William wächst unter ärmlichen Bedingungen auf einer Farm auf. Mit 14 baut er ein Windrad, mit dem er Strom erzeugt. Seine Erfindung wird zur großen Chance für das ganze Dorf.

Mosambik Mia Couto – Unter dem Frangipanibaum: Inspektor Naita soll in einem Altersheim einen Todesfall untersuchen. Die Bewohner erzählen geheimnisvolle Geschichten und entführen den Ermittler in eine faszinierende und poetische Bilderwelt.

Namibia Uwe Timm – Morenga: Der Tierarzt Gottschalk meldet sich 1904 freiwillig, um den Herero-Aufstand in Südwestafrika niederzuschlagen. Historische Dokumente und Fiktion werden zu einem fesselnden Roman über ein Stück vergessener deutscher Geschichte.

Nigeria Sefi Atta – It´s my turn: Tolani und Rose arbeiten in einer Bank in Lagos. Als die beiden jungen Frauen ihren Job verlieren, lassen sie sich in ihrer Not zu Drogenkurieren ausbilden. Dazu gehört nicht nur das Schlucken von kokaingefüllten Kondomen.

Ruanda Paul Rusesabagina – Ein gewöhnlicher Mensch: Während des Völkermords werden unzählige Menschen ermordet. Durch sein mutiges Verhalten kann der Hotelier Rusesabagina über tausend Flüchtlingen das Leben retten. 2004 wurde das Buch als Hotel Ruanda verfilmt.

Somalia Nuruddin Farah – Bruder Zwilling: In den 70er Jahren: Ein junger Politiker stirbt unter mysteriösen Umständen. Loyaan, sein Zwillingsbruder, erfährt vom Doppelleben seines Bruders und gerät durch seine unbequemen Fragen selbst in Gefahr.

Südafrika Jenny Robson – All for love: In einer südafrikanischen Kleinstadt wird eine Lehrerin brutal ermordet. Die bei den Schülern wegen ihres Mutes bewunderte und beliebte Miss Diko hatte sich bei einer Rede am Welt-Aids-Tag als Infizierte geoutet.

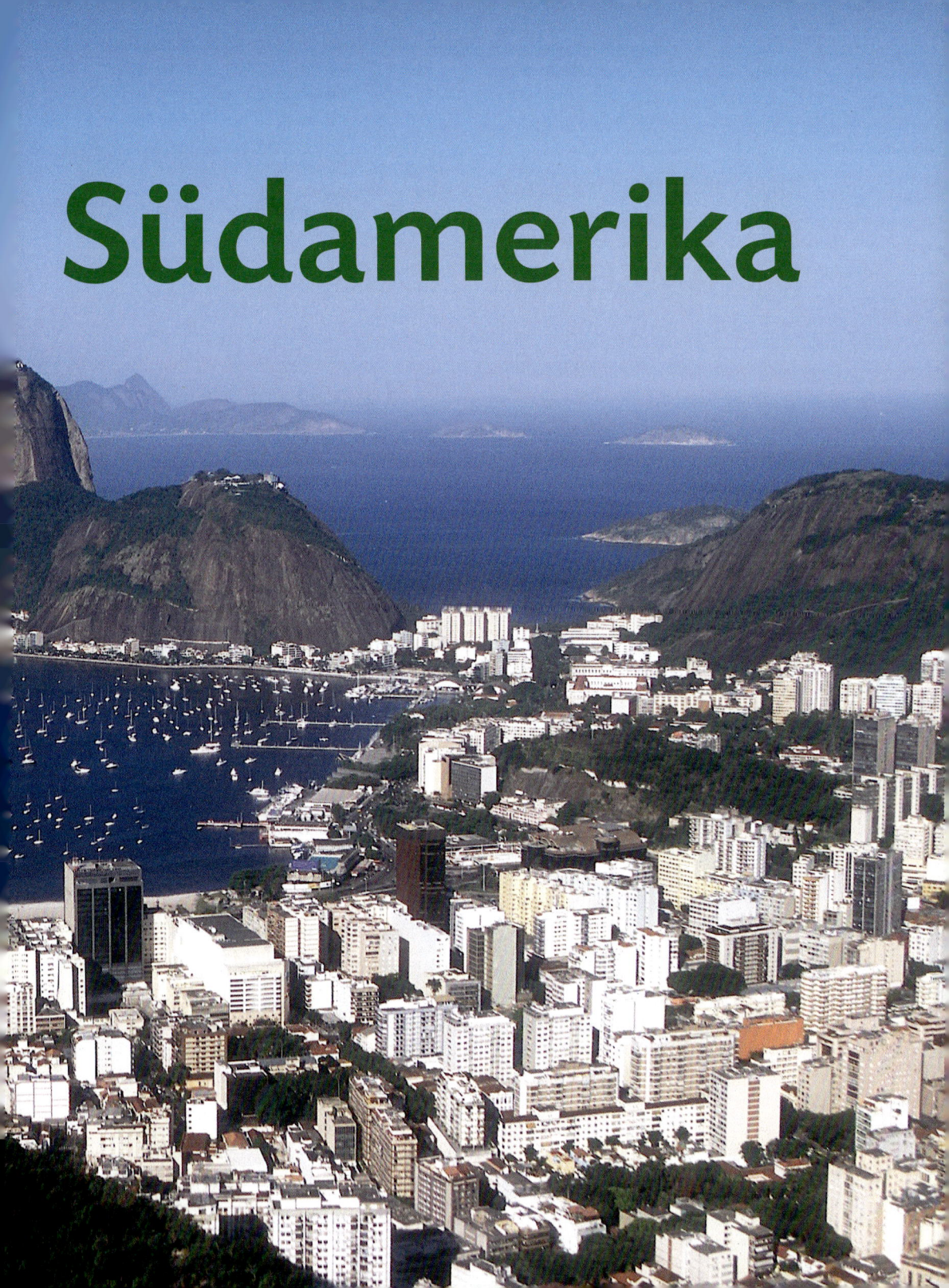

Südamerika

ELSA OSORIO | *Mein Name ist Luz*

ETWAS SCHWARZES, DAS AM SEHEN HINDERT

Als Luz im Alter von zwanzig Jahren versucht, Licht in das Dunkel ihrer Herkunft zu bringen, wirft die Vergangenheit düstere Schatten auf ihr Leben. Getrieben von einem unbestimmten Gefühl, beginnt sie auf eigene Faust folgenschwere Nachforschungen anzustellen. Nach und nach fügen sich Berichte, Erzählungen und Geschichten von ihr mehr oder weniger vertrauten Menschen wie Puzzleteile zu einem Gesamtbild zusammen. Durch Luz' bewegendes Schicksal gibt Elsa Osorio in ihrem erschütternden und berührenden Roman einen tiefen Einblick in die traumatische Zeit der argentinischen Militärdiktatur von 1976 bis 1983.

Buenos Aires im November 1976: Sergeant Pitiotti, El Bestia, wird die Gefangene M35 höchstpersönlich ins Krankenhaus bringen. Nichts darf nun mehr schief gehen, nachdem sie auf seinen Befehl hin seit Wochen eine Sonderbehandlung erfahren hat. Er wird sich ohnehin selbst ihrer annehmen. Aber erst nach der Entbindung, denn dem Kind darf nichts geschehen. Die Mutter jedoch, eine Widerstandskämpferin, wird man umgehend nach der Geburt »verlegen«, also umbringen.

Miriam wartet schon sehnsüchtig auf das Baby, welches El Bestia versprochen hat, ihr zu beschaffen. Wie sehr sie sich bereits auf das Kleine freut, das ihr Glück mit El Bestia vervollkommnen wird. Alles bereitet sie für die Ankunft des Kindes vor, sie hat alles Notwendige bereits eingekauft und liebevoll hergerichtet. Wie schön, dass sie, Miriam, das Kind nun haben kann, wenn seine leibliche Mutter es doch nicht will und es im Gefängnis sowieso nicht behalten könnte. Eigentlich tut sie ja etwas Gutes. Eigentlich.

Entre Ríos im November 1976: Eduardo spürt nur die betäubende, verstörende Trauer, dass sein Kind nicht gerettet werden konnte, dass sein Sohn gleich nach der Geburt sterben musste. In diese schmerzlichen Gefühle mischt sich auch die Angst um seine geliebte Frau Mariana, die den Folgen der Geburt erliegen könnte.

Marianas Eltern sind da und reden, reden unaufhörlich auf ihn ein. Können sie ihn nicht einfach in Ruhe lassen? Jetzt, da er so viel verloren hat und noch mehr verlieren könnte? Verstehen sie nicht, dass es ihrer Tochter schlecht geht, dass sie in Lebensgefahr schwebt? Trauern sie nicht um ihren Enkel, der nicht leben durfte? Nein. Amalia und Alfonso Dufau haben einen Plan, eine Lösung – und alles in die Wege geleitet. Das neugeborene Kind einer fremden Frau

soll nun Ersatz sein für ihren leiblichen, aber toten Sohn. Ein Anruf und alles wird gut, wenn er, Eduardo, der Schwiegersohn eines hohen Militärs, nur mitmacht, sich vor Mariana nichts anmerken lässt. Dieses dreckige, schmutzige Spiel bloß mitspielt.

Und er tut es. Aus Verzweiflung, Schuldgefühlen und Schwäche gerät er in diesen Strudel aus widerwillig ausgesprochenen Lügen, wird zum Komplizen seines verhassten Schwiegervaters Alfonso und vergräbt tief in seiner Seele Geheimnisse, die einen dunklen Schatten auf sein Leben werfen. Er möchte seine Lebenslüge hinausschreien, sich von der Last befreien, die er an jenem Tag auf sich geladen hat, der eigentlich der glücklichste seines Lebens hätte werden sollen. Niemand, dem er sich anvertrauen, bei dem er seine Seele erleichtern könnte. Nicht einmal Javier, seinem Bruder, kann Eduardo erzählen, wozu sein Schwiegervater ihn gedrängt hat. Aus Angst vor der Macht des Militärs und aus Scham über seine eigene Schwäche, die ihm aufgezwungene Skrupellosigkeit, mit der er sich unwiderruflich zum Mittäter gemacht hat.

AUSSER KONTROLLE

Buenos Aires im Winter 1983: Ein zufälliges Wiedersehen mit seiner Jugendliebe Dolores rührt ungewollt an seinen tief vergrabenen Geheimnissen. Eduardo hatte gelernt, mit der Lüge zu leben, hatte gelernt, Mariana wieder ins Gesicht zu sehen und sie Tag für Tag aufs Neue in dem Glauben zu lassen, Luz sei ihre leibliche Tochter. Doch nun, da er Dolores wiedersieht, sie, die er so sehr geliebt und später aus den Augen verloren hatte, überwältigt ihn das im hintersten Winkel seines Bewusstseins begrabene Geheimnis. Unbewusst und ohne zu drängen öffnet Dolores ihm durch ihr eigenes, in der Militärdiktatur erlittenes Schicksal die Augen. Mehr noch: Sie und die Liebe, die sie beide verbindet, geben ihm die Kraft, aus dem Korsett des Schweigens, in das ihn sein Schwiegervater gepresst hatte, auszubrechen, sich Alfonso zu widersetzen – auch wenn er sich damit in große Gefahr begibt.

»Wir kämpfen für das Leben, aber für ein Leben, das anders ist als im bürgerlichen System. Wir kämpfen für das Leben in einem umfassenden, besseren Sinn. Für ein würdiges Leben der ganzen, sich kollektiv verwirklichenden Menschheit.«

Entre Ríos, 1983: Seit sie Luz am Strand von Punta del Este an der Hand Alfonso Dufaus wieder gesehen und im Laufe des Urlaubs mit ihr Sandburgen gebaut hatte, ist Miriam von einem einzigen Gedanken besessen. Sie wartet vor der Schule auf Luz, nimmt die Kleine an die Hand, geht mit ihr über die Straße zum Eisstand. Eine Frau kommt auf sie zu. Läuft immer schneller. Sie ruft nach Luz. Vermutlich ihre Mutter. Ihre falsche Mutter. Was wäre passiert, wenn Mariana nicht rechtzeitig gekommen wäre, um Luz abzuholen, sie mit sich nach Hause zu nehmen? Wäre sie, Miriam, einfach mit ihr davongelaufen? Hätte sie Luz mitgenommen und ihr die wahre Geschichte ihrer Herkunft erzählt?

Man wollte Luz entführen? Warum sollte jemand die Absicht haben, ihnen das Kind wegzunehmen? Eduardo versucht, Mariana zu beruhigen, zweifelt jedoch an seinen eigenen Worten und beginnt zu ahnen, dass er von der Vergangenheit eingeholt wird.

Wer ist die Frau, die vor der Schule auf Luz gewartet hat? Ist es an der Zeit, Mariana zu erzählen, dass ihr Sohn bei der Geburt gestorben ist, dass Luz nicht ihre leibliche Tochter ist? Und wem hatten seine Schwiegereltern Luz weggenommen, kurz nachdem sie auf die Welt gekommen war?

Die Ereignisse beginnen sich zu überschlagen. Eduardos über Jahre mühsam aufrecht erhaltene Konstruktion aus Geheimnissen, Verschleierungen und Unwahrheiten gerät ins Wanken, droht einzustürzen.

DENN ES IST MEINE GESCHICHTE

Madrid im Juli 1998: Mein Name ist Luz. Ich bin vor zwei Tagen mit Ramiro und Juan aus Argentinien hierher gekommen. Bei der telefonischen Auskunft erfragte ich die Nummer von Carlos Squirru. Ich rief an und er nahm ab. Aus mir kamen nur wirre Worte, Husten. Verlegenes Schweigen von uns beiden. Umständlich versuchte ich ihm zu erklären, worum es mir geht, wer ich bin, warum nur er mir helfen kann. Ob wir uns treffen könnten? Bange Stille.

Nun sitze ich im Café Comercial auf der Plaza de Bilbao in Madrid, trinke eine Coca Cola mit Zitrone und warte auf ihn. Es ist drückend heiß. Ich spüre Freude und Angst zugleich. Bloß nicht so unbeholfen sein wie am Telefon. Auf dem Weg hierher schien es mir, als hätten meine Füße kein Gewicht, als wäre mein ganzer Körper ohne Halt. Als würde ich jeden Augenblick zusammenbrechen. Ich sitze in

»Aber es gibt weder Freunde noch Zuneigung, noch Treue; es gibt nichts, was vor der Folter bestehen könnte.«

einem Café in einer fremden Stadt und weiß nicht, ob der Mann, den ich gleich treffen werde, mein leiblicher Vater ist. Aber ich bin hier. Und das ist gut.

FAST UNERTRÄGLICH REAL

So, wie Luz' Geschichte kein Einzelschicksal ist, sondern stellvertretend für das Schicksal zahlreicher Kinder von Verschwundenen steht, so ist auch die argentinische Militärdiktatur kein Einzelfall in der Geschichte der Menschheit. Viele der Protagonisten sprechen zu uns, lassen uns an ihren Gedanken und Gefühlen, Ängsten und Freuden teilhaben. Dadurch, aber auch durch die unterschiedlichen Lebensumstände der Charaktere, führt Elsa Osorio die menschenverachtende Grausamkeit totalitärer Regime vor Augen. Gleichzeitig wird der Versuch der Menschen deutlich, sich der Unterdrückung zu entziehen oder sich gegen sie zu wehren. Schnörkellos und zutiefst erschütternd zeichnet die Autorin das Bild einer Gesellschaft und zeigt die Macht zwischenmenschlicher Beziehungen auf.

AUTORIN: Elsa Osorio, 1952 in Buenos Aires geboren, lebt seit 1994 vorwiegend in Madrid. Dort arbeitet sie als Journalistin, Dozentin und Drehbuchautorin für Film und Fernsehen. 2001 wurde sie für *Mein Name ist Luz* mit dem Literaturpreis von Amnesty International ausgezeichnet. Im Juli 2010 erschien die deutsche Ausgabe ihrer Erzählungen *Sackgasse mit Ausgang*.

NOTABENE: Während der »Jahre des schmutzigen Krieges« (1976 – 1983) wurden Oppositionelle und Kritiker des Regimes von paramilitärischen Einheiten verfolgt, gefoltert und ermordet. Schätzungsweise dreißigtausend Bürger, die des Terrorismus beschuldigt wurden, verschwanden in dieser Zeit spurlos. Mütter der Vermissten schlossen sich daraufhin zusammen, um auf der Plaza de Mayo zu demonstrieren. Sie gingen damit in die Geschichte ein.

MANUEL PUIG | *Der Kuss der Spinnenfrau*

MIKROKOSMOS GEFÄNGNISZELLE

Was tun, wenn man vierundzwanzig Stunden am Tag in einen Raum gesperrt ist? Der filmbegeisterte Gefängnisinsasse Molina verbringt seine Zeit damit, sich an seine Lieblingsfilme zu erinnern und für seinen Zellengenossen nachzuerzählen. Im Anschluss an diese Berichte entspinnen sich Unterhaltungen zwischen den beiden Inhaftierten, die einen Blick auf die argentinische Gesellschaft nach 1950 und die Filmkultur Mitte des zwanzigsten Jahrhunderts werfen.

Luis Alberto Molina und Valentín Arregui teilen sich ein halbes Jahr lang eine Zelle in einem Gefängnis in Buenos Aires. Während der homo- beziehungsweise transsexuelle Molina wegen Verführung eines Min-derjährigen zu einer Haftstrafe verurteilt wurde, wartet der Revolutionär Valentín auf seinen Prozess wegen Anstiftung zum Aufstand. Zum Zeitvertreib und zur Annäherung erzählt Molina seinem Zellengenossen Filme aus seiner Kindheit und Jugend. Er wählt nicht irgendwelche Filme aus, sondern vor allem die Mitte des letzten Jahrhunderts in Argentinien so beliebten B-Produktionen aus Hollywood, wie zum Beispiel Horrorfilme von Jacques Tourneur und einen längst vergessenen Liebesfilm. Filme also, die ganz offensichtlich eine längst überholte Rollenvorstellung propagieren und damit bei dem Revolutionär Valentín zwangsläufig auf Ablehnung stoßen müssen.

Dennoch lässt sich dieser, wenn auch widerwillig, auf Molinas Geschichten ein. Und tatsächlich kommen sich die beiden Zellengenossen im Laufe dieser Gespräche näher. Valentín lernt, trotz aller Abneigung gegen die politischen Aussagen der Filme, ihren Unterhaltungswert, den Molina so liebt, zu schätzen und beginnt Gefallen an dieser Art der Ablenkung zu finden. Immer mehr gelingt es ihm, sich in Molina hineinzuversetzen und diesen mit all seiner Liebe für Oberflächlichkeiten und seiner Abneigung für alles Politische zu akzeptieren. Auch Molina entwickelt ein Gespür für den Rebellen Valentín und richtet sich am Ende bei seinen Erzählungen nach dessen Filmgeschmack. Er gesteht ein, dass politisches Engagement in einer Gesellschaft wie der ihren wichtig ist, und beginnt sogar, sich nach dieser

»Es ist doch nur, weil der Film einfach himmlisch war, mir geht es nur um den Film, denn solange ich hier eingesperrt bin, muß ich einfach an schöne Dinge denken, ich kann nicht anders, sonst werd ich verrückt, oder?«

Prämisse zu verhalten. Zwischen den beiden entwickelt sich eine tiefe Freundschaft, und sie finden – vielleicht zum ersten Mal in ihrem Leben – aufrichtige Anteilnahme und Verständnis.

BLICK DURCH VERGITTERTE FENSTER AUF DIE WELT

Zwar nehmen die Filmerzählungen eine bedeutende Rolle ein, die beiden Hauptthemen des Romans sind jedoch die instabile und teilweise chaotische politische Situation zur Zeit der Herrschaft von Isabel Perón von 1974 bis 1976 sowie die schwierige Situation der Homosexuellen, die in Argentinien bis in die achtziger Jahre hinein unterdrückt wurden und den Schikanen der Polizei ausgesetzt waren.

Manuel Puig hat mit diesem durchaus regimekritischen Werk viel gewagt. Aufgrund der Darstellung von Willkür- und Terrorherrschaft wurde der Roman in Argentinien verboten und führte zum Landesverweis des Autors.

AUTOR: Manuel Puig wurde 1932 in einer argentinischen Kleinstadt in der Provinz Buenos Aires geboren. Nach dem Abbruch seines Philosophie- und Architekturstudiums besuchte er die Filmhochschule und arbeitete als Assistent bei prominenten europäischen und argentinischen Regisseuren. Er lebte einige Zeit als Drehbuchautor in den USA, bevor er nach Argentinien zurückkehrte und sich der Schriftstellerei widmete.

AUGUSTO CÉSPEDES | *Teufelsmetall*

DIE ERZHEXE VON POTOSÍ

Bolivien, Anfang des zwanzigsten Jahrhunderts: Die »Erzhexe« hat das Land fest im Griff. Nach dem mystischen Glauben vieler Bolivianer beherrscht sie, die »dunkle Göttin der anorganischen Welt«, das Reich der Bodenschätze. Tausende Arbeiter opfern ihr in den dunklen Bergwerksschächten auf der Suche nach dem begehrten Rohstoff Zinn Leben und Gesundheit. Doch nur ein Mann wird reich. Unermesslich reich.

»Das Maultier mit dem Gold ist in den Fluß gefallen.« Mit diesem Aufschrei an einem schläfrigen Nachmittag im feuchtwarmen Talgebiet Boliviens lässt Augusto Céspedes die Geschichte von Zenón Omonte beginnen. Der junge Mestize unehelicher Herkunft wächst bei seinem Onkel auf und bekommt nach dessen Tod eine Stelle in einem Handelsunternehmen, das mit dem Bergbau zu tun hat.

Von da an soll das Metall Zenón nicht mehr loslassen. Von seinen letzten Ersparnissen kauft er eine stillgelegte Silbermine und stößt dort nach wochenlangen,

»In der Tiefe nährt die unheimliche Göttin der anorganischen Welt, die hinterhältig, bösartig und unzuverlässig ist, von ihren Schlupfwinkeln aus ihren Haß gegen die Sonne und zermürbt die Seelen der Menschengeschlechter. Sie nährt sich von Blut. Die Liebe kennt sie nicht, aber sie besitzt das Geheimnis der Atomzahlen, das man kennen muß, um die verschiedenen Metalle zusammenzusetzen.«

erfolglosen Grabungen auf ein riesiges Zinnvorkommen. Sein Glück ist damit gemacht. Der umtriebige Geschäftsmann avanciert zum Millionär mit internationalen Beziehungen und wird schließlich sogar Gesandter seines Heimatlandes in Europa.

Doch der Roman erzählt keine Heldenstory. Zenón Omonte, dessen Geschichte dem Leben des Zinnbarons Simón Ituri Patiño nachgezeichnet ist, taugt nicht zum smarten Selfmademan, aber ebenso wenig zum schwarzen Schurken.

Denn im Grunde ändern sich im Laufe der Handlung weder sein Verhalten noch sein Charakter: verschlagen, immer auf seinen Vorteil bedacht und ansonsten ziemlich gleichgültig. So pflegt er bereits als Halbwüchsiger seinen Onkel zu bestehlen, seine erste Mine luchst er einem Indio in Zahlungsschwierigkeiten für einen Pappenstiel ab. Sein Reichtum ist auf den Schultern der indianischen Arbeiter gewachsen, die unter unmenschlichen Bedingungen in den Schächten nach Erz schürfen müssen und entweder an Lungenkrankheiten, Erschöpfung oder der sauerstoffarmen Höhenluft elend zugrunde gehen.

SILBER, ZINN UND ERDGAS

Augusto Céspedes versteht es, die unbegreiflichen Scheußlichkeiten, die der Bergbau in Südamerika mit sich bringt, ebenso unaufgeregt wie eindrucksvoll zu schildern. Dabei treibt ihn die nackte Verzweiflung an: Auch 1946, als sein

Roman erscheint, fordert die Erzhexe noch immer ihre Opfer, sind die eklatanten sozialen Missstände in einem der ärmsten Länder der Welt noch nicht annähernd behoben.

Und so könnte man den Titel des Buches als Motto über die gesamte bolivianische Geschichte stellen. Denn schon immer war das Land von seinen Rohstoffen abhängig, nur die jeweilige Gestalt änderte sich. Im sechzehnten Jahrhundert war es das Silber der Minen um Potosí, das das spanische Weltreich unterhielt und, glaubt man dem Roman, acht Millionen Indios das Leben kostete. Später dann, als zu Beginn des neunzehnten Jahrhunderts ein findiger Brite die Konservendose entwickelt hatte, löste Zinn Silber als wichtigstes Exportgut ab. Dabei kam die größte Nachfrage aus Europa, dessen enormer Bedarf an Zinn – insbesondere während der beiden Weltkriege – Männer wie Omonte beziehungsweise Patiño reich gemacht hat.

Heute sind auch die Zinnvorkommen weitestgehend erschöpft. Seit einigen Jahren spielt ein neuer Rohstoff eine wichtige Rolle: Bolivien verfügt nach Venezuela über die größten Erdgasvorkommen Lateinamerikas. Nun steht das Land erneut vor dem Problem, wie der Reichtum aus der Erde gerecht verteilt werden kann.

AUTOR: Augusto Céspedes, 1904 in Cochabamba (Bolivien) geboren, war ein südamerikanischer Journalist, Essayist und Romanautor. *Teufelsmetall* wurde wegen seines sozialkritischen Untertons bei seinem Erscheinen 1946 in Bolivien verboten, Céspedes selbst als Nestbeschmutzer beschimpft. Er starb 1997 in La Paz.

JORGE AMADO | *Die Herren des Strandes*

DIE STADT ALS JAGDREVIER, ZUHAUSE UND MUTTERERSATZ

Auf packende Weise schildert Jorge Amado das harte Leben der Straßenkinder Brasiliens: »Die Herren des Strandes« sind eine Bande in Salvador da Bahia, einer der größten Städte Brasiliens. Die Kinder, die ihr Lager in einem alten Schuppen am Strand aufgeschlagen haben, werden in der ganzen Stadt gefürchtet. Obwohl schon in den dreißiger Jahren veröffentlicht, hat das Thema des Buches besonders in den Millionenstädten der Welt nicht an Aktualität verloren.

Das episodenartig erzählte Leben der Kinder ist geprägt von Gewalt, Kriminalität, Hunger und der Sehnsucht nach Liebe und Geborgenheit. Dennoch liest sich das 1937 als letzter Teil eines Romanzyklus über die Menschen Brasiliens geschriebene Werk wie ein fesselnder Abenteuerroman. Beinahe vergisst man beim Lesen, dass die Helden des Strandes, obwohl noch Kinder, täglich aufs Neue ums Überleben kämpfen müssen. Die Anführer der Bande sorgen dafür, dass auch unter den verwahrlosten Kindern ein moralischer Kodex eingehalten wird. Sie werden in unterschiedlichste Auseinandersetzungen verwickelt, deren Höhepunkt die Gefangennahme des sechzehnjährigen Anführers Pedro Bala darstellt. Packend beschreibt Jorge Amado wie der Halbwüchsige in der sogenannten Besserungsanstalt bis an den Rand des Todes gequält wird, bevor ihm schließlich die Flucht gelingt.

ZWISCHEN ELEND UND ABENTEUER

Die Herren des Strandes werden von den Einwohnern der Stadt nur als eine Bande gefährlicher Krimineller betrachtet. Jeder, der mit ihnen Umgang pflegt, wird öffentlich scharf angeklagt. Der Priester ist einer der wenigen, der in ihnen das erkennt, was sie eigentlich immer noch sind, nämlich Kinder, die sich genauso wie andere Kinder nach einer Familie sehnen. Aus Freundschaft zu ihnen setzt er seinen Ruf und seine Karriere aufs Spiel. Jorge Amado zeigt eindrücklich auf, dass nur die Umstände die Kinder zu dem gemacht haben, was sie sind. Sie sind verroht, stehlen, vergewaltigen, trin-

ken und sind gewalttätig. Dennoch haben sie ein großes Verantwortungsgefühl füreinander, helfen sich gegenseitig, schätzen die Freiheit als ihr höchstes Gut und suchen jeder für sich nach einem Ausweg aus diesem trostlosen Dasein.

Pirulito möchte unbedingt Priester werden und sucht sein Heil in der Güte Gottes – so versucht er den Sünden zu entsagen und verbringt die größte Zeit des Tages im Gebet. Der Anführer der Gruppe Pedro Bala findet heraus, dass sein Vater einen Streik der Hafenarbeiter angezettelt und dafür mit seinem Leben bezahlt hat, und beschließt, ihn, wenn er erwachsen ist, zu rächen. Hinkebein erfährt für eine kurze Zeit, was es heißt, eine Mutter zu haben, und spürt danach umso mehr, dass mütterliche Liebe das ist, was ihm und seinen Kumpanen am meisten fehlt. Die miteinander verwobenen Schicksale der Straßenkinder Bahias zeigen, dass nicht nur die alltägliche Not, sondern auch die Suche nach Orientierung und einer Zukunftsperspektive das Leben dieser Kinder bestimmt.

Amados Schilderung der Straßenkinder Brasiliens mutet wie eine aktuelle Studie der sozialen Verhältnisse des Landes an. Er zeigt ein kaum lösbares Problem der Moderne auf, das auch in Südamerika keine neuere Erscheinung ist, sondern seit dem Beginn des zwanzigsten Jahrhunderts die unteren Schichten der städtischen Bevölkerungen betrifft.

AUTOR: Jorge Amado wurde 1912 in der brasilianischen Hafenstadt Ilhéus geboren, zog später nach Bahia. 1930 bis 1937 verfasste er einen sechsbändigen *Bahia-Zyklus*, in dem er das Leben und die Sitten Brasiliens thematisiert und Partei für die Unterdrückten ergreift. 1942 emigrierte er nach Europa.

MILTON HATOUM | *Asche vom Amazonas*

EIN FREUND, WEIT WEG, AM ANDEREN ENDE BRASILIENS

Allgegenwärtig ist in dieser Geschichte der Verfall. Der Verfall der Tropenstadt Manaus, der Verfall der brasilianischen Gesellschaft während der Militärdiktatur, vor allem aber der Verfall einer Familie. Milton Hatoum erzählt in seinen »brasilianischen Buddenbrooks« die komplizierte Geschichte einer Familie, die langsam am Hass zwischen Vater und Sohn zugrunde geht. Geschildert wird diese Geschichte vom einzigen Freund des Sohnes, der, teils Beobachter, teils Beteiligter, sein eigenes Schicksal eng mit dem Leben und dem Niedergang seines Freundes und dessen Familie verflochten sieht.

Brasilien in den sechziger Jahren. Das Militär hat nach einem Putsch die Regierung übernommen. Gnadenlos beuten die Militär- und Wirtschaftseliten große Teile der armen Bevölkerung aus. Es herrschen Korruption, Gier und Repression. Die Not der ausgebeuteten und unterdrückten Armen ist groß. In dieser Atmosphäre wachsen in Manaus, an den Ufern des tropischen Rio Negro, zwei Freunde auf, die unterschiedlicher nicht sein könnten.

Olavo ist Waise. Er lebt mit seiner verbitterten Tante Ramira und deren nichtsnutzigem Bruder Ranulfo in einfachsten Verhältnissen. Die Tante hält zunächst alle drei mit Näharbeiten über Wasser. Onkel Ranulfo, früher Rundfunkreporter, lebt zum Ärger seiner Schwester in den Tag hinein und treibt sich nachts herum. Still, fleißig und bescheiden schafft Olavo es aus eigener Kraft, Jura zu studieren und ein angesehener Rechtsanwalt zu werden. Als einfühlsamer Beobachter erzählt Olavo die Geschichte seines Freundes Raimundo.

»Ich arbeite, Schwesterherz ... Ich arbeite mit der Phantasie anderer und meiner eigenen.«

ENTWEDER SINNLOSER GEHORSAM ODER REVOLTE

Raimundo kommt aus wohlhabendem Haus, sein Vater Trajano ist ein erfolgreicher Geschäftsmann und enger Freund der regierenden Generäle. Der Jute-Baron hat es mit seinem Anwesen »Vila Amazônia« an den Ufern des Amazonas zu einigem materiellen Wohlstand gebraucht. Doch der bringt der Familie kein Glück, denn der Graben zwischen Vater und Sohn ist tief. Der feinsinnige und labile Raimundo lebt seine Träume und möchte Künstler werden. Trajano reagiert darauf wütend: Er versucht, Raimundos Ambitionen mit patriarchalischer Härte zu zerschlagen und ihn durch militärischen Drill zu disziplinieren. Folgerichtig schickt Trajano seinen Sohn auf die Militärakademie. Um dem immer unerträglicheren Druck zu entgehen, flüchtet sich Raimundo zu einem zwielichtigen Künstler namens Arana und zu Olavos Onkel Ranulfo.

»Gedanken und Gefühle, die uns bewegen. Ich habe mich mit dieser Arbeit von einer Last befreit, aber ich betrachte mich nicht als Künstler, Lavo. Ich wollte nur meinem Leben einen Sinn geben.«

Ein Umstand macht dabei für den Patriarchen Trajano den Kontakt seines Sohnes zu dem Versager Ranulfo besonders unerträglich: Ranulfo ist ein alter Nebenbuhler, der noch immer heillos in Raimundos Mutter Alícia verliebt ist. Alícia wiederum vergöttert ihren Sohn und versucht, ihn mit ihren Mitteln zu unterstützen. Doch im Konflikt zwischen Vater und Sohn ist sie völlig hilflos. Aus Kummer verfällt sie der Spiel- und Alkoholsucht. Als Raimundo aus der Militärakademie ausbricht, um mit einer Kunstaktion auf die Greueltaten der Herrscher aufmerksam zu machen, eskaliert der Konflikt zwischen Trajano und seinem Sohn.

VOM »PARIS DER TROPEN« ZUR MÜLLKIPPE

In der Geschichte des Untergangs von Raimundos Familie spiegelt sich die Geschichte des einst als »Paris der Tropen« bewunderten Manaus. Die Hauptstadt des brasilianischen Bundesstaates Amazonien im Nordwesten des Landes wurde Ende des 19. Jahrhunderts wegen eines Monopols auf Kautschuk und wegen des einsetzenden Kautschukbooms, der der erhöhten Nachfrage für die Gummirei-

fenproduktion geschuldet war, reich und berühmt. Der so erwirtschaftete Wohlstand machte die Stadt am Rio Negro zu der am weitest entwickelten Metropole Brasiliens. Die repräsentativen, fast protzig anmutenden Gebäude des Justizpalastes und des legendären »Opernhauses im Urwald« stammen aus dieser Zeit.

Das Ende des Kautschukmonopols Anfang des zwanzigsten Jahrhunderts läutete den Niedergang der Stadt ein: Gebäude verfielen, das älteste Stromnetz und die erste Straßenbahn Brasiliens wurden stillgelegt. Auch dass Manaus 1957 zur Freihandelszone erklärt wurde, änderte am Verfall zunächst nichts. Die Gier der Militärregierung nach Reichtum und ihr Streben nach Modernisierung um jeden Preis ließen Manaus immer tiefer in Ruin und Müll versinken, zerstörten den die Stadt umgebenden Urwald und die idyllischen Landschaften am Rio Negro. Es sollte bis in die siebziger Jahre dauern, bevor die Wirtschaft und das öffentliche Leben wiedererwachten.

Intensiv, lebendig, vor allem aber bedrückend beschreibt Milton Hatoum das Leben in der beklemmenden Atmosphäre zwischen der wilden Natur am Rio Negro und am Amazonas, der Prunksucht der Wohlhabenden und dem Überlebenskampf der einfachen Bevölkerung.

»Ein Bild unserer Zukunft, mit Pinselstrichen der Hoffnung und Freiheit. Eine künstlerische Botschaft an die Jugend unserer Heimat …«

Der innere und äußere Verfall der Gesellschaft, die tiefe Diskrepanz zwischen Arm und Reich und die Trostlosigkeit des in Beton, Plastik und Müll erstickenden Manaus lassen den individuellen Niedergang von Raimundos Familie noch auswegloser und drastischer erscheinen.

AUTOR: Milton Hatoum, 1952 in Manaus geboren, ist derzeit wohl der geachtetste Romancier Brasiliens. Bereits für sein Erstlingswerk erhielt er den höchsten Literaturpreis Portugals, zahlreiche weitere Preise folgten. Obwohl Hatoum heute in São Paulo lebt, spielen viele seiner Romane, so zum Beispiel *Zwei Brüder,* ebenso wie *Asche vom Amazonas* in seiner Geburtsstadt Manaus.

ISABEL ALLENDE | *Das Geisterhaus*

GEISTER EINER ANDEREN ZEIT

Die hinterlassenen Notizhefte ihrer Großmutter offenbaren der jungen Alba die schicksalhafte Vergangenheit ihrer Familie. Sie führen ihr das bewegte Leben ihrer Angehörigen im Chile der ersten Hälfte des vergangenen Jahrhunderts vor Augen und helfen ihr, das eigene Entsetzen über die Grausamkeit der Militärdiktatur zu ertragen. Von den zwanziger Jahren bis 1973, über vier Generationen, werden die Leser Zeugen der jüngeren Historie des Landes sowie des Aufstiegs und allmählichen Falls einer angesehenen Familie Santiago de Chiles.

In den zwanziger Jahren des letzten Jahrhunderts beginnt die kleine Clara, jüngster Spross der del Valles, ihre Tagebuchaufzeichnungen, die sie von nun an ihr Leben lang führen wird: persönlich gefärbte Dokumente der dramatischen Zeit- und Familiengeschichte der del Valles und Truebas, die von Schicksalsschlägen und den politischen Ereignissen in Chile geprägt sind. Jahre später helfen Claras Aufzeichnungen ihrer Enkelin Alba das bewegte Leben ihrer Vorfahren nachzuzeichnen und so die Hintergründe ihrer Herkunft kennen und verstehen zu lernen.

Esteban Trueba, aufgewachsen in ärmlichen Verhältnissen, verliebt sich unsterblich in die schöne Rosa, älteste Tochter der hoch geachteten del Valles und hält um ihre Hand an. Um den Lebensstil der künftigen Frau an seiner Seite erhalten zu können, zieht er zunächst einige Zeit in den Norden, um in den Minen nach Gold zu graben. Dort erfährt er vom unerwarteten Tod seiner Verlobten.

In tiefer Verzweiflung und wütend über sein hartes Los, zieht er auf das elterliche Gut *Drei Marien*, das er verwahrlost und heruntergewirtschaftet vorfindet. Als strenger Patron schafft Esteban Ordnung und baut Hof und Land wieder auf. Unter seiner Aufsicht wird das Anwesen mit den Jahren zu einem wirtschaftlichen Mustergut. Seine sexuellen Eskapaden, die zahlreichen unehelichen Kinder, die er zeugt, und das Leid, das er dadurch deren Müttern zufügt, kümmern ihn wenig.

Inzwischen wächst Clara del Valle im Hause ihrer Eltern in Santiago zu einer jungen Frau heran. Im Alter von zehn Jahren, nach dem Tod ihrer Schwester Rosa, verweigert sie das Sprechen und zieht sich in sich selbst zurück. Sie lebt in ihrer eigenen Welt, verfügt jedoch über einen wachen Geist und ein sicheres Gespür für die gesellschaftlichen Verhältnisse der Zeit. Zudem besitzt sie außergewöhnliche mentale Fähigkeiten, die es ihr ermöglichen, bei Tisch das Salzfass wandern zu lassen, die Träume ihrer Mitmenschen zu deuten oder ihnen die Zukunft vorherzusagen. Erst nach neun Jahren Sprachlosigkeit bricht sie das Schweigen, um ihre Hochzeit mit Rosas ehemaligen Verlobten Esteban vorauszusagen.

Als Esteban Trueba kurze Zeit später um die Hand einer der ledigen Töchter aus dem Hause del Valle anhält, nimmt Clara, die ihr Schicksal vorhergesehen hat, seinen Antrag an. Doch schon bald zeichnen sich erste Probleme ab. Während Estebans zentrales Lebensziel Wohlstand und ein reicher Schatz an irdischen Gütern darstellt, geht Clara weiterhin voll und ganz in ihrer spirituellen Welt auf und findet in dieser ihr Glück. Auch die Geburt ihrer drei Kinder — Blanca sowie die Zwillingsbrüder Nicolas und Jaime — bringt die beiden nicht näher. Im Gegenteil: Ihre von Grund auf verschiedenen Erziehungsansätze und der Umgang mit den ebenso unterschiedlichen wie willensstarken Charakteren ihrer Sprösslinge entzweien Clara und Esteban vollends.

DIE VIERTE GENERATION

Erst mit der Geburt von Alba, Blancas Tochter, zieht nach langer Zeit wieder etwas Frieden in die Familie ein. Alba hat zu jedem Familienmitglied eine gute Beziehung und wird von allen geliebt. Selbst Esteban zeigt in ihrer Gegenwart seine zärtliche großväterliche Seite. Zwischen ihm und seiner Enkelin entwickelt sich eine harmonische, vertraute Beziehung. Alba ist die Einzige, deren Kritik er erträgt, wenngleich er die politischen und gesellschaftlichen Ansichten der Heranwachsenden nicht teilen kann.

Mit der Regierungsübernahme der Liberalen ändert sich das Leben der bis dahin sehr einflussreichen und mächtigen Familie radikal. Als seine politischen Gegner die Macht übernehmen, stürzt Estebans Weltbild in sich zusammen. Kurze Zeit darauf kommt es zum Militärputsch und es dauert nicht lange, bis die ganze Familie Trueba um ihr eigenes und das Leben ihrer Liebsten bangen muss.

AUS DER VERGANGENHEIT LERNEN

Für Isabel Allende ist dieses Epos Teil ihrer eigenen Vergangenheitsbewältigung. Ihr Roman *Das Geisterhaus* entstand aus einem Brief an ihren Großvater und trägt autobiografische Züge. Anhand einer an realen Vorbildern orientierten fiktiven Familie zeichnet sie die jüngste Geschichte Chiles nach und versucht, die politischen und gesellschaftlichen Umstände greifbar zu machen, welche die »heile« Welt Chiles zu Beginn des Jahrhunderts aus den Fugen geraten ließen. Sie stellt die politischen Meinungsverschiedenheiten von Generation zu Generation heraus und führt dem Leser das (innerfamiliäre) Konfliktpotenzial politischer Kontroversen deutlich vor Augen. Politisches Denken und Engagement nimmt in allen Generationen einen hohen Stellenwert ein. Besonders spürbar wird dies bei Esteban Trueba, der sich Zeit seines Lebens

»Sie hatte schon damals die Gewohnheit, alles Wichtige aufzuschreiben, und später, als sie stumm wurde, notierte sie auch Belanglosigkeiten, nicht ahnend, daß fünfzig Jahre später diese Hefte mir dazu dienen würden, das Gedächtnis der Vergangenheit wiederzufinden und mein eigenes Entsetzen zu überleben.«

für die Konservativen stark macht und mehrmals zum Senator gewählt wird, während die nachfolgenden Generationen bereits vom Sozialismus geprägt sind. Viele Streitgespräche zeugen vom Aufeinanderprallen des alten und neuen Wertesystems. Die traditionellen Klassenprivilegien geraten nach und nach ins Wanken.

Deshalb hat man am Ende nicht nur mit den Figuren den kargen, wüstenähnlichen Norden, die hektische Hauptstadt Santiago und die blühenden und fruchtbaren Ebenen am Fuße der Kordilleren bereist, sondern auch einen intensiven Einblick in die gesellschaftlichen und politischen Umbrüche dieses facettenreichen südamerikanischen Landes bekommen.

AUTORIN: Isabel Allende wurde 1942 in der peruanischen Hauptstadt Lima geboren. Sie ist die Nichte des 1973 ermordeten chilenischen Präsidenten Salvador Allende. Ihr 1982 veröffentlichter Debütroman *Das Geisterhaus* wurde bereits nach kurzer Zeit zu einem Welterfolg. 2010 erschien ihr jüngstes Werk *Die Insel unter dem Meer.*

ANTONIO SKÁRMETA | *Mit brennender Geduld*

DAS LEBEN – EINE METAPHER

Der Weg ist das Ziel – jeden Tag fährt der Briefträger Mario mit einem schweren Sack voller Briefe an der Küste Chiles entlang zu seinem einzigen Kunden. Doch schon bald wird aus dem einfachen Vorgang des Postablieferns sowohl für Mario als auch für seinen Kunden Pablo Neruda eine Gelegenheit, sich gegenseitig einen großen Gefallen zu tun. Für Mario ändert sich dadurch das Leben, das er bis dahin gekannt hat. Für Don Pablo hingegen ist es die einzige Möglichkeit, an seinem alten Leben festzuhalten.

Stellt die Neugier uns nicht oft die Frage, ob berühmte Persönlichkeiten im wahren Leben auch etwas Besonderes sind? Oder ob ein anerkannter Dichter auch in seiner Freizeit in Versen spricht? Selten ist uns dieser Blick hinter die Kulissen gegönnt, und sei es nur durch die Augen Dritter. Antonio Skármeta leiht uns diese Augen: Durch die Freundschaft des großen chilenischen Dichters Pablo Neruda zu seinem Briefträger Mario Jiménez verschafft er uns sowohl einen Einblick in die späte Lebensphase Nerudas als auch in das Lebensgefühl seiner Landsleute zur Zeit der Regierung Allende bis zum Putsch 1973 und der damit beginnenden Diktatur.

Mario wächst als Sohn eines einfachen Fischers auf, ohne jemals mehr vom Leben erwarten zu können. Seine ganze Leidenschaft gilt daher dem Kino, der einzigen Möglichkeit für ihn, etwas von der Welt zu sehen – und natürlich auch die schönen Frauen aus den Filmen anzuhimmeln. Doch eines Tages entdeckt er auf dem Heimweg in der Nachbarstadt ein Stellengesuch für einen Briefträger. Obwohl die Route anstrengend ist und es nur einen einzigen Kunden gibt, sagt Mario sofort zu. Denn dieser eine Kunde ist niemand anderer als der chilenische Nationaldichter Pablo Neruda. Von nun an macht sich Mario täglich auf den steilen Weg zu Don Pablos Haus und versucht dessen Aufmerksamkeit zu gewinnen.

WIE EIN BOOT, DAS AUF WORTEN SCHAUKELT

Die Gelegenheit bietet sich, als Don Pablo Mario anvertraut, er erwarte jeden Tag eine Nachricht aus Schweden, die endlich seine Nominierung für den Nobelpreis bringe. Doch auch in diesem Jahr bleibt der ersehnte Brief aus, und so schafft es Mario, die Enttäuschung des Dichters für sich zu nutzen. Denn in Marios Leben taucht noch eine weitere Person auf, die sein Gefühlsleben bestimmt: Beatriz Gonzáles, die Tochter der Strandbar-Wirtin. Zum ersten Mal in seinem Leben ist Mario verliebt, doch wie immer ist er um die richtigen Worte verlegen, besonders in ihrer Anwesenheit. Er weiß sich nur einen Rat: Don Pablo muss helfen! Er soll ein Gedicht für seine Angebetete schreiben, sodass diese sich ihm in die Arme wirft. Der Plan stirbt jedoch, als Neruda als Präsident kandidieren soll und auf Wahlkampfreise gehen muss. Anders als befürchtet bedeutet dies aber nicht das Aus für die aufkeimende junge Liebe. Denn Mario hat

»Mann, in Chile ist doch jeder Dichter. Es ist viel origineller, du bleibst Briefträger. Zumindest bist du dann viel unterwegs und wirst nicht fett. Wir Dichter in Chile sind alle Fettwänste.«

bereits viel von Neruda und dessen Gedichten gelernt. Am Ende sind es nicht die Worte des Dichters, sondern seine eigenen, die Beatriz an seine Seite und ihre Mutter einem Herzstillstand nahe bringen.

Die Historie zeigt uns, dass nicht Neruda, sondern Salvador Allende Präsident wurde. Ein Ereignis, das sich von nun an unaufhörlich in die Schilderung Skármetas schleicht. Doch zunächst geht es um einen großen Gefallen, den Mario seinem Freund und Mentor erweisen soll. Don Pablo ist als Botschafter Allendes nach Paris gereist, doch er vermisst sein Zuhause, und so bittet er Mario, seinen zuverlässigen Freund im fernen Chile, ihm etwas aus der Heimat zu schicken: die Geräusche seines Hauses, das Rauschen der brechenden Wellen, das Kreischen der Möwen. Mario wird für Don Pablo somit zum Sammler dessen, was Heimat ausmacht. Diese ist allerdings nicht mehr so wie in dessen Erinnerung, und bei seiner Rückkehr wird Neruda nicht mehr das vorfinden, was er einst zurückließ.

Antonio Skármeta verbindet in seiner Erzählung mühelos die Welt des einfachen Volkes mit der Erfahrung des weltgewandten und vielgereisten Intellektuellen. Nie kommt das Gefühl auf, Don Pablo würde *seinen* Briefträger geringschätzen oder dessen Probleme weniger achten als seine eigenen. Beide können gleichberechtigt miteinander umgehen. Dabei verbindet sich die direkte Sprache der Fischerleute mit den poetischen Metaphern des Dichters, wodurch *Mit brennender Geduld* nicht nur zu einer Huldigung Pablo Nerudas, sondern auch der Lebensfreude und Zähigkeit des chilenischen Volkes wird, das auch unter schwersten Bedingungen nie die Lust am Leben verliert.

AUTOR: Antonio Skármeta, 1940 in Antofogasta geboren, verließ nach dem Putsch 1973 seine Heimat und ging ins Exil nach Berlin. 1989 kehrte er nach Chile zurück und war 2000 bis 2003 Botschafter für die Regierung seines Landes in Berlin. *Mit brennender Geduld* wurde zweimal verfilmt, einmal mit Philippe Noiret in *Il Postino*. Weitere erfolgreiche Werke Skármetas sind *Der Dieb und die Tänzerin* und *Die Hochzeit des Dichters.*

GABRIEL GARCÍA MÁRQUEZ | *Hundert Jahre Einsamkeit*

EIN LATEINAMERIKANISCHES JAHRHUNDERT

Márquez' Epos erzählt die Geschichte vom Aufstieg und Fall der Familie Buendía und des von ihnen gegründeten Ortes Macondo. Ganz im Stile des Magischen Realismus vereint »Hundert Jahre Einsamkeit« Mythen und Wirklichkeit und verbindet Familiengeschichte mit der Geschichte Lateinamerikas – speziell Kolumbiens. In dem ebenso dichten wie vielschichtigen Roman verschmelzen Realität und Fantasie in einer Virtuosität und Reichhaltigkeit, die das Buch zu einem literarischen Meisterwerk gemacht haben.

Nach einem Mord flüchtet José Arcadio Buendía mit seiner Frau Ursula Iguarán und macht sich gemeinsam mit anderen Familien auf die Suche nach einer neuen Heimat. Mitten im kolumbianischen Urwald lassen sie sich schließlich nieder und gründen eine neue Siedlung: Macondo. Die Bewohner scheinen in Macondo ihr Glück zu finden. Sie leben harmonisch zusammen, und bald kommen die ersten Kinder auf die Welt. Mit der Zeit wächst nicht nur die Familie Buendía, sondern auch das ganze Dorf. Zunächst

> *»Macondo war damals ein Dorf von zwanzig Häusern aus Lehm und Bambus am Ufer eines Flusses mit kristallklarem Wasser, das dahineilte durch ein Bett aus geschliffenen Steinen, weiß und riesig wie prähistorische Eier. Die Welt war noch so jung, daß viele Dinge des Namens entbehrten, und um sie zu benennen, mußte man mit dem Finger auf sie deuten.«*

ist der paradiesisch erscheinende Ort durch den Urwald völlig von der Außenwelt abgeschnitten. Die einzige Informationsquelle bleibt lange Zeit eine Gruppe von reisenden Zigeunern, darunter Melchiades, der dem Ort seine Zukunft voraussagt. Nach und nach erfahren die Bewohner Macondos so von den technischen Errungenschaften und den Geschehnissen außerhalb ihrer isolierten Welt.

Doch mit dem Auftauchen eines Landrichters erhält Macondo eine staatliche Verwaltung und wird in das Gesellschaftssystem des Landes eingegliedert, vor dem seine ersten Bewohner einst in die Abgeschiedenheit flüchteten. Und weil der Ort nun ein Teil der Republik Kolumbiens ist, findet der aufflammende Bürgerkrieg zwischen Konservativen und Liberalen nun auch in Macondo statt. Aureliano Buendía, einer der Buendia-Söhne, engagiert sich besonders in diesem Krieg und bringt es in seiner Militärlaufbahn bis zum Oberst. Mit dem Bau einer Eisenbahnlinie quer durch den Urwald besteht erstmals wieder eine direkte Verbindung zwischen Macondo und der Außenwelt. Das politische und gesellschaftliche Leben des Landes spiegelt sich in der schnell expandierenden Dorfgemeinschaft wider. Als sich schließlich eine amerikanische Bananengesellschaft niederlässt, erlangt der Ort materiellen Wohlstand. Doch bald nach der Ankunft der paradiesisch erscheinenden kleinen Siedlung in der Modernität scheinen die Bewohner ihr Glück zu verlieren. Macondo funktionierte als Mikrokosmos, nicht aber in der Realität des zwanzigsten Jahrhunderts. Der Ort ist ein Idealbild, der Zufluchtsort einer Familie, die vor der Realität flieht, und ein Abbild einer längst vergangenen Zeit.

GESCHICHTE EXEMPLARISCH

Der Ursprung der Familie Buendía und der Beginn der historischen Hundert Jahre, die im Titel des Romans anklingen, ist die Zeit der Bürgerkriege nach Ausrufung der Republik im neunzehnten Jahrhundert. Über sechs Generationen hinweg begleitet der Leser die Familie und die Entwicklung des Ortes Macondo und erfährt von dessen Aufstieg und Niedergang. Verursacht wird dieser durch diverse Naturkatastrophen, die in ihrer mysteriös-magischen Art an die sieben biblischen Plagen erinnern.

Der Schauplatz hat Ähnlichkeiten mit Aracataca, Márquez' Geburtsort. An ihm werden exemplarisch die wichtigsten Ereignisse in der Geschichte Kolumbiens und ganz Südamerikas wie auch die Geschichte der Menschheit von der Genesis bis zur Apokalypse nachvollzogen. Vor allem die Kolonialzeit bis circa 1830, dem Jahr der Ausrufung der Republik, und die darauf folgenden Bürgerkriege bis zum Waffenstillstand 1902 sowie die Epoche des Imperialismus von 1899 bis 1930 und der folgende Neoimperialismus werden parallel zur Familiengeschichte beschrieben.

EIN JAHRHUNDERT IN DER ABGESCHIEDENHEIT – ODER DIE GESCHICHTE EINER FAMILIE

Die beiden Hauptthemen des Romans sind der Tod und die Einsamkeit. Die Einsamkeit ist die einzige gemeinsame Eigenschaft aller Familienmitglieder und scheint eine Art Wesenszug der handelnden Personen zu sein. Jeder Einzelne zeichnet sich durch ganz besondere, außergewöhnliche Charaktereigenschaften aus, die von den anderen meist nicht verstanden werden. So bleiben die Familienmitglieder unverstanden und werden mit ihren Problemen alleingelassen. Doch scheinen sich die individuellen Schicksale auch zu wiederholen, beinahe austauschbar zu sein. Dies wird vor allem durch die in verschiedenen Generationen wiederkehrenden Namen der Bewohner und die Ähnlichkeit ihrer Träume, Albträume, Eigenschaften und Ängste betont.

Für Gabriel García Márquez hat die Einsamkeit jedoch auch einen Symbolgehalt. Sie ist mit einer Introversion gleichzusetzen und drückt die Unfähigkeit der Buendías zu dauerhaften und solidarischen zwischenmenschlichen Beziehungen aus. Es wird angedeutet, dass Solidarität und Kommunikation mögliche Lösungen für die Probleme der Familie, des Dorfes und letztendlich auch Lateinamerikas sind und somit den Untergang der Sippe und

»Angesichts des Entwurfs, den Aureliano Triste auf den Tisch zeichnete und der ein unmittelbarer Nachfahre der Aufrisse war, mit denen José Arcadio Buendía den Sonnenkrieg geplant hatte, fand Ursula sich in ihrem Eindruck bestätigt, daß die Zeit im Kreise lief.«

Macondos am Ende verhindern könnten. Die einzelnen Familienmitglieder und damit das gesamte Dorf scheitern also an ihrer Einsamkeit und ihrer Isolation. Als sich Macondo der Außenwelt öffnet und mit negativen Einflüssen, allem voran dem blutigen Bürgerkrieg und der grausamen Ausbeutung der Arbeiter durch die amerikanische Bananengesellschaft, konfrontiert wird, ziehen sich die verbleibenden Bewohner erneut von der Realität zurück. Sie kommen nicht klar mit der neuen Welt. Die mystischen Elemente hingegen nehmen immer mehr zu.

Hundert Jahre Einsamkeit ist ein beinahe enzyklopädisches Werk, eine lateinamerikanische Saga, deren grundlegendes Charakteristikum die lückenlose Verzahnung von Realität und Fiktion ist. Dem Autor gelingt es, in der Geschichte der Familie Buendía historische Fakten und Mythen zu verbinden. Romanhandlung und -struktur sind zyklisch und gleichzeitig spiegelbildlich angelegt und erlauben sowohl eine wörtliche, historisch-chronologische als auch eine symbolische Lesart.

AUTOR: Gabriel García Márquez, 1927 in Aracataca, Kolumbien geboren, lebt heute in Mexiko. Er studierte Jura und war Journalist bevor er sich ganz der Schriftstellerei widmete. Heute ist er der meistgelesene Schriftsteller Lateinamerikas und erhielt 1982 den Nobelpreis für Literatur. Erfolgreich verfilmt wurden unter anderem die berühmten Werke *Die Liebe in den Zeiten der Cholera* und *Chronik eines angekündigten Todes.*

MARIO VARGAS LLOSA | *Tante Julia und der Kunstschreiber*

ZWISCHEN ALLEN STÜHLEN

*Ein Roman mit stark autobiografischen Zügen, der vom Leben im Lima der fünf-
ziger Jahre erzählt. Farbenfroh, abwechslungsreich und von seiner Struktur an
Patchwork erinnernd — so beschreibt Llosa das Leben in der südamerikanischen
Metropole. Diesem Muster entspricht auch der Aufbau des Buches: Die Liebesgeschichte zwischen dem siebzehnjährigen Mario und seiner Tante Julia wird
immer wieder durch die hochdramatischen Radio-Hörspiele des Schriftstellers
Pedro Camacho unterbrochen. Die Handlung springt von einem Stadtteil Limas
in den nächsten, bis schließlich die ganze Ordnung bedrohlich ins Wanken gerät.*

Mario ist siebzehn Jahre alt — oder jung — und findet sich selbst stets zwischen
allen Stühlen wieder. Er studiert Jura, hauptsächlich um seiner Familie einen
Gefallen zu tun, die große Hoffnungen in seine Zukunft setzt. Eigentlich möchte
er aber Schriftsteller werden. Sein Studium finanziert er sich mit einer Stelle als
Nachrichtenchef beim Radiosender
Panamericana — nach seiner eigenen
Aussage ein Job mit pompösem Titel,
bescheidenem Salär und plagiatori-
schen Arbeitsmethoden.

*»Hören Sie auf mich, ich habe Lebenserfahrung.
In den meisten Fällen ist das, was man Herzweh
und so weiter nennt, nichts anderes als schlechte
Verdauung, harte Bohnen, die sich nicht zerset-
zen wollen, alter Fisch, Verstopfung. Ein gutes
Abführmittel vertreibt allen Liebeswahn.«*

Durch seine Arbeit lernt Mario
den Schriftsteller Pedro Camacho
kennen, der für den Sender Hörspiele
im Akkord schreibt. Wie am Fließband produziert der außergewöhnlich kleine
Mann Geschichten von höchster Dramatik, die er dreimal täglich von Schauspielern live im Radio einsprechen lässt. Es zeigt sich, dass der junge Nachrichtenchef innerhalb des Senders der Einzige ist, der Einfluss auf Camacho hat. Da
dessen Hörspiele schon nach kurzer Zeit schwindelerregende Einschaltquoten

einbringen, der Schreiber selbst aber ein ganz und gar eigenwilliger Mensch mit einer merkwürdigen Abneigung gegen Argentinien ist, sehen die Senderchefs in Mario bald ihren einzigen Zugang zu ihrem Goldesel.

VERLIEBT IN LIMA

Zeitgleich verliebt sich Mario in seine Tante Julia aus Bolivien. Diese wiederum ist nach ihrer Scheidung auf der Suche nach einem neuen Ehemann. An ihren Neffen hatte sie dabei jedoch nicht gedacht.

Ehe Mario sich versieht, ist er Krisenmanager auf mehreren Baustellen. Während er im Radiosender verhindern soll, dass Pedro Camacho in seinen Hörspielen durch wiederholte abfällige Bemerkungen ganz Argentinien gegen sich aufbringt, entwickelt sich zwischen ihm und seiner mehr als zehn Jahre älteren Tante eine ernsthafte Liaison, die natürlich vor der ganzen Familie geheim gehalten werden muss. Überhaupt ist die Macht der Familie kennzeichnend für den gesamten Roman und das Leben in Lima während der fünfziger Jahre. Tanten, Onkel, Cousinen, Großeltern und viele weitere Verwandte spielen eine große Rolle in Marios Leben, sodass er von ihren Ansichten viele seiner Entscheidungen abhängig machen muss. Das Leben findet innerhalb eines großen Familienverbundes statt, der sich regelmäßig trifft, alles voneinander weiß und über das Leben des Einzelnen mitbestimmt.

IM BANNE DER HÖRSPIELKUNST

Mario oder Varguitas, wie ihn seine Freunde nennen, ist in diesem Roman der Erzähler und Protagonist, Pedro Camacho jedoch der heimliche Star. Mit seinen Hörspielen verzaubert er die Massen und löst unter den Einwohnerinnen Limas eine regelrechte Hysterie aus. Es scheint, als ob bald jede Frau in Lima ihren Tagesablauf mit den Sendezeiten der Hörspiele synchronisiert und sehnsüchtig die Fortsetzung der dramatischen Geschichten erwartet.

Obwohl der Kunstschreiber seine Arbeit todernst verfolgt, entbehren seine Geschichten für den heutigen Leser nicht einer gewissen Komik. Mithilfe eines

Stadtplans und gefährlichen Halbwissens entwickelt Pedro Camacho für jeden Stadtteil Limas unerbittlich Stereotype, die er für die Kreation seiner Charaktere benötigt. Zunächst verwirrend und schließlich herrlich komisch beginnt das Genie seine eigenen Figuren und komplexen Handlungsstränge durcheinander zu werfen. Während diese Vermischung bei den Limaer Hausfrauen zunächst nur Kopfschütteln und Unverständnis hervorruft, bedeutet sie für Camacho das Ende seiner Karriere als Kunstschreiber.

ALLES NUR EIN TRAUM?

Für Mario ist es ein weiter Weg zu seinem Traum, eines Tages als Schriftsteller in einer Mansarde über den Dächern von Paris zu leben. Dieser scheint in noch weitere Ferne zu rücken, als die Familie auf seine Beziehung zu Julia aufmerksam wird und der Junge als einzigen Ausweg aus der Misere nur noch die Heirat mit seiner Tante sieht. Fast so dramatisch wie in einem von Pedro Camacho geschriebenen Hörspiel wird die Geschichte, als Marios Vater versucht, die Beziehung unter Androhung von Waffengewalt zu beenden und die Rückkehr seines minderjährigen Sohnes an die Universität zu erzwingen.

Nach einer turbulenten Flucht durch halb Lima und mehreren Versuchen, eine heimliche Heirat zu arrangieren, stellt Mario sich schließlich seinen Problemen und vor allem seinen Verwandten. Es ist die Probe aufs Exempel:

Zum ersten Mal muss der junge Mann seiner Familie und letztlich auch sich selbst beweisen, dass er erwachsen ist und seine eigenen Entscheidungen treffen kann.

AUTOR: Der Peruaner Mario Vargas Llosa ist Schriftsteller und Politiker und einer der führenden lateinamerikanischen Romanciers und Essayisten. 1994 erhielt Vargas Llosa den Cervantes-Preis. Zwei Jahre später bekam er den Friedenspreis des Deutschen Buchhandels, 2010 den Nobelpreis für Literatur.

NOTABENE: Im Roman ist das *Colectivo* Marios bevorzugtes Verkehrsmittel, mit dem er kreuz und quer durch Lima, von der Uni zum Radiosender und in die Bezirke am Stadtrand gelangt. Die *Colectivos* sind eine südamerikanische Eigenheit. Es handelt sich um Minibusse, die abfahren, sobald sie genug Passagiere haben. Man kann sie für Strecken innerhalb der Stadt oder zwischen Städten, die fünf bis fünfundzwanzig Kilometer voneinander entfernt liegen, nutzen.

Radio Panamericana, der Sender in dem Mario im Roman als Nachrichtenchef arbeitet, sendet auch heute noch aus der Hauptstadt Perus. Auf der Homepage des Senders lässt sich erkennen, dass man dem ursprünglichen Konzept programmatisch treu geblieben ist. Dominierend ist lateinamerikanische Pop- und Salsamusik. Über www.radiopanamericana.com ist es möglich, den Radiosender auch außerhalb Perus zu empfangen.

WEITERREISEN

Allgemein Eduardo Galeano – Die offenen Adern Lateinamerikas: Die Geschichte eines Kontinents, interpretiert als Geschichte der Ausbeutung von seiner Entdeckung bis heute. Ein Klassiker, den Hugo Chavez als provokantes Gastgeschenk Barack Obama überreichte.

Argentinien

César Aira – Die Nächte von Flores: Ein Rentnerehepaar in einem Viertel von Buenos Aires, die Wirtschaftskrise, der Mord an einem Jugendlichen: Airas Roman bewegt sich an der Grenze zum Thriller – klug komponiert und faszinierend zugleich!

Carlos María Domínguez – Das Papierhaus: Lesen kann Schicksale lenken, Existenzen verändern, Begeisterung wecken – und es kann tödlich sein. Eine faszinierende Geschichte über die geheime Macht der Bücher und die fast schon besessene Leidenschaft für das Lesen.

Brasilien

Frances de Pontes Peebles – Die Schneiderin von Pernambuco: In einem Dorf in Nordbrasilien wachsen die Schwestern Emilia und Luzia unterschiedlichen Schicksalen entgegen. Ein grandioser Familienroman vor einer farbigen Kulisse.

Anne Zielke – Arraia: Von Abenteuerlust gepackt und einen Leprakranken im Gepäck reisen zwei Theologiestudenten den Amazonas flussaufwärts. Doch trotz der prachtvollen Landschaft kommt es bald zu ernsthaften Konflikten. Ein kleines Buch über große Themen.

Chile Carlos Labbé – Navidad und Matanza: Wer klaut den rassigen Latinas die Badetücher? Was geschah mit den Geschwistern Alicia und Bruno Vivar? Und was steckt hinter dem *Ecstasy des Hasses*? Wer suchet, der findet: Auf an die chilenische Pazifikküste!

Kolumbien Juan Gabriel Vásquez – Die Informanten: Die Spur eines dunklen Geheimnisses führt den jungen Gabriel vom Kolumbien der 30er Jahre bis in die Gegenwart. Hierbei deckt er ein bis heute totgeschwiegenes Kapitel der Geschichte seines Landes auf.

Nordamerika

DOUGLAS COUPLAND | *Eleanor Rigby*

LEBEN NACH DEM EINSCHLAG

*Denkt man an Kanada, kommen einem unwillkürlich weites Land und un-
gezähmte Wildnis in den Sinn. Flüsse, Lachse und Bären. Mounties und ihre
Pferde, Großbauern und freundliche Menschen, wenige Menschen, genauer gesagt
3,2 Einwohner pro Quadratkilometer. Von eben diesem Kanada erzählt Douglas
Coupland nicht. Er erzählt von Liz Dunns Kanada. Dem Leben in der Großstadt
zwischen zwei Millionen Menschen, der Einsamkeit unter ihnen und von einem
ungewöhnlichen Leben voller außergewöhnlicher Ereignisse.*

Wie ein Komet aus heiterem Himmel trifft Jeremy seine Mutter Liz Dunn. Die
erinnert sich wohl an den Jungen. Jeremy, der Ende der siebziger Jahre auf einer
Klassenfahrt nach Rom gezeugt wurde, begleitete seine damals sechzehnjährige
Mutter still und heimlich durch die Schwan-
gerschaft. Liz war nun mal ein dickes Mädchen
und macht auch heute keinen Hehl aus ihrer
Stattlichkeit. Und so plötzlich wie er bei der
Geburt in ihr Leben trat, so schnell gab sie ihn
auch zur Adoption frei. Als er sie jetzt, zwanzig Jahre später, von einem Krankenhaus in Vancouver anrufen lässt, wird ihr fades Leben mit einem Schlag wieder
interessant, so interessant, dass sie *Eleanor Rigby* schreibt, um davon zu berichten.

*»Ich wünschte, ich könnte sagen, dass an
den Dingen, die ich sehe, nichts dran ist,
aber ich bin mir einfach nicht sicher.«*

Liz ist eine junge Frau mitten in ihren Dreißigern. Sie lebt in Vancouver, ist
dick, introvertiert und schrecklich einsam. Aber sie ist intelligent und arrangiert
ihre Einsamkeit mit so trockenem Humor, dass sie Familie und Arbeitskollegen
regelmäßig vor den Kopf stößt. Ihr Zynismus gegen die Welt, die ihr hohl und
oberflächlich scheint, zeigt sich auch darin, dass sie ihr Geld lieber an der Börse
vermehrt als es der Lotterie anzuvertrauen. Sie ist die reiche, schrullige Tante.

Doch mit Jeremys Wiedereintritt in Liz' Umlaufbahn verändert sich deren Leben rasant. In seiner Gegenwart blüht sie auf, denn Jeremy ist besonders. Er hat ein Gewinnerlächeln, hört Stimmen aus dem Off, hat Visionen und kann Lieder rückwärts singen, ein seltenes Talent, das er von seiner Mutter geerbt hat. Aber ihr Sohn ist todkrank und erliegt dieser Krankheit sehr schnell, schneller als erwartet. Liz kann nicht mehr zurück in ihr verlassenes Apartment und ihr trauriges altes Leben. Nach Jeremys Tod ist die Einsamkeit kein bedauerlicher Lebensumstand mehr, mit dem sie sich arrangieren kann, sondern ein tiefer Schmerz, vor dem sie panische Angst bekommt. Doch in ihrer Verzweiflung weisen ihr die Ereignisse den Weg. Ein Meteorit schlägt vor ihr in den Asphalt ein, und sie bekommt in derselben Nacht den Anruf eines österreichischen Ermittlers, der sie zu jener Klassenfahrt und Jeremys Vater befragen will. So beschließt Liz sich auf den Weg zu machen – nach Europa. Sie braucht Antworten.

Douglas Coupland setzte sich schon früher mit den Zivilisationskrankheiten auseinander, die seiner und den jüngeren Generationen zu schaffen machen. Die Einsamkeit in der Anonymität der Großstadt ist eine davon. Phantasievoll verknüpft er die sozialen Leiden, die so normal und charakteristisch für das neue Jahrtausend scheinen, mit phantastischen Ereignissen im Leben seiner Protagonistin. So offenbart sich der größere Zusammenhang nicht erst auf den letzten Seiten. Schon während der Lektüre lässt er immer wieder seine Analogien von Kosmos und Mikrokosmos durchblicken. *Eleanor Rigby* regt auf angenehme Weise zum Nachdenken an

AUTOR: Der in Deutschland geborene Douglas Coupland studierte Bildhauerei in Vancouver und Produktdesign in Hokkaido. Seine ersten graphischen Arbeiten wurden zur Grundlage seines weltberühmten Erstlingswerks *Generation X*, dessen Titel zum Schlagwort für eine ganze Generation wurde.

NICOLAS DICKNER | *Nikolski*

EIN GROSSES ZIMMER IST SCHON FAST ZU VIEL FREIHEIT

Sie sind eine Familie, werden es aber nie erfahren. Sie begegnen sich, sprechen ein paar wenige Worte miteinander oder beobachten sich zufällig auf der Straße. Aber ihre Verbindung zueinander ist zu schwach, als dass sie sich erkennen könnten. Und doch zieht es sie alle Drei in das Viertel Petite Italie in Montréal. »Nikolski« ist ein Abenteuerroman, ein Reiseroman und zugleich ein Buch über Bücher, Länder, Fische und moderne Seeräuber.

Er ist namenlos, der Erzähler: Er jobbt in einem Buchladen ohne Kundschaft. Seine Mutter ist vor kurzem gestorben. An seinen Vater hat er keine Erinnerung. Nur ein Kompass ist ihm von dem Unbekannten geblieben. Der weist aber nicht wie üblich auf den magnetischen Norden, sondern auf den winzigen, auf den Aleuten gelegenen Ort Nikolski.

Auch sein Halbbruder Noah kennt seinen Vater nicht. Er weiß nur, dass Jonas Doucet ein Seefahrer war, der nicht an Land bleiben konnte. Er brauchte das Schwanken des Schiffes, um leben zu können. Noahs Mutter Sarah hatte ihn auf der Straße aufgelesen, ihn mitgenommen in ihrer gelbbraunen Bonneville Kombilimousine mit Wohnanhänger – auch liebevoll Granpa genannt –, der den Wellengang so perfekt imitieren konnte. Gemeinsam sind sie die Straßen Kanadas entlang geschippert. 1500 Kilometer. Dann war Schluss. Jonas Doucet musste wieder raus auf das Meer. Zurück ließ er das *Buch ohne Gesicht*, eine Sammlung von Seemannsgeschichten, die er in einer Kneipe in Tel Aviv beim Pokern gewonnen hatte. Und Noah in Sarahs Bauch. Sein letztes Lebenszeichen war eine Postkarte aus einem kleinen Ort auf den Aleuten namens Nikolski. Fast war es ein Wunder, dass sie ihren Empfänger gefunden hatte, denn Sarah hat nach wie vor keinen festen Wohnsitz. Sie reist noch immer mit Granpa durch Kanada –

nur jetzt mit Noah auf dem Beifahrersitz. Das ist sein Zuhause, und eine Schlafkoje ist alles, was er an Privatsphäre kennt. Fast ein Vagabundenleben führen Mutter und Sohn auf den Highways.

Mit Achtzehn ist es für Noah damit vorbei: Er entscheidet sich gegen seine Mutter und für ein sesshaftes Leben als Archäologiestudent in Montréal. Seine Mutter wird er nie mehr wiedersehen. Auch seine Briefe, die er an zufällig ausgewählte Poststationen im ganzen Land verschickt, werden sie nie erreichen.

MODERNE PIRATERIE

Und dann ist da noch Joyce, Cousine von Noah und Nichte von Jonas Doucet. Aufgewachsen im kleinen Dorf Tête-à-la-Baleine an der Ostküste Kanadas, ungefähr dort, wo sich wenig später der mächtige Sankt-Lorenz-Strom in den Atlantik ergießt. Joyce ist die letzte Nachfahrin des alten Piratengeschlechts Doucette; sie will die Familientradition fortsetzen und unbedingt Seeräuberin werden. Lysandre Doucet war der Einzige, der ihr noch von der angeblich so ruhmreichen Vergangenheit der Familie erzählen konnte. Doch nach dem Tod ihres Großvaters hält sie nichts mehr in dem kleinen Heimatort.

Außerdem gibt es noch das Geheimnis um ihre Mutter, die eigentlich an einer Fischgräte kurz nach Joyces Geburt gestorben sein soll. Oder lebt sie doch noch? Vielleicht in Montréal? Aber: »Das Montréaler Telefonbuch ist genauso leer und verlassen wie der Friedhof von Tête-à-la-Baleine.« Anstatt ihre Mutter zu treffen, landet Joyce in einem Fischladen am Marché Jean-Talon in Montréal. Dort macht sie das, was sie auch zu Hause als einziges Kind ihres Vaters immer machen musste: Fisch filetieren. So viel zu ihrem Lebenstraum.

Obwohl diese drei Protagonisten nur wenige Straßenzüge voneinander entfernt leben, spüren sie die Gegenwart der anderen nicht. Es gibt nichts, was sie einander erkennen lässt. Zum einzigen Bindeglied wird lediglich Noahs »Buch ohne Gesicht«, das seine Freundin im Antiquariat des namenlosen Erzählers liegen lässt. Dort entdeckt es auch Joyce, die regelmäßig im Antiquariat Bücher klaut, es aber nicht mitnimmt und sich für einen Reiseführer entscheidet.

Der Erzähler lüftet schließlich das Rätsel des Buches ohne Umschlag. Genau genommen sind es drei Bücher, die zu einem zusammengefasst wurden, was die unterschiedliche Typographie dem Experten verrät. Es besteht aus einer alten Monografie über die Schatzinseln, einer pseudo-historischen Abhandlung über die Piraten der Karibik und einer Biografie über Alexander Selcraig, einem Schiffsbrüchigen auf einer einsamen Insel. Ein Buch, das ihre Schicksale widerspiegelt: die Piratin, immer auf der Suche nach der großen Beute, den Archäologiestudenten, der ausgerechnet im Müll finden

»Er fühlt sich wie ein Kosmonaut, der eine Runde um seine Sojus dreht und überall um sich herum nur Leere sieht: Millionen von Sternen, endloser Raum und Übelkeitsanfälle.«

will, was eine Gesellschaft zusammenhält, und der Buchhändler, der sein Dasein allein in einem Meer von Büchern fristet. Es scheint so, als wäre ihr Schicksal darin beschrieben.

Alle Drei haben sich Montréal, die Stadt am Sankt-Lorenz-Strom, ausgesucht, um ihren Lebenstraum zu verwirklichen, und um zu sich selbst zu finden. Doch es fällt ihnen nicht leicht, in der mit 1,6 Millionen Einwohnern zweitgrößten Stadt Kanadas zurecht zu kommen. Allein. Der namenlose Erzähler flüchtet sich in die Welt der Bücher, die er nicht verkauft. Selbst den Tod seiner Mutter verarbeitet er, indem er sich in ihre Tagebuchaufzeichnungen vergräbt. So wird ihre Vergangenheit lebendig und damit auch er. Noah benötigt nicht einmal die große Stadt, um sich zu verlieren. Ihm reicht dafür sein neues WG-Zimmer, das groß wie der gesamte bewohnbare Raum im alten silbernen Wohnwagen ist. Wie soll Noah es schaffen, in so einem Raum zu schlafen? Und Joyce? Die wird zur Piratin der Neuzeit. In Montréal, das um die 450 Kilometer vom Atlantik, dem nächsten Ozean, entfernt ist, bleibt ihr nur der Cyber Space für ihre Mission. Mit Kreditkartenbetrügereien im Internet eifert sie ihren Vorfahren nach. Für sie ist Montréal noch nicht das Ende ihrer Reise.

MONTRÉAL: EINE STADT MIT ZWEI SEELEN

Wer Montréal kennt, den wundert es nicht, dass Nicolas Dickner sich ausgerechnet diese Stadt als Kulisse für seinen Roman ausgesucht hat. Ähnlich wie seine Protagonisten ist auch die Stadt hin und her gerissen: Mit ihren Ballungsgebieten gilt die kanadische Metropole als die zweitgrößte französischsprachige Stadt der Welt. Gleichzeitig sprechen aber, besonders im westlichen Teil, 28 Prozent der Einwohner Englisch als Muttersprache. Doch das ist im Straßenbild nicht zu erkennen. Die englischen Bezeichnungen sind aus der Öffentlichkeit verbannt oder nur mit ergänzender französischer Beschriftung zugelassen. Ein Ort also, der die Suche nach der eigenen Identität erschwert.

Trotzdem gelingt es Dickners Protagonisten, sich im Leben einzurichten. Während Noah am Ende der Vater für seinen Sohn sein kann, den er selbst nie hatte, hat sich der namenlose Erzähler dazu entschieden, sein Schicksal doch noch in die Hand zu nehmen. Er will die Welt der Bücher endlich verlassen. Seine Reise führt ihn zurück in die Realität. Joyce hat Montréal schon längst den Rücken zugekehrt und sitzt »ganz offensichtlich irgendwo unter einer Kokospalme, die Füße im warmen Sand, ein Glas Rum Añejo in der Hand«.

AUTOR: Nicolas Dickner, geboren 1972 in Rivière-du-Loup, lebt in Montréal. Ausgedehnte Reisen führten ihn durch Lateinamerika und Europa bis nach Bamberg, wo er an diesem Roman gearbeitet hat. Sein Debütroman *Nikolski* erschien 2005 in seiner Heimat und wurde dort zu einem Bestseller.

LEONARDO PADURA | *Ein perfektes Leben*

SCHLAFEN, VIELLEICHT TRÄUMEN, WENN ICH DAS DOCH NUR KÖNNTE

Eine Reise ins Kuba des ausgehenden zwanzigsten Jahrhunderts ist für El Conde eine Reise voller Sehnsucht und Erinnerung. Zärtlich, nachdenklich und melancholisch, aber ohne falsche Sentimentalität, lässt Leonardo Padura die stimmungsvollen Jahre nach der Revolution wieder aufleben und macht die Lebenslust der Bewohner von Havanna spürbar. Das Hauptaugenmerk setzt Padura nicht auf die Kriminalgeschichte, sondern auf das Leben und Lebensgefühl der kubanischen Gesellschaft, die an ihren Idealen zerbrochen ist.

Wir schreiben das Jahr 1989: Der Sozialismus in der Sowjetunion bricht zusammen. Dies hat auch für Kuba weitreichende Folgen. Es beginnt eine Zeit des Umbruchs – die *período especial* – in der das Land einschneidenden Veränderungen ausgesetzt ist. Das Land wird für den Tourismus geöffnet, die sozialen Unterschiede werden deutlicher, das Castro-Regime muss Zugeständnisse an die kapitalistische Welt machen. Mit »Ein perfektes Leben« startet der kubanische Autor Leonardo Padura seine Tetralogie. Das Havanna-Quartett führt durch alle vier Jahreszeiten. Die Geschichte des untypischen Kriminalromans spielt im Winter, einer Jahreszeit, die von Dauerregen und Kälte geprägt ist und der Geschichte dadurch eine noch stimmungsvollere Atmosphäre verleiht.

Hauptfigur ist Teniente Mario Conde, ein melancholischer Polizist, der viel lieber Autor wäre und nach eigener Aussage für Schriftsteller, Verrückte und Trunkenbolde eine gewisse Solidarität empfindet. Statt sich auf die Suche nach den Tätern zu begeben und schwierige Fälle zu lösen, trifft er sich lieber mit seinem Kumpanen Carlos. Die beiden teilen neben der Faszination für Baseball und der Vorliebe für guten Rum und scharfe Frauen vor allem auch die Zuneigung für Carlos' Mutter Josefina und deren köstliche Mahlzeiten.

So ist El Conde auch nicht sehr erfreut darüber, dass er von seinem Chef den Auftrag erhält, nach dem verschwundenen Vizeminister Rafael Morín Rodríguez zu suchen. Der ist ein zuverlässiger Genosse, den alle als zielstrebigen, aber vorbildlichen Revolutionär beschreiben. Ausgerechnet an El Condes freiem Wochenende, dazu am Tag nach der Silvesterfeier, von der er noch vollkommen verkatert ist und es kaum aus dem Bett schafft. Seine Stimmung bessert sich auch nicht, als er feststellen muss, um wen es sich bei dem Verschwundenen handelt.

Der ehemalige mustergültige Schülersprecher Morín ist nicht nur irgendein Schulkollege, sondern der Mann, der Condes damaligen großen Jugendschwarm Tamara zur

»Mit Wehmut, die ihm schon etwas zu vertraut zu werden begann, betrachtete El Conde die Hauptstraße seines Viertels, die überquellenden Mülltonnen, die Pizza-Pappen, die der Wind mit sich forttrug, das unbebaute Grundstück, auf dem er Baseball spielen gelernt hatte und das jetzt der Autowerkstatt an der Ecke als Müllhalde diente. Wo lernen die Jungen heutzutage Baseball spielen?«

Freundin hatte. Inzwischen haben die beiden geheiratet und leben dank der zügigen Karriere des Ministers im Luxus. Das Anwesen in der Calle Santa Catalina spricht für sich. Von solch einem Leben kann der unglückliche Polizist, der in sehr viel bescheideneren Verhältnissen lebt, nur träumen.

WOLF IM SCHAFSPELZ

Doch das Leben von Rafael Morín ist nicht ganz so perfekt, seine Weste nicht so blütenweiß, wie es zunächst den Anschein hat. Es gibt ein paar verdächtige Momente, die es genauer unter die Lupe zu nehmen gilt. Denn der treue Genosse hat angeblich viele seiner Reichtümer auf Geschäftsreisen ins kapitalistische Ausland gesammelt – und das, obwohl sein Reisebudget immer sehr knapp bemessen war. Im Zuge seiner Ermittlungen muss Mario Conde sich der Vergangenheit mitsamt seiner verloren geglaubten Liebe zu Tamara stellen – und gleichzeitig den Träumen und Illusionen seiner eigenen Generation.

KORRUPTION GEHÖRT ZUM GUTEN TON

Durch die Augen des leicht exzentrischen Polizisten lernt der Leser die Gegensätze kennen, die im kommunistischen Kuba alltäglich sind. Auf der einen Seite stehen die einfachen Leute, die Armut und Bescheidenheit, in der auch El Conde selbst zu Hause ist – eine Welt, die oftmals Kleinkriminelle hervorbringt, die sich durch kleinere Delikte am Leben halten. Ein Milieu, in dem auch Rafael Morín aufgewachsen ist. Doch das alte dunkle Mietshaus, dem er entstammt und in dem seine Mutter noch immer lebt, ist Welten entfernt von dem Leben, das der Minister heute führt.

Auf der anderen Seite erhält der Leser Einblick in das luxuriöse Leben der kommunistischen Führungsriege, die ihren Reichtum nicht selten illegalen Machenschaften verdankt. Dass Leonardo Padura die Täter auch aus höheren, wohlhabenderen Sozialschichten kommen lässt, wäre früher zu Zeiten des staatlich geförderten sozialistischen Kriminalromans in Kuba unmöglich gewesen. Aber Padura bricht mit diesen Klischees und zeigt genau die Verbrecher, die eher im Verborgenen agieren – und so die gesellschaftliche Ungerechtigkeit, die auf Kuba vorherrscht. Schon seine frühen Reportagen, die er als Journalist verfasst hat, kratzten an den Tabus des Landes, so dass Padura aufgrund ideologischer Probleme schließlich strafversetzt wurde.

Gerade mit Hilfe der sentimentalen Jugenderinnerungen El Condes, dessen suchender Blick so oft in die Vergangenheit gerichtet ist, schafft Leonardo Padura nicht nur eine Momentaufnahme des karibischen Landes, sondern gibt zugleich einen Rückblick in den Alltag des sozialistischen Kuba der frühen Achtziger Jahre.

AUTOR: Leonardo Padura wurde 1955 in Havanna geboren und gehört zu den populärsten Schriftstellern Kubas. Für seine Romane erhielt er zahlreiche Auszeichnungen und Preise. 2009 wurde er für sein Gesamtwerk mit dem wichtigsten italienischen Noir-Preis, dem *Premio Raymond Chandler*, geehrt.

NOTABENE: Padura und Hemingway haben mehr Gemeinsamkeiten als den Beruf des Reporters, durch den die Laufbahn der beiden begann. Zum einen sind es Äußerlichkeiten, wie der Bart oder das Tragen des *Guyabera* genannten Leinenhemdes. Zum anderen aber auch die Begeisterung für Baseball, die Padura auch an die Helden seiner Romane weitergibt – und nicht zuletzt das Schreiben von Romanen, die vor allem eines vermitteln sollen: die Wahrheit. Wie Hemingway, der in seiner *Finca Vigía* im Osten Havannas lebte, arbeitet auch Padura lieber abseits des Zentrums. In seinem Geburtshaus verfasste er den Roman *Adios Hemingway*, in dem er seinen Protagonisten El Conde mit seiner Verehrung für den berühmtesten Schriftsteller Kubas hadern lässt, als er im Zuge einer Mordermittlung immer tiefere Einblicke in dessen Leben erhält.

LAURA ESQUIVEL | *Bittersüße Schokolade*

KOCHEN IN MEXIKO MIT LIEBE, TRAUER UND WUT

Wie emotional Kochen sein kann, wie traurig, wie sinnlich, wie magisch, darüber kann man bei der Lektüre von Laura Esquivels Roman staunen. Es ist die Geschichte einer romantischen Liebe, die auf ihre Erfüllung wartet, aber Jahrzehnte lang an der Realität scheitert. Vor dem Hintergrund der Mexikanischen Revolution entfaltet sich eine Familiensaga im mexikanisch-US-amerikanischen Grenzgebiet Anfang des zwanzigsten Jahrhunderts.

Tita wird unter besonderen Umständen geboren: Für Weihnachtstortas schneidet ihre hochschwangere Mutter Zwiebeln, was bei der Ungeborenen ein heftiges Weinen auslöst. Sie wird durch die Tränenflut aus dem Bauch ihrer Mutter gespült – mitten in die Küche. Dieser Raum wird damit zu Titas Lebensmittelpunkt. Zwei Tage nach der Geburt seiner Tochter stirbt der Vater an einem Herzschlag, und von diesem Tag an werden Farm und Familie von der Mutter regiert.

Bei einem weihnachtlichen Essen, zu dem die Familien der Nachbarschaft eingeladen sind, verlieben sich Tita und Pedro auf den ersten Blick. Gerne würden die Verliebten heiraten, doch Mama Elena hat andere Pläne. Nach alter Familientradition soll Tita als jüngste Tochter der Familie die Mutter bis zu ihrem Tod pflegen. Eine Ehe wird dadurch unmöglich! Pedro heiratet daraufhin Titas Schwester Rosaura, wodurch er sich ein Leben in der Nähe seiner Angebeteten erhofft. Doch der Plan geht schief. Wie ein Adler wacht seine Schwiegermutter darüber, dass sich die heimlich Liebenden nicht zu nahe kommen. Tita ist in dieser misslichen Lage gefangen, als Kö-

»*Da wandte sie flugs den Kopf und schaute direkt in Pedros Augen. In diesem Moment spürte sie mit einem Mal, wie einem Schmalzgebäck zumute sein muß, wenn es mit siedendem Fett in Berührung kommt.*«

chin besitzt sie jedoch eine ungewöhnliche Macht über all jene, die ihre Speisen essen. So zum Beispiel beim Hochzeitsessen ihrer Schwester, für das Tita verantwortlich ist: die bei der Zubereitung des Chabela-Hochzeitskuchen vergossenen Tränen machen das Essen zu einem emotionalen Großereignis. Beim Verzehr breitet sich über die gesamte Hochzeitsgesellschaft eine unendliche Schwermut aus, und alle weinen der großen Liebe ihres Lebens nach. Die Traurigkeit steigert sich sogar noch in eine kollektive Übelkeit. Mama Elena ist überzeugt, dass ihre Tochter Tita das Essen vergiftet hat. Der Leser kennt jedoch die Wahrheit hinter dem rätselhaften Vorfall.

BITTERSÜSSE ERZÄHLKUNST

Bittersüße Schokolade ist ein äußerst sinnliches Leseerlebnis. Die im Buch enthaltenen Rezepte und die Schilderung der Zubereitung der raffinierten mexikanischen Speisen sind ebenso betörend wie die Darstellung der körperlichen Anziehung zwischen den Verliebten. Die Stellen des Buches, an denen die Handlung ins Fantastische übergeht, üben einen besonderen Reiz aus.

Die politischen Revolutionsgeschehnisse im Mexiko dieser Zeit werden dabei fast im gesamten Buch von den Konflikten innerhalb der Familie überlagert. Deutlich zeichnet Laura Esquivel das Bild der despotischen Mutter und ihrer Macht. Gnadenlos lässt sie ihre Töchter jene herben Enttäuschungen durchleben, die auch sie erfahren musste. *Bittersüße Schokolade* ist ein Plädoyer für die romantische Liebe – eine Liebe, die der rationaleren Auffassung einer Beziehung überlegen ist.

AUTORIN: Laura Esquivel wurde 1950 in Mexiko-Stadt geboren. Sie war ursprünglich Lehrerin und arbeitete beim Fernsehen und im Kino, bevor sie zu schreiben begann. Neben *Bittersüße Schokolade* hat sie vier weitere Romane veröffentlicht, die alle ins Deutsche übersetzt wurden. Ihr neuestes Werk erschien 2009 unter dem Titel *Malinche*.

CARLOS FUENTES | *Die gläserne Grenze*

GRENZGÄNGER ZWISCHEN DEN WELTEN

In seinem Roman in neun Erzählungen schildert der mexikanische Romancier Carlos Fuentes das Leben seiner Landsleute in direkter Nachbarschaft zu den Vereinigten Staaten. Der Fluss Rio Grande, der das reichste Land der Erde von seinem armen Nachbarn trennt, wird dabei für die zahlreichen Protagonisten zur gläsernen Grenze – leicht zu durchbrechen, aber beinahe unmöglich zu überwinden.

»Armes Mexiko, so fern von Gott und so nah bei den Vereinigten Staaten.« Der Urheber dieses Satzes, der in Mexiko zu einer Redewendung geworden ist, war Porfirio Díaz, der Mexiko um die Jahrhundertwende mehr als vierzig Jahre lang diktatorisch regierte. Doch auch ein knappes Jahrhundert nach dem Ende seiner Regierungszeit scheint dieses Zitat seine Aktualität noch nicht verloren zu haben. Carlos Fuentes stellt diesen Satz daher leitmotivisch seinem Roman voran und erzählt sowohl von den Menschen an der Grenze zwischen den USA und Mexiko als auch von jenen, die glauben, diese Grenze schon längst überwunden zu haben.

EIN ROMAN IN NEUN ERZÄHLUNGEN

In neun auf den ersten Blick für sich allein stehenden Episoden lernt der Leser die unterschiedlichsten Charaktere kennen. Die zentrale Gestalt des Romans, deren Leben mit den meisten anderen Figuren verknüpft ist, tritt bereits in der ersten Erzählung in Erscheinung: Leonardo Barroso, ein reicher und skrupelloser mexikanischer Geschäftsmann. Er verheiratet seinen ebenso missgestalteten wie verträumten Sohn mit seiner attraktiven Patentochter Michelina, um diese in seiner Nähe zu haben und selbst eine Affäre mit ihr beginnen zu können. Michelina geht auf die Affäre ein, denn der mächtige Leonardo, der die Grenze in die glanzvolle Welt der USA so oft überschreiten kann, wie er möchte, imponiert ihr. Dabei entgeht ihr jedoch, welchen Preis der erfolgreiche Geschäftsmann Leonardo Barroso für dieses Privileg bezahlt: Er betrügt nicht nur seinen eigenen Sohn mit dessen Ehefrau, sondern lässt seine eigene Verwandtschaft am Hungertuch nagen, während er selbst in Saus und Braus lebt. Leonardo löst sich damit vollkommen vom mexikanischen Ehrenkodex, der die Familie an die oberste Stelle setzt, und macht sich eine Ellenbogenmoral zu eigen, die sein Überleben zwischen den Welten sichern soll.

ERST KOMMT DAS FRESSEN, DANN DIE MORAL

Besonders plastisch wird Leonardos Tabubruch in der vierten Erzählung »Die Linie des Vergessens«: Ein alter Mann im Rollstuhl steht hilflos an einer Linie in der Dunkelheit und kann sich nicht erinnern, wie er in diese Lage geraten ist. Nach und nach kehrt sein Gedächtnis zurück und es stellt sich heraus, dass es sich um Leonardos Bruder Emiliano handelt, der sich vormals aktiv für die Belange der mexikanischen Arbeiter an der Grenze eingesetzt hat und deswegen mit seinem Bruder bis aufs Äußerste zerstritten ist. Dieser nutzt nun seinen Einfluss, um Emiliano und seine Familie am langen Arm verhungern zu lassen. Die Familie lässt ihre Wut darüber jedoch am stumm gewordenen Emiliano aus und setzt diesen ohne Papiere an der Grenze aus, damit sich von nun an Andere

»Mrs. Charlotte nannte Juan Zamora nie einen ›Mexikaner‹. Sie hatte Angst, ihn zu beleidigen.«

um ihn kümmern können. Das moralisch richtige Handeln Emilianos stürzt ihn somit ins Verderben. Die Grenze, die er zeit seines Lebens zu nivellieren versuchte, wird zum Symbol seines eigenen Scheiterns.

Moralisch integer verhielt sich auch Juan Zamoras Vater, der bis zu seinem Tod als Justitiar Leonardo Barrosos arbeitete. Ein beruflicher Aufstieg blieb ihm in diesem kriminellen Milieu daher allerdings versagt. Deshalb besucht sein Sohn Juan nur aufgrund der finanziellen Unterstützung Leonardos eine US-amerikanische Universität, um Medizin zu studieren. Dort verleugnet er allerdings gegenüber seiner konservativen Gastfamilie seine ärmliche Herkunft, so dass ihn diese für einen mexikanischen Großgrundbesitzer hält, und verschweigt zudem seine homosexuelle Beziehung zu einem amerikanischen Kommilitonen. Dieser beendet die Beziehung jedoch abrupt, um den geplanten Weg zum Status eines angesehenen Arztes mit Musterehe fortzusetzen. Die Liebe zu Juan tut er als nette, kleine Erfahrung ab. Juan bricht daraufhin sein Studium ab und kehrt nach Mexiko zurück, ohne die Grenze je wirklich überwunden zu haben.

> *»Er und sie, einsam. Er und sie, unverletzlich in ihrer Einsamkeit.*
> *Von den übrigen getrennt, sie und er, einander gegenüber, an einem*
> *ungewöhnlichen Samstagmorgen, und jeder stellte sich den anderen vor.*
> *Er und sie, durch die gläserne Grenze getrennt.«*

Diese Erfahrung machen auch die weiteren Protagonisten des Romans. Dionisio Bacchus Rangel ist als Koch mexikanischer Gerichte in den USA derart angesehen, dass er im Nachbarland auf Reisen gehen und Seminare geben kann. Aber er genießt diesen Umstand nicht, denn im Grunde verachtet er die in seinen Augen niedere Kultur der Gringos und ihre Wegwerfgesellschaft. Auch er bleibt daher stets ein Fremder und vermag sich nicht heimisch zu fühlen.

Marina, die als Arbeiterin einer Montagefabrik für Fernseher im Grenzgebiet arbeitet, kann die Grenze im Gegensatz zu Dionisio nur sporadisch überwinden, um sich dort in einem Motel mit ihrem Geliebten Rolando zu vergnügen. Sie träumt von einer dauerhaften Überschreitung des Flusses, um eines Tages gemeinsam mit Rolando das Meer zu sehen – ein Traum, der jedoch plötzlich zu zerplatzen droht.

Auch in den weiteren Erzählungen lässt Carlos Fuentes den Leser in seinem Roman an den unterschiedlichen Wendepunkten im Leben seiner mexikanischen Protagonisten teilhaben: An den Erfahrungen des Dienstmädchens Josefina in den Vororten Chicagos, dem tragischen Schicksal des Touristenchauffeurs Leandro oder am kurzen Moment des Glücks im tristen Leben des Fensterputzers Lisandro Chávez in den Nebeln New Yorks.

KUNSTVOLLER WECHSEL DER ERZÄHLSTILE

Literarisch ambitioniert arrangiert Carlos Fuentes die verschiedenen Szenen mit großem Geschick zu einem Gesamtpanorama der menschlichen wie kulturellen Beziehungen zwischen den beiden ungleichen Nachbarn Mexiko und USA. Jede einzelne Episode zeichnet sich durch eine individuelle Stilistik aus, die sie von allen anderen grundlegend unterscheidet. Der Roman wirkt vielmehr so, als wären nicht ein einzelner, sondern neun unterschiedliche Autoren am Werk gewesen. Lückenhafte Szenerien wechseln sich mit umfassenden Beschreibungen ab, Ich-Erzähler ersetzen auktoriale, allegorische Bilder verweben sich mit historischen Berichten und als formaler Höhepunkt monologisiert Emiliano Barroso über beinahe dreißig Seiten ohne jeden Absatz in kurzatmigen Parataxen über die Suche nach seiner eigenen Erinnerung.

Dass der Text innerhalb dieses literarischen Experiments seinen roten Faden nicht verliert und an seinem eigenen Anspruch scheitert, liegt zum einen an der Signifikanz des Themas und zum anderen an der Figur des Leonardo Barroso. Die Hauptfigur verbindet die stilistisch wie inhaltlich so unterschiedlichen Elemente des Romans miteinander. So erscheint es geradezu zwangsläufig, dass eine Vielzahl der Handlungsstränge während des tragischen Finales auf einer Brücke zwischen dem mexikanischen Ciudad Juárez und dem texanischen El Paso zusammenlaufen. Das Ende der Geschichte schwebt damit ebenso zwischen den Welten wie die Protagonisten während des gesamten Romans. Die Antwort auf die Frage, auf welche Weise der Abgrund zwischen den ungleichen Ländern überbrückt werden könnte, um aus dem Ihr ein Wir werden zu lassen, lässt Fuentes beinahe ins Utopische abgleiten. Der junge Schriftsteller José wirft seine Werke mit den Worten in den Wind: »Ich bin kein Mexikaner. Ich bin kein Gringo. Ich bin Chicano. Ich bin nicht Gringo in den USA und nicht Mexikaner in Mexiko. Ich bin überall Chicano. Ich muss mich nirgends assimilieren. Ich habe meine eigene Geschichte.« Dass seine beschriebenen Blätter auf beiden Seiten des Ufers die Erde erreichen, ist vielleicht ein Anfang.

AUTOR: Carlos Fuentes wurde 1928 in Panama geboren. Durch seinen im diplomatischen Dienst tätigen Vater lebte er als Jugendlicher für einige Zeit in den USA und lernte so sehr früh deren Kultur kennen. In seinem kulturhistorischen Essay *Der vergrabene Spiegel* lässt Fuentes die hispanische Geschichte bis in die Gegenwart lebendig werden. Er gilt als einer der wichtigsten Vertreter der lateinamerikanischen Literatur.

GIOCONDA BELLI | *Tochter des Vulkans*

MAGISCHE NATURGEWALTEN

Nicaragua nach der Unabhängigkeit — ein Land zwischen Aberglaube und Moderne, Religion und Fortschritt — und eine lebenshungrige junge Frau mittendrin. Als Findelkind bleibt sie für die Dorfbewohner stets Gegenstand des Misstrauens und düsterer Prophezeiungen. Als sie zudem noch schwanger wird, dichten ihr manche sogar den Teufel als Kindsvater an.

Auch wenn der Klappentext anfangs nichts anderes erwarten lässt als die vielfach erzählte Geschichte einer unterdrückten Frau, die sich gegen ihren despotischen Ehemann und damit die patriarchalische Gesellschaft auflehnt, stellt sich schnell heraus, dass diese Episode in Sofia Solanos Leben nur eine kurze, wenn auch prägende Phase ist, an deren Überwindung sie keinen Moment zweifelt. Und tatsächlich kommt die eigentliche Geschichte erst nach der Flucht und Scheidung von Ehemann René ins Rollen. Die Verachtung des Dorfes ist ihr

»Sie glaubt nicht an Götter, die so erbärmlich sind, dass sie sich extra Häuser bauen lassen müssen, um angebetet zu werden, und keusche Männer brauchen, die sie bewachen.«

nach diesem skandalösen Aufsehen gewiss. Als sie sich danach auch noch auf eine Affäre mit einem verheirateten Mann einlässt, um endlich schwanger zu werden, hält nicht einmal die Magie der mächtigen Zauberin Xintal den Zorn der Dörfler zurück.

ENTWURZELT

Als kleines Mädchen von ihrer Sippe zurückgelassen, wird Sofia in Dirià aufgenommen, bleibt jedoch stets ein Fremdkörper. Ihr ungezügeltes Wesen und die Freundschaft zu den Magiern und Hexen des Ortes tragen noch zu dem Bild einer sie umgebenden unheimlichen, düsteren Macht bei. Sie scheint den üblichen Regeln nicht unterworfen zu sein, sondern es zeigt sich eine ganz besondere Verbindung zur Natur und den heidnischen Göttern – oder ist es doch eine andere Kraft, die sie schützt?

Ebenso wild und unberechenbar wie Sofia ist auch die Welt, die den Ort umgibt: Keiner der Einwohner wagt sich in den undurchdringlichen Urwald am Fuße des sich hoch auftürmenden Vulkans. Unheimliche Kreaturen bewohnen das tiefgrüne Dickicht, und beklemmende Geräusche begleiten jeden Schritt. Dort ist es, wo Magie und Naturgewalt aufeinander treffen, sich zu einem unbegreiflichen Ganzen vereinen und ihre volle Macht entfalten. Sofia wird in diese Geheimnisse eingeweiht und richtet ihr Leben nach ihnen aus, statt den Regeln der Gemeinschaft zu gehorchen. Dies können die tiefgläubigen Dorfbewohner natürlich nicht billigen.

Die Wirtin des Ortes prophezeit zudem die Ankunft des Antichristen aus dem Leib Sofias, und nach einem öffentlichen Spektakel, das in einem Erdbeben seinen Höhepunkt findet, scheint der Teufelspakt dieser mutterlosen Zigeunerin durchaus glaubhaft. Doch Sofia weigert sich, den einfachen Weg, die Flucht in die liberalere Stadt, einzuschlagen.

Die Angst vor dem Fluch des andauernden Verlassenwerdens treibt Sofia fast in den Wahnsinn. Die einzige Möglichkeit, den Bann zu brechen, besteht für sie darin, ihrer Tochter eben jene traumatische Erfahrung zu ersparen. Durch sie will Sofia einen ruhenden Pol, »ihren Nabel«, finden. Daher lässt sie das Mädchen keine Sekunde aus den Augen. Ihre an Besessenheit grenzende Sorge, die so wenig zur ungestümen,

»Xintal überquert das von wilden Kräutern bewachsene Rund und sieht zu der riesigen Boa hinauf, die wie immer zusammengerollt auf dem Kapokbaum schläft und sicher irgendeinen unvorsichtigen Jaguar verdaut.«

unabhängigen und zähen Sofia passen will, die bei Wind und Wetter ihren Mann verließ, verursacht jedoch gerade das, was sie am meisten fürchtet: »das Glück gleitet ihr aus den Händen«. Sie treibt erbarmungslos auf ein Finale zu, das einen bis zur letzten Seite, bis zum letzten Satz, atemlos hält.

AUTORIN: Gioconda Belli, 1948 in Managua geboren, engagierte sich in der Befreiungsbewegung in Nicaragua, Mexiko und Costa Rica politisch. Ihr in Europa bekanntestes Werk *Die Bewohnte Frau* befasst sich ebenso fesselnd mit der schwierigen Stellung der Frau zwischen Tradition und Moderne.

NOTABENE: *Das Land der tausend Vulkane,* wie Nicaragua auch genannt wird, liegt in Mittelamerika zwischen Honduras und Costa Rica. Eine Kette noch heute aktiver Vulkane und dichter Regenwald prägen das Landschaftsbild der Ostküste. Im Südwesten des Landes dagegen breitet sich der Lago de Nicaragua – der größte Binnensee Mittelamerikas – aus, in dessen Süßwasser sich sogar Haie tummeln.

HUNTER S. THOMPSON | *The Rum Diary*

EIN MANN AM SCHEIDEWEG

Nicht nur der Protagonist Paul Kemp steht in Hunter S. Thompsons lange als verschollen geltendem Erstlingswerk auf der Kippe. Auch der Handlungsort Puerto Rico schwebt zwischen ausuferndem Kapitalismus und aufkommendem Sozialismus, ohne sich für eine Richtung entscheiden zu können. Das Resultat ist ein bedrückendes Zeitbild, das den Leser in die Zeit vor der Kubakrise entführt.

Puerto Rico in den späten Fünfzigern: Mit Paul Kemp erreicht ein Mann die Karibikinsel, der mit seinen knapp dreißig Jahren in vielfacher Hinsicht an einer Weggabelung zu stehen scheint. Im Beruf relativ erfolglos und scheinbar unfähig für Beziehungen jeglicher Art, muss er erkennen, dass sein Leben allmählich eine deutliche Richtung bekommen muss. Doch auch seine Anstellung bei der englischsprachigen Zeitung *Daily News* in San Juan stellt

»Ich bekam fünfundzwanzig Dollar dafür bezahlt — dafür, dass ich den einzigen Ort, an dem ich in den letzten zehn Jahren ein Gefühl des Friedens verspürt hatte, kaputtmachen sollte.«

für den Journalisten zunächst nur eine erneute unbedeutende und zeitlich begrenzte Zwischenstation dar, die er möglichst stressfrei hinter sich bringen will.

TROPISCHE HITZE, LEICHTE MÄDCHEN UND LITERWEISE RUM

Mit dieser Einstellung trifft Kemp in der Redaktion der *News* genau den richtigen Ton. Anstatt neue Anreize für sein weiteres Leben zu erhalten, trifft er hier auf ein Panoptikum der Gescheiterten, das eher damit beschäftigt ist, den Alkoholpegel auf einem akzeptablen Niveau zu halten, als eine fundierte Zeitung herauszubringen.

So beschränkt auch Kemp sein Arbeitspensum schnell auf das Nötigste. Er pendelt indessen mit seinen Arbeitskollegen Sala und Yeamon lieber zwischen übler Hafenspelunke und feinem Sandstrand, Pläne schmiedend, wie sie der siedend heißen Tropeninsel wieder entkommen könnten.

KARIBISCHE NÄCHTE

Würde sich der Roman an dieser Stelle lediglich auf die Schilderung der verschiedenen Saufgelage Kemps beschränken, wäre er sicherlich nicht einmal eine Randnotiz wert. Doch stattdessen gelingt es Thompson durch seinen fast schon journalistisch anmutenden Schreibstil, die Atmosphäre der Karibik in den spä-

ten Fünfzigern authentisch einzufangen. Nur kurze Zeit nach Ende des Romans werden Fidel Castro und Ernesto ‚Che' Guevara auf Kuba Präsident Batista stürzen und nur wenige Meilen vor der amerikanischen Küste einen sozialistischen Staat errichten. Thompson wagt den Versuch, die Vorgeschichte dieser Konfrontation darzustellen, ohne sie explizit beim Namen zu nennen. Sie scheint vielmehr so zwischen den Zeilen durch, wie sie in diesen Jahren auch in der Realität noch unter der Oberfläche blieb.

So begegnet der Ich-Erzähler Kemp auf der einen Seite amerikanischen Geschäftsleuten, die Puerto Rico ohne Rücksicht auf die paradiesische Natur und die Einwohner der

Insel zum neuen Touristenmagneten der USA machen wollen, und schildert auf der anderen Seite protestierende Gewerkschaftler und die meist offen zur Schau getragene Abneigung der lateinamerikanischen Bevölkerung gegenüber den Gringos und Yankees. Auf diese Weise entsteht im Roman ein gärender Konflikt, der stets kurz vor dem Ausbruch zu stehen scheint und somit eine bedrückende Atmosphäre erzeugt, welche dem Leser ähnlich zu schaffen macht wie die klimatischen Bedingungen Puerto Ricos dem Protagonisten.

AUTOR: Hunter S. Thompson wurde 1937 in Kentucky geboren. Zeit seines Lebens bewegte er sich auf der Schwelle zwischen Literatur und Journalismus und entwickelte dabei einen eigenwilligen Stil zu schreiben, dem er sein Leben lang treu blieb und *Gonzo-Journalismus* taufte. Bekanntheit erlangte er 1967 mit seinem Werk *Hell's Angels*. 2005 nahm sich Thompson an seinem Schreibtisch das Leben.

NOTABENE: Bis zu seinem Tod verband Thompson eine tiefe Freundschaft zu Hollywood-Schauspieler Johnny Depp. So verwunderte es im Jahre 1998 auch nicht, dass Depp in der mittlerweile zum Kultfilm avancierten Thompson-Verfilmung *Fear and Loathing in Las Vegas* von Terry Gilliam die Rolle des Raoul Duke übernahm – eine Rolle, in der man unschwer das Alter Ego des Autoren erkennen kann. Nach Thompsons Freitod bemühte sich Depp sehr darum, auch *The Rum Diary* eine Verfilmung zu ermöglichen. Diese soll 2011 in die Kinos kommen. Die Hauptrolle spielt er erneut selbst.

LILY BRETT | *Chuzpe*

KLOPS AND THE CITY

Die Geschichte von Ruth und ihrem Vater Edek ist absurd und völlig verrückt. Sie handelt von polnischen Fleischklopsen, Großstädtern und der schwierigen und komplexen Beziehung zwischen Vater und Tochter. New York zeigt sich dabei als Schmelztiegel und pulsierende Metropole, in der mit Lebenslust, Mut und zupackender Naivität alles möglich ist – zum Beispiel mit siebenundachtzig Jahren mitten in Manhattan ein Fleischklopsimperium zu gründen.

Ruth ist Wahl-New-Yorkerin. In Australien aufgewachsen, lebt sie bereits seit vielen Jahren mit ihrem Mann und ihren drei erwachsenen Kindern in der Metropole. Als Inhaberin einer Korrespondenzfirma ist sie sehr erfolgreich, aber auch hektisch und ununterbrochen besorgt um irgendetwas oder irgendwen. Mit Mitte Fünfzig befindet sie sich in einer äußerst schwierigen Lebensphase. Sie ist angespannt, neurotisch, isst zu wenig und arbeitet zu viel. Außerdem vermisst sie ihren Mann, der beruflich für sechs Monate im Ausland ist und von dem sie sich abhängig fühlt. Am liebsten würde sie eine Frauengruppe gründen, um sich über all diese Probleme auszutauschen und zu diskutieren.

Ruths Leben wird noch um einiges komplizierter, als ihr siebenundachtzigjähriger Vater Edek von Melbourne in den Big Apple zieht. Ihre Eltern – polnische Juden, die im Konzentrationslager geheiratet und den Holocaust überlebt haben – sind nach Ende des Zweiten Weltkriegs nach Australien ausgewandert. Seit dem Tod von Ruths Mutter lebt Edek alleine und will nun seinen Lebensabend in der Nähe seiner Tochter und seiner Enkelkinder verbringen.

Ruth kümmert sich selbstverständlich um ihren Vater, mietet ihm eine eigene Wohnung, geht regelmäßig mit ihm essen und unterstützt ihn finanziell. Es beunruhigt sie allerdings, dass er weder eine Aufgabe noch Bekannte in New York hat, obwohl er körperlich und geistig noch in außerordentlich guter Verfassung ist. Krampfhaft versucht Ruth ihm eine Beschäftigung zu suchen, doch keiner ihrer Vorschläge kann Edeks Interesse wecken. Dass ihr Vater sein Leben nicht nach den Vorstellungen und Maßstäben seiner Tochter lebt, macht ihr Verhältnis nicht einfacher. Ruth und Edek haben völlig unterschiedliche Vorstellungen vom angemessenen Lebensabend eines Siebenundachtzigjährigen in New York. Statt einen Lesekreis zu besuchen, einem jüdischen Seniorenclub beizutreten oder in seinem hohen Alter noch Schwimmen zu lernen, möchte Edek etwas in seinen Augen Sinnvolles tun. So versucht er, Ruth in ihrem Büro zu unterstützen und bemerkt nicht, dass er sie von der Arbeit abhält und in den Wahnsinn treibt. Er ist fest davon überzeugt, der Firma zu helfen, indem er massenweise Büromaterial

»›Ich habe angerufen bei der New York Times und habe erklärt, daß Zofia aus Zoppot hergekommen ist, weil sie und Walentyna haben gewonnen die Greencards. Und daß Zofia sofort hat erkannt, daß die Leute, was wohnen in New York, keine Klops haben‹, sagte Edek. ›Ich habe ihm gesagt, daß Zofias Klops sind nicht von dieser Welt.‹«

ordert, einen Staubsauger mit integriertem Navigationsgerät bestellt oder kreuz und quer durch Manhattan fährt, um das beste Mittagessen für seine Tochter und ihre Mitarbeiterinnen zu organisieren. Alles tut er mit unglaublicher Schaffensfreude. Jeder ist begeistert und hingerissen vom lebensfrohen Edek – bis auf Ruth, die sich über die Aktivitäten ihres Vaters überhaupt nicht freuen kann.

KLOPS BRAUCHT DER MENSCH

Ruth leidet selbst unter ihrer ständigen Kontrollsucht, und das Verhalten ihres Vaters macht ihr besonders zu schaffen, als es sich verändert: Immer öfter bringt er Ausreden vor, sagt Verabredungen mit ihr ab und hat Geheimnisse, die sich schließlich darin erklären, dass eines Tages Zofia und ihre beste Freundin Walentyna in ihrem Büro stehen.

Die beiden Polinnen aus Zoppot haben Ruth und ihren Vater vor zwei Jahren auf einer Reise nach Polen kennengelernt. Edek hatte während dieses Urlaubs eine Affäre mit der enthusiastischen, großherzigen und vor allem großbusigen Zo-

fia angefangen, die knapp zwanzig Jahre jünger ist als er und von der Ruth ganz und gar nicht begeistert ist. Sie kann Zofias Art ebenso wenig ertragen wie ihr Auftreten und den Umgang mit ihrem Vater, den sie ständig »Edek, Liebling« nennt.

Zu Ruths Entsetzen sind Zofia und Walentyna jedoch nicht nur zu Besuch in New York, sondern beide sind auf Edeks Einladung aus Polen gekommen und im Besitz einer Greencard. Sie wollen bleiben und ziehen bei Edek ein. Ruths Nerven liegen blank. Sie möchte nicht, dass sich zwischen Zofia und ihrem Vater eine ernsthafte Beziehung entwickelt. Der Gedanke, dass ihr Vater ein Liebesleben hat, macht sie wahnsinnig. Während ihre drei Kinder und ihr Mann von Edek und seiner neuen Beziehung begeistert sind, bleibt sie distanziert und auf Abstand.

Edek und seine beiden Freundinnen haben die verrückte Idee, ein Restaurant an der Lower Eastside zu eröffnen. Weil Zofia sehr gut kochen kann und ihre Spezialität Fleischklopse sind, beschließen die drei – ohne jegliche gastronomische Erfahrung – ein Restaurant mit dem Namen *Klops braucht der Mensch* zu eröffnen. Ruth ist entsetzt. Sie ist fest davon überzeugt, dass zur Führung eines Restaurants in New York neben einer erfolgreichen Geschäftsidee eine Menge Erfahrung nötig ist. Zudem kann sie sich nicht vorstellen, dass es dem Trio im Seniorenalter gelingen wird, in Manhattan, mit seiner hohen Dichte an In-Restaurants, mit polnischer Hausmannskost erfolgreich zu sein. So versucht sie, ihren Vater von der Idee abzubringen. Doch der schmiedet unbeirrt weiter seine Pläne und setzt Gott und die Welt in Bewegung. Weil sie ihren Vater liebt und ihm seine Idee nicht ausreden kann und will, unterstützt sie die drei schließlich finanziell bei der Umsetzung. Die Dinge nehmen ihren Lauf. Und Edek und die Klopse erobern New York im Sturm.

EINE ORDENTLICHE PORTION CHUZPE

Lily Bretts Roman zeichnen vor allem die liebenswerten Charaktere aus, allen voran Edek Rothwax. Seine Eigenheiten, seine Sprache und seine Lebenslust begeistern nicht nur die Menschen in dieser Geschichte (ausgenommen seine Tochter), sondern auch die Leser. Trotz seiner siebenundachtzig Jahre und seiner traurigen Vergangenheit als Holocaust-Überlebendem geht er munter und mutig seinen Weg – ohne zu zögern und mit einer ordentlichen Portion Chuzpe. Seine beiden polnischen Freundinnen Zofia und Walentyna sind der Inbegriff von Enthusiasmus, unkonventionellem Denken und Herzlichkeit. Mit Naivität und Tatendrang nehmen auch sie die Sympathien der Leser sofort in Beschlag, und nicht einmal Ruth kann ihrem Charme lange widerstehen.

In der neurotischen, grüblerischen New Yorkerin Ruth, die ganz und gar dem Leben in der pulsierenden Stadt verfallen ist und die es als Tochter eines Holocaust-Überlebenden oft nicht leicht hat, findet sich Lily Brett selbst. Denn die Autorin erzählt in diesem Roman auch ihre eigene Geschichte und scheut sich nicht davor, mit viel Selbstironie über die Neurosen der New Yorker zu schreiben. Mit *Chuzpe* gelingt Lily Brett ein unbeschwertes und humorvolles Buch über das verrückte Leben in New York.

AUTORIN: Lily Brett wurde 1946 im Auffanglager für *Displaced Persons* im bayerischen Feldafing geboren. Ihre polnischen Eltern hatten Auschwitz überlebt und emigrierten 1948 mit der zweijährigen Lily nach Australien. Erste Bekanntheit erlangte die Autorin durch ihren Roman *Einfach so.* Heute lebt sie mit ihrem Mann und ihren drei Kindern in New York.

NOTABENE: Im Anhang liefert Lily Brett Rezepte für unterschiedliche Klopsgerichte gleich mit dazu. Das Buch bietet durch den Selbsttest von Zofias Spezialitäten, wie zum Beispiel kräftige Rindfleisch-Kielbasa-Klopse, Huhn-Rosinen-Klopse oder würzige Truthahn-Kokos-Klopse, neben Lesegenuss auch ein kulinarisches Geschmackserlebnis.

JON KRAKAUER | *In die Wildnis*

SEHNSUCHT NACH FREIHEIT, ABENTEUER UND EINSAMKEIT

Was bewegt einen jungen Menschen dazu, alles hinter sich zu lassen, in die einsame Schönheit der Wildnis Alaskas zu ziehen und dabei sein Leben aufs Spiel zu setzen? Dieser Frage ist der Journalist Jon Krakauer in seinem dokumentarischen Tatsachenroman nachgegangen, in dem er das Schicksal des Amerikaners Chris McCandless rekonstruiert. Von der Sehnsucht getrieben, ein Leben in Freiheit zu führen, hatte Chris 1990 mit Anfang zwanzig für immer seine Heimat, seine Familie und allen Besitz verlassen.

Chris McCandless, 1968 als Sohn einer wohlhabenden Familie geboren und aufgewachsen in einem Vorort von Washington D.C., hat den Universitätsabschluss soeben in der Tasche, als er beschließt, sein Leben komplett zu verändern. Er spendet seine gesamten Ersparnisse einer Wohltätigkeitsorganisation, bricht den Kontakt zu seiner Familie ab und lässt alle Besitztümer zurück. Zwei Jahre lang reist er Tausende Meilen quer durch die Vereinigten Staaten und Kanada. Aus ihm wird »Alexander Supertramp«, wie er sich selbst bald nennt. Inspiriert und begeistert von Jack London und Leo Tolstoi, haben ihn der Freiheitsdrang und die Sehnsucht nach Abenteuer und Wildnis gepackt.

»Das eigentlich Wichtige sind die Erfahrungen, die man macht, die Erinnerungen und die triumphale, überschäumende Freude, die einen durchströmt, wenn man das Leben in vollen Zügen genießt. Gott, das Leben ist so schön! Vielen, vielen Dank.«

Schließlich trampt er bis hinauf in die weite Einsamkeit Alaskas, die für ihn das große, das ultimative Abenteuer bedeutet. Fernab der Zivilisation will er, allein auf sich gestellt, in und von der Natur leben. Von Fairbanks begibt er sich Ende April 1992 auf den abgelegenen, kaum noch genutzten Stampede Trail im Denali-

Nationalpark. Ohne vernünftige Ausrüstung und nur mit fünf Kilogramm Reis, einem leichten Gewehr und ein paar Büchern verabschiedet er sich von der Zivilisation.

IDEALIST ODER SPINNER?

Was war Chris McCandless für ein Mensch? War er ein wagemutiger Idealist oder ein naiver Spinner? Diese Frage stellt sich unweigerlich jedem Leser, denn das Schicksal des jungen Mannes fesselt. Es ist eine Tatsache, dass McCandless seine eigenen Fähigkeiten überschätzte. Nicht jeder, der von seiner Geschichte erfährt, empfindet Verständnis oder Mitleid. Jedoch gibt es auch Menschen – wie den Autor Jon Krakauer selbst –, die nachvollziehen können, dass Chris der Faszination Alaskas nicht widerstehen konnte. Der Mythos der Wildnis und der Reiz der Gefahr sind groß, und die Sehnsucht nach Freiheit und Selbst-

bestimmung schlummert nicht nur in jungen Menschen. Der Gedanke, sämtliche Besitztümer und Errungenschaften der Zivilisation hinter sich zu lassen, ist reizvoll. Doch romantischer Idealismus und das Unterschätzen der Natur und ihrer Gewalt kann in Alaska leicht zum Verhängnis werden, wie McCandless' Schicksal zeigt.

Was macht dieses dokumentarische Buch so lesenswert und spannend, auch wenn man von Beginn an weiß, dass die Geschichte von Chris McCandless tragisch endet? Krakauer gelingt ein faszinierendes Porträt Alaskas, seiner wilden und weiten Schönheit ebenso wie das eines jungen Mannes, der aus allem ausbricht und das große Abenteuer sucht. Er beschreibt nicht nur die eindrucksvolle und gewaltige Natur, sondern bringt den Leser zum Nachdenken, indem er Chris' Gedanken und Beweggründe anhand von Tagebucheintragungen,

»Und nun, nach zwei Jahren der Wanderschaft, kommt das ultimative und größte Abenteuer. Es gilt, die letzte Schlacht zu schlagen, die zur zweiten Natur gewordene Falschheit auszumerzen und die spirituelle Wallfahrt siegreich zu beenden. Zehn Tag und Nächte auf Güterzügen und per Anhalter bringen ihn in den großen weißen Norden.«

Postkarten und Interviews rekonstruiert. Er erzählt zudem von seinen eigenen Erlebnissen während seiner Jugend, in der er selbst in Alaska unterwegs war und die Unberechenbarkeit der Natur am eigenen Leib erfahren hat.

AUTOR: Jon Krakauer wurde 1954 in den Vereinigten Staaten geboren. Er arbeitet als Wissenschaftsjournalist für verschiedene amerikanische Zeitschriften. Für seine Reportagen wurde er mit zahlreichen Preisen ausgezeichnet, und auch als Buchautor hat er sich einen Namen gemacht. Zuletzt erschien von ihm *In eisige Höhen* auf Deutsch.

Weiterreisen

El Salvador Horacio Castellanos Moya – Die Spiegelbeichte: Robocop hat Olga María erschossen und ihre unsympathische Freundin sucht nach den Motiven. In Lauras 200-seitigem Monolog öffnet sich dem Leser ein erschütterndes Sittengemälde der korrupten salvadorianischen Oberschicht.

Guatemala Miguel Angel Asturias – Der Herr Präsident: Der Nobelpreisträger klagt in seinem Epos die Brutalität der Machtausübung und ihre verheerenden Wirkungen auf die Gesellschaft an. Mit seinem Klassiker begründete er die Tradition großer lateinamerikanischer Diktatorenromane.

Kanada

Joseph Boyden – Durch dunkle Wälder: Der Cree-Indianer Will und seine Nichte Annie kennen das Leben der Indianer in den Siedlungen und in den Großstädten Kanadas. Hier wie dort scheint eine Existenz unmöglich.

Alistair MacLeod – Land der Bäume: Ein Roman, geflochten aus den Geschichten verschiedener Menschen und dem Ich-Erzähler. Einfühlsam beschreibt MacLeod das Leben am kargen Abschnitt der kanadischen Atlantikküste, seine Bewohner und das Land am Kap Breton.

Alice Munro – Tricks: Acht Erzählungen über die Lieben und Leiden der Frauen. Voller Intensität werden Sehnsüchte, versteckte Lebenslügen und dunkle, geheimnisvolle Strukturen im Leben von Frauen und Mädchen aufgedeckt. Subtil und vielschichtig: Das ist Alice Munro, die Grand Dame der kanadischen Literatur in Höchstform.

Kuba Matthias Politycki – Herr der Hörner: Ein dicht verwobener Roman über einen Deutschen, der in Kuba auf der Suche nach einem neuen Leben in die Fänge der okkulten Santer'a-Religion gerät und sich schließlich darin verliert. Spannend und irritierend zugleich.

Mexiko

Roberto Bolaño – 2666: Vier Literaturwissenschaftler, ein ehemaliger Wehrmachtsoffizier und eine unaufgeklärte Mordserie an den Frauen einer mexikanischen Wüstenstadt – dies sind die Ingredienzien eines der meistbeachteten Romane der letzten Jahre.

Carmen Boulosa – Der fremde Tod: Claire flieht Ende des 16. Jahrhunderts von Europa nach Mexiko, um ihr Glück zu finden. In wechselnden Identitäten als Pirat, spanischer Graf und verzauberte Mestizin erlebt sie den Kampf der Kulturen und Religionen.

USA

Thomas Klausmann – Suppenkueche inc.: Zwei allem Anschein nach verrückte Bayern beschließen, in San Francisco das beste deutsche Wirtshaus aller Zeiten zu eröffnen. Eine Schnapsidee!? Es wird gekocht, gegessen und geliebt. Schweinsbraten goes America!

Stewart O'Nan – Alle, alle lieben dich: Ein junges Mädchen verschwindet spurlos. Die Chronologie einer verzweifelten Suche der Zurückgebliebenen und das Psychogramm einer Kleinstadt im Ausnahmezustand. Unaufdringlich anrührend und von beklemmender Präzision.

Rex Pickett – Sideways: Zusammen mit seinem Freund Miles will Jack seinen Junggesellen-abschied mit einer Reise durch das kalifornische Weinland begehen. Es folgt eine wunderbar lebendige und tiefgründige Hommage an das Leben, die Liebe und den Wein.

Marge Piercy – Sehnsüchte: Eine gutsituierte Akademikerin, eine Putzfrau und eine wegen Mordverdacht im Gefängnis sitzende junge Frau sind die Heldinnen dieses spannend erzähl-ten, sozialkritischen Romans über das Leben US-amerikanischer Frauen.

Richard Powers – Der Klang der Zeit: Fulminantes Porträt der amerikanischen Geschichte von den 20er bis in die 90er Jahre des 20. Jahrhunderts. Ein jüdischer Flüchtling und eine Afroamerikanerin gründen eine Familie. Beide verbindet die tiefe Liebe zur Musik.

BILDNACHWEIS

QUELLENVERZEICHNIS

EUROPA

Dimitré Dinev – Engelszungen © 2006 btb Verlag, München

W. G. Sebald – Die Ausgewanderten. Vier lange Erzählungen © 1992 Eichborn AG, Frankfurt am Main.

Julian Fellowes – Snobs © 2006 C. Bertelsmann, München.

Nick Hornby – A Long Way Down © 2006 Knaur Taschenbuch, München.

Jógvan Isaksen – Endstation Färöer. Aus dem Dänischen von Christel Hildebrandt © 2006 by GRAFIT Verlag, Dortmund.

Arto Paasilinna – Der Sommer der lachenden Kühe. Übersetzt von Regine Pirschel © 2001 Ehrenwirth Verlag bei Lübbe, Köln.

Jean-Paul Dubois – Ein französisches Leben © 2007 Ullstein Verlage, Berlin.

Ernest Hemingway – Paris – ein Fest fürs Leben © 1999 Rowohlt Verlag, Reinbek bei Hamburg.

Nikos Kazantzakis – Im Zauber der griechischen Landschaft. Mit freundlicher Genehmigung © 1962 F.A. Herbig Verlagsbuchhandlung GmbH, München. Hsg. und aus dem Griechischen übertragen von Isidora Rosenthal-Kamarinea.

Rolf Lappert – Nach Hause schwimmen © 2009 dtv, München.

Steinunn Sigurdardóttir – Gletschertheater. Übersetzt von Coletta Bürling © 2003 Rowohlt Verlag, Reinbek bei Hamburg.

Margaret Mazzantini – Geh nicht fort. Aus dem Italienischen von Petra Kaiser © 2002 Frank-furter Verlangsanstalt, Frankfurt am Main.

Lisa St. Aubin de Terán – Ein Haus in Italien. Aus dem Italienischen von Ebba D. Drolshagen © 1995 Insel Verlag, Berlin.

Ruža Kanitz – Polenta oder Milchkaffee © 2009 Geest Verlag, Vechta-Langförden.

Tony Hawks – Matchball in Moldawien. Aus dem Englischen von Xaver Engelhard © 2001 Goldmann Verlag, München.

Jan Siebelink – Im Garten des Vaters. Aus dem Niederländischen von Bettina Bach © 2007 by Arche Literatur Verlag AG, Zürich-Hamburg.

Lars Mytting – Fyksens Tankstelle. Aus dem Norwegischen von Günther Frauenlob © 2009 Piper Verlag, München.

Eva Baronsky – Herr Mozart wacht auf © 2009 Aufbau Verlag GmbH & Co. KG, Berlin.

Marek Krajewski – Der Kalenderblattmörder. Aus dem Polnischen von Paulina Schulz © 2006 dtv, München.

Antonio Tabucchi – Erklärt Pereira. Aus dem Italienischen von Karin Fleischanderl © 1994 Carl Hanser Verlag, München und Wien.

Dan Lungu – Die rote Babuschka © 2009 Residenz Verlag, Wien.

Tschingis Aitmatow – Der Junge und das Meer. Übersetzt von Charlotte Kossuth © Goldmann Verlag, genehmigte TB-Ausgabe © 1978 C. Bertelsmann Verlag GmbH, München für D, A, CH.

Wenedikt Jerofejew – Die Reise nach Petuschki © 1987 Piper Verlag, München.

Mikael Niemi – Der Mann, der starb wie ein Lachs. Aus dem Schwedischen von Christel Hildebrandt © 2009 btb Verlag, München.

Markus Werner – Am Hang © 2006 Fischer Taschenbuchverlag, Frankfurt am Main.

Carlos Ruiz Zafón – Der Schatten des Windes © 2003 Insel bei Suhrkamp Verlag, Berlin.

Orhan Pamuk – Istanbul © 2006 Hanser Verlag, München.

Ljubko Deresch – Kult. Aus dem Ukrainischen von Juri Durkot und Sabine Stöhr © 2005 Suhrkamp, Frankfurt am Main.

Ernő Szép – Die Liebe am Nachmittag. Aus dem Ungarischen von Erno Zeltner © 2008 dtv, München.

Lawrence Durrell – Bittere Limonen © 1962 Rowohlt Verlag, Berlin.

ASIEN

Khaled Hosseini – Tausend strahlende Sonnen © 2009 BVT Berlin Verlag Taschenbuch, Berlin.

Yiyun Li – Die Sterblichen © 2009 Hanser Verlag, München.

Jiang Rong – Der Zorn der Wölfe © 2008 Goldmann, München.

Arundhati Roy – Der Gott der kleinen Dinge © 1997 Karl Blessing Verlag, München.

Salman Rushdie – Des Mauren letzter Seufzer © 1996 Kindler Verlag GmbH, München.

Fattaneh Haj Seyed Javadi – Der Morgen der Trunkenheit © 2002 Insel im Suhrkamp Verlag, Berlin.

Meir Shalev – Esaus Kuß © 1994 Diogenes Verlag, Zürich.

Natsuo Kirino – Die Umarmung des Todes © 2003 Goldmann, München.

Haruki Murakami – Kafka am Strand. Aus dem Japanischen von Ursula Gräfe © 2004 DuMont Buchverlag, Köln.

Amitav Ghosh – Der Glaspalast. Deutsch von Margarete Längsfeld und Sabine Maier-Längsfeld © 2000 Karl Blessing Verlag, München.

Rajaa Alsanea – Die Girls von Riad. Übersetzt von Doris Kilias © 2007 Pendo Verlag GmbH & Co. KG, München und Zürich.

Zoe Ferraris – Die letzte Sure © 2009 Goldmann, München.

Michael Ondaatje – Anils Geist © 2002 dtv, München.

Rafik Schami – Erzähler der Nacht © 2006 Beltz & Gelberg, Weinheim.

Rattawut Lapcharoensap – Sightseeing. Aus dem Englischen von Ingo Herzke © 2006 Verlag Kiepenheuer & Witsch, Köln.

Huynh Quang Nhuong – Mein verlorenes Land. Übersetzt von Helga Pfetsch © 1988 Verlag Sauerländer, Aarau u.a.

OZEANIEN

Bruce Chatwin – Traumpfade. Übersetzt von Anna Kamp © 1990 Hanser Verlag, München.

Tim Winton – Weite Welt. Australische Geschichten. Aus dem Australischen von Klaus Berr © 2009, btb Verlag, München.

Keri Hulme – Der Windesser Te Kaihau © 1989 S. Fischer Verlag, Frankfurt am Main.

Lloyd Jones – Mister Pip. Deutsch von Grete Osterwald © 2008 Rowohlt Verlag GmbH, Reinbek bei Hamburg.

Epeli Hau'ofa – Die Rückkehr durch die Hintertür. Übersetzt von Ina Boesch © 1998 Unionsverlag, Zürich.

AFRIKA

Ahdaf Soueif – Die Landkarte der Liebe © 2003 Goldmann, München.

Yasmina Khadra – Die Schuld des Tages an die Nacht. Aus dem Französischen von Regina Keil-Sagawe © 2010 by Ullstein Buchverlage GmbH, Berlin.

José Eduardo Agualusa – Die Frauen meines Vaters. Aus dem Portugiesischen von Michael Kegler © 2010 für die deutschsprachige Ausgabe by A1 Verlag GmbH, München.

Meja Mwangi – Die Achte Plage. Übersetzt von Susanne Koehler, © 1997 Peter-Hammer-Verlag, Wuppertal.

Emmanuel B. Dongala – Kinder von den Sternen © 2001 Peter Hammer Verlag, Wuppertal.

Elias Canetti – Die Stimmen von Marrakesch © 1980 Fischer Taschenbuch, 27. Auflage November 2005, mit freundlicher Genehmigung des Carl Hanser Verlags, München.

Ben Okri – Die hungrige Straße © 1994 Kiepenheuer & Witsch, Köln.

Fatou Diome – Ketala © 2007 Diogenes Verlag, Zürich.

Ahmadou Kourouma – Allah muss nicht gerecht sein © 2002 Knaus Verlag, München.
Jamal Mahjoub – Die Stunde der Zeichen © 2008 Büchergilde Gutenberg, Frankfurt am Main.
Deon Meyer – Der Atem des Jägers © Aufbau Verlag GmbH & Co. KG, Berlin 2007.

SÜDAMERIKA

Elsa Osorio – Mein Name ist Luz. Aus dem Spanischen von Christiane Barckhausen-Canale © 2000 der 1. deutschen Ausgabe Insel Verlag, Frankfurt am Main.
Manuel Puig – Der Kuß der Spinnenfrau © 1983 Suhrkamp Verlag, Berlin.
Augusto Céspedes -Teufelsmetall © 1990 Lamuv Verlag, Göttingen.
Jorge Amado – Herren des Strandes © 1974 Rowohlt Verlag, Berlin.
Milton Hatoum – Asche vom Amazonas. Übersetzt von Karin von Schweder-Schreiner © 2008 Suhrkamp Verlag GmbH & Co. KG, Berlin.
Isabel Allende – Das Geisterhaus © 1989 Suhrkamp Verlag, Berlin.
Antonio Skármeta – Mit brennender Geduld. Aus dem chilenischen Spanisch von Willi Zurbrüggen © 2009 Piper Verlag GmbH, München.
Gabriel García Márquez – Hundert Jahre Einsamkeit © 1979 Kiepenheuer & Witsch, Köln.
Mario Vargas Llosa – Tante Julia und der Kunstschreiber © 1977 Suhrkamp Verlag, Berlin.

NORDAMERIKA

Jon Krakauer – In die Wildnis © 2007 Piper, München.
Douglas Coupland – Eleanor Rigby. Aus dem Amerikanischen von Tina Hohl © 2008 Wilhelm Heyne Verlag, München.
Nicolas Dickner – Nikolski. Aus dem Französischen von Andreas Jandl © 2008 Frankfurter Verlagsanstalt, Frankfurt am Main.
Leonardo Padura – Ein perfektes Leben © 2003 Unionsverlag, Zürich.
Laura Esquivel – Bittersüße Schokolade. Aus dem Spanischen von Petra Strien. © 1994 Suhrkamp, Frankfurt am Main.
Carlos Fuentes – Die gläserne Grenze. Aus dem Spanischen von Ulrich Kunzmann © 1998 Hoffmann und Campe Verlag, Hamburg.
Gioconda Belli – Tochter des Vulkans © 1993 dtv, München.
Hunter S. Thompson – The Rum Diary. Aus dem Englischen von Wolfgang Farkas © 2004 Wilhelm Heyne Verlag, München.
Lily Brett – Chuzpe © 2007 Suhrkamp Verlag, Berlin.